日本リベラル派の頽落《たいらく》

徐京植
Suh Kyungsik

評論集Ⅲ

高文研

日本リベラル派の頽落◉目次

I 国民主義批判

II　植民地主義的心性

装丁＝商業デザインセンター・山田 由貴

日本リベラル派の頽落――「序」にかえて

本書は、書名に明らかなように、日本リベラル派の言説を批判することを目指して編まれたものである。

もちろん「リベラル」という言葉には多様な解釈があり、またその語が用いられる社会それぞれ（たとえば米国、韓国あるいは日本）のコンテクストによって含意や機能が異なる。日本で「リベラル」といえばかつては「進歩的」という語感が強かったが、いまはどうであろうか？　韓国では歴史的経緯から、この語には「進歩」に対抗する自由主義的保守派という語感が少なからず含まれるようだ。

ここで私は、「日本リベラル派」という語を、かつて（一九九〇年代半ばまで）の「社会党・総評」系グループ、新聞で例示するなら朝日・毎日・東京新聞とその読者層という程度の大づかみな意味合いで用いている。「日本リベラル派知識人」は、かつての「進歩的知識人」という呼称にほぼ重なる。この人々は確信犯的国家主義者ではなく、日本国憲法に規定された民主主義的諸価値（いわゆる戦後民主主義）と憲法九条に象徴される平和主義を擁護する立場であるが、天皇制や日米安保条約については容認論または擁護論である。また、アジア諸民族との対話を通じた平和的関係構築を目指してはいるものの植民地支配責任問題に関する認識は欠如しているか、不足している。

天皇制擁護と戦争責任・植民地支配責任を明らかにすることは両立するのか。天皇制擁護と「個人の尊厳」「法の下の平等」といった民主主義的価値とは両立するのか。平和主義の理念と米国から核の傘の提供を受け、軍事同盟を維持強化することとは両立するのか。これら根本的問いについて、もちろん「日本リベラル派」の中に多様な意見や立場はあるものの、全体として見た時、その立場は「あいまい」である。かつて（およそ一九六〇年代まで）は、その「あいまいさ」は今後とも多くの困難を経ながらもより良い民主制・共和制の完成へ、より理想的な平和主義へと向かう歴史的過渡期の現象とも考えられた時期があった。「遅かれ早かれ時代遅れな君主制である天皇制はなくなるだろう」「日本は非武装中立の理念を具現化する世界に向かって先頭を進むだろう」……いまの若い世代は容易に信じないだろうが、そんなことが語られた時代があったのである。現在はどうだろうか。「あいまいさ」そのものが慣性となって固着化し、もはやその「あいまいさ」に悩み苦しむ言説を目にすることもまれになった。

このような「あいまいさ」は「日本リベラル派」形成の歴史そのものに深く根ざしており、これこそが彼らの特徴であると同時に弱点でもある。保守派・国家主義者は本来、このような「あいまいさ」とは無縁である。国家主義は理論というよりはむしろ自己愛（「日本人だから日本が好きなのがあたりまえ」「国民だから国家のために尽くすのがあたりまえ」といった根拠のない情緒）に似た「ひとつの情熱」（サルトルが反ユダヤ主義について用いた形容）であるからだ。このような「情熱」の非合理性を知的に分析し批判する（それができる）ところに「リベラル」の存在意義があるはずであった。それなのに、その「リベラル」自身が「あいまいさ」、知的な不徹底さに身をまかせ続けているとどういうことになるのか。そのことの危機を端的に示しているのが日本社会の現状である。

私の見るところ、近年、日本リベラル派はこの「あいまいさ」を思想的・実践的に克服する方向ではなく、むしろ「あいまいさ」にみずから溶解する方向をたどっているようだ。その例証として、東京オリンピック開催に真正面から反対する主張はあまり聞こえてこないこと、それ以上に、天皇制廃止を求める主張は絶えて聞かれなくなったことなどが挙げられよう。今後もこの方向をたどり続ければ、日本において、非合理的な「情熱」に「理性」が敗北し、一時期「戦後民主主義」と呼ばれていた普遍的価値体系が根腐れして捨て去られることになるという見通しを持たざるを得ない。

私はつとに『半難民の位置から―戦後責任論争と在日朝鮮人』(影書房刊、初版二〇〇二年三月二五日)という論集で前記の諸問題を提起した。この論集では九〇年代の「戦後責任論争」を中心として露頭した「日本リベラル派」の言説の「頽落」ぶりについて、とくにその植民地支配責任意識の欠落ぶりについて、私なりの批判を展開している。同書が刊行されたのは現在からみて一六年前、「9・11」事件の直後、「イラク戦争」勃発の直前という時期にあたる。当時の問題意識をふり返る意味で、同書の「あとがき」から以下に摘記しておきたい。

〈一九九〇年代、証人として出現したアジアの戦争被害者に遭遇し、日本は「証言の時代」を迎えた。それは、侵略戦争と植民地支配という歴史の負の遺産を克服して東アジア諸民族との真の和解に踏み出す好機でもあった。しかし現実には、それは、敗戦の経験によって日本社会にもたらされた「民主主義」や「平和主義」といった戦後的諸価値や制度に対する「反動の時代」となった。〉〈過去の侵略と植民地支配を反省せず、被害者に謝罪せず、外国人への差別意識や他民族への敵意を強め、国家主義に急速に傾斜している日本が、憲法上の制約さえかなぐり捨てたとき、いったい何が起こるだろうか。いまや日本こそが東アジアの平和にとって重大な脅威なのである。

こうした反動は、必ずしも旧来の右派勢力によってのみもたらされたのではない。むしろ、従来は戦後的諸価値の担い手を自任し、右傾化への牽制力として一定の機能を果たしてきた市民派リベラル勢力の自己崩壊ないし変質こそが深刻である。九〇年代を通じ、かつてはこうした勢力に位置すると思われていた人々の多くが、ナショナリスティックな情動、自己中心主義、ことなかれ主義といった限界性と弱点を露呈した。〉

ここに述べているように、一九九〇年代以降、日本社会は長い「反動の時代」に入った。そのことについて国家主義勢力に第一義的な責任があることは言うまでもないが、「市民派リベラル勢力」の負うべき責任もまた軽くない。これらの論考を発表したおよそ二〇年後の今日なお、そのことを繰り返して述べなければならないことには苦い思いがある。このような暗い「予感」は外れるほうがよかった。できることなら過去の著述は過去の書棚にしまい込んだまま忘れられるほうがよかったし、私も自分の限られた時間と能力を別の課題に注ぎたかった。だが、現実の状況がそのことを許さないのである。残念なことに、過去二〇年間、事態はおおむね私の予感したとおりに推移したといえる。本書の書名に「頽落」という語を用いた。一六年前の拙著「あとがき」で用いた語である。

〈「頽落」という言葉がある。頽廃しつつ転落するさまである。ここ四、五年の日本社会を言いあらわすには、この言葉がぴったりだと私は思う。ひとつの社会がこうもやすやすと頽落していくとは、不覚ながら予想できなかった。〉

その後、現在まで日本リベラル派の言説は着実に「頽落」を続けてきた。詳細は本文に譲るが、ここに一例だけをあげるとすれば、歴史学の泰斗である和田春樹先生すらも、私からの批判に非論理的な反応を示されたばかりでなく、驚いたことに、日本社会は九〇年代以降「反動期」に入ったというごく常識的な見立てにまで「現実無視の暴論」であると反発された（本書一九五頁参照）。日本がいま典型的な反動期の只中にあることに議論の余地はないと私は思うが、読者諸賢はどう考えられるだろうか？

本書に明らかなように、私は今日までおよそ三〇年間にわたって、しばしば辛辣に「日本リベラル派」言説を批判してきた。その際の私の視点を貫いているものは、植民地主義批判ということである。より正確には「日本リベラル派」にまで内面化されている植民地主義的心性を批判することといえよう。それは一九八九年の「昭和天皇死去」を巡る言説批判から、近年の（最終的かつ不可逆的！）「慰安婦問題日韓合意」批判に至る。およそ三〇年間にわたって、現在も生きて増殖する植民地主義的心性に抵抗してきたということになろう。私の物言いが過度に辛辣であると忠告してくれる人もいるが、表現の拙さを別とすれば、私自身はそれが「過度」だとは思っていない。むしろ、魯迅が「聖人君子」たちと闘った際のような苛烈な徹底ぶりが自分に欠けていることを恥ずかしく思っている。それでも、このような批判を公表するのは連帯の可能性をまだ諦めていないからである。

韓国民主化運動の過程で「批判的連帯」という言葉が語られたことがある。私の理解では、相手に対する批判意識を保ったまま大胆に連帯を求める姿勢のことだ。そのことが、時には対立や衝突を産みながらも、相手との対話を深め、連帯をより確かなものにしてくれる。私は「日本リベラル派」を一括りにして全否定する考えはない。それどころか、戦後民主主義の空間で成長した私にとって、彼らの言説が自己の思想形成の土台の重要な一部をなしていることを自覚している。私もまた彼らの教え子の一人なのだ。

本文中に述べているように、重要な転回点が九〇年代に訪れた。世界的に見れば社会主義圏の崩壊と東西対立構造の終焉、日本社会について見れば社会党・総評ブロックの自壊と新自由主義時代の到来である。ちょうどこの時期に、もと「慰安婦」をはじめとするアジアの被害者たちが現れたが、現実には保守派・国家主義勢力の全面的な巻き返しの起点となり、現在までつづく反動期につながることになった。

およそ二〇年前の日本社会と現在とを思いつくままに比較してみる。当時ですら、日本は（とくに戦争責任・植民地支配責任の認識という点で）理想的民主社会からは程遠かったが、それでも、ほとんどの中学校教科書に簡単ではあれ「慰安婦」に関する記述が現れた。東京でアジアの被害者たちも参加して女性戦犯国際法廷が開かれ、結論的に昭和天皇の有罪を認定する判決を下した。国旗国歌法はまだ存在せず、日の丸・君が代の学校現場への強制も現在ほどではなかった。集団的自衛権は認められておらず、非核三原則、武器輸出禁止原則も生きていた。特定秘密保護法は存在しなかった。いま

「共謀罪」が国会に上程されようとしている（その後二〇一七年六月一五日成立、七月一一日施行）。政治家が国会で「八紘一宇」や「教育勅語」など戦前の国家主義理念を肯定的に語ることが黙過されたりはしなかった。憲法九条の改廃が公然と主張されることもなかった。ちまたにヘイトスピーチが溢れるようなことはなく、弱者が理不尽な攻撃にさらされることも時にはあったが、相模原大量殺傷事件のようなことは想像すらできなかった。

わずか二〇年の間に、日本社会はかくも遠くまで来てしまった。私はその全責任が「日本リベラル派」にあるとまでは言わないが、少なくとも責任の一部を激しい痛みをもって自覚すべきであると言いたい。二〇年という時間は長いか、短いか。私にとっては人生のおよそ三分の一にあたり、すなわち、それ以前がどういう時代であったかを想起することが私には可能である。いわば歴史的脈絡として現在をとらえることが、まだしも可能だ。だが現在二〇代の人にとっては、この二〇年間に起きたことが人生の記憶の大部分を占めている。つまりこの人々が直接経験して知っているのは「頽落」と「反動」の時代だけなのである。彼らにとって、それこそが「自然」であり「フツー」なのだ。

より広い視野で、より長い尺度で、そして「他者」や「少数者」の視点から自己と社会を見つめることができなければ、この人々が「頽落」や「反動」を免れることは困難であろう。そのことは言うまでもなく、他者にとってだけでなくこの人々自身にとっても大きな災いを招くことになるだろう。それ故、ことここに至った由来と脈絡を知り、可能な限り深く考えるための手がかりを差し出すことは、私のような者（この社会を少数者の視点から、より長い時間軸で見てきた者）が担うべき役割であると考えた。本書は二部構成になっており、第Ⅰ部には近年の論述を収めている。第Ⅱ部には、ここに述べた問題意識から、過去に発表した論述のうち何点かを選んで再録した。せめて一九八〇年代末から一貫して警鐘を鳴らし続けていた者がいたという痕跡だけは残しておきたかったからだ。

甘いと言われるかもしれないが、私はいまでも「日本リベラル派」を自分にとって敵対的な勢力とは見なしていない。彼らの奮起なしにはこの反動の時代から脱することはできず、東アジアの近未来を次なる戦争の危機から救い出すことはできないことを理解している。それ故にこそ、このような「批判的連帯」を試み、覚醒を促しているのである。以下に一六年前の私からの呼びかけを繰り返しておきたい。

〈「日本人たちよ」と、こういうだけで反発する人々のいることは分かっているが、それでも、あえて私は呼びかけよう。それとも、もう手遅れだろうか。

日本人たちよ、自らの責任に目覚めてほしい。あなたがたに問われているのは過去の侵略と植民地支配に起因する責任の自覚だが、同時にそれは、未来に対する責任でもあるのだ。東アジアの近未来を戦争の危機から救い出すことができるかどうか、あなたがた自身のものである平和を確保することができるかどうか、その責任があなたがたにかかっている。〉

二〇一七年八月一五日

著者

I

国民主義批判

他者認識の欠落

——安保法制をめぐる動きに触れて

解題「他者認識の欠落——安保法制をめぐる動きに触れて」

初出：『現代思想』二〇一五年一〇月臨時増刊号　第四三巻第一四号《総特集　安保法案を問う》青土社。なお、本書収録にあたり原文に加筆し、その一部を省略した。

二〇一五年五月一五日、安倍内閣は、「戦争法」と称すべき内容をもつ「平和安全法制関連二法案」を国会に提出した。同年五月一九日、衆議院特別委員会で審議が開始され、同年七月一六日に衆議院本会議で自民党・公明党などの賛成により可決された。参議院では同年九月一七日に特別委員会で強行採決により可決。野党側は採決無効と主張したが、与党側の強引な議事運営により参議院本会議でも可決・成立した。

同法案の問題点は多いが、大多数の憲法学者から違憲であるとの意見表明がなされ、とくに従来の憲法解釈を変更して集団的自衛権を容認し日本国の戦争参加への道を開くものであることから、連日国会前で大規模な反対集会が開かれるなど、反対運動は近年になく高揚した。

この反対運動の過程で注目されたのは、学生を中心とする団体「自由と民主主義のための学生緊急行動（英語名：Students Emergency Action for Liberal Democracy の略称から SEALDs、シールズと呼ばれた）である。二〇一五年五月から活動を開始した同団体は一時期、社会現象とも呼べるほどリベラル派マスコミなどから大きな評価と称賛を受けたが二〇一六年八月に解散し、二〇一七年三月からは新団体「未来のための公共」が活動している。

本稿は『現代思想』編集部の求めに応じて、同法案審議が参議院で山場を迎えつつあった二〇一五年八月中旬に書かれた。

穏やかに晴れた初夏の午後、私は勤務先の研究室にいる。と、突然、校内放送の拡声器が「全員、すみやかに研究室や教室を出て中庭に集まって下さい」と告げ始めた。何ごとかと窓から外を見ると、教職員や学生がぞろぞろと建物から出て集合し始めている。私はのんびりと、やりかけの仕事を片付けようとする。上空から航空機の爆音が聞こえてきた。校内放送が機械的な声で繰り返す。「全員すみやかに集合して下さい。ただいま八王子方面から○○部隊がこちらに向かっています」。

○○部隊とは何だろう？　ぼんやりとそんなことを考えていると、ドアをノックする音がした。ドアを開けてみると、数年前に卒業した元ゼミ生が立っている。「お、G君じゃないか、どうした？」G君は無表情に直立したまま、「先生、ご同行を願います」とだけ言った。見ると、彼は褐色の制服に身を包んでいて、上腕部に赤い腕章を巻いている。G君は長身だが気弱すぎるくらい優しい性格だった。西洋美術が好きで、私が美術館に誘うと喜んでついて来た。その彼には似合わない恰好だ。「同行って、どこへ？」と問うと、彼は早口で答えた。「命令により、お答えすることはできません」。G君に腕をとられて戸外に出ると、鉄錆色の金属で覆われた護送車が待っていた。遅まきながら私は悟った。一九三〇年代のドイツ・ユダヤ人の運命がいまや私自身のものになったことを。私がゼミで語ったその歴史を、G君も真面目に学んでいたのだ。

——これは、過去一六年ほどの間、つまり「君が代・日の丸法制化」以降、折に触れて私の脳裏に浮かび上がる妄想である。

二〇一一年三月一一日、東日本大震災の揺れに襲われた時、私は勤務先で教授会の真最中だった。

緊急放送の指示で建物を出て中庭に退避した。その時、ぞろぞろと建物から出てくる学生や同僚の姿を眺めながら、激しい既視感にとらわれた。あの馴染みの妄想の一場面である。

《3・11》の直後から、昼夜となく執拗に流される「ガンバレ、日本！」という呼号を耳にしながら、私はファシズム到来の危機を感じた。地震と津波は天災である。しかし、原発事故はあきらかな人災であった。しかも被害者は日本国民だけではない。外国人も、未来の人々も、地球環境そのものも、収拾不可能なまでの被害を受けたのだ。つまり、原発事故は「被害の物語」としてだけ語られてはならず、明白な「加害」なのである。その認識が、日本国の官民にあるか？ それがあるとすれば、どうしてここまで自己中心的な、内向きの語りに終始することができるのか？ どうして、自分たちの慰め、自分たちの「復興」ばかりを強調することができるのか？ これは、戦後日本の「戦争についての語り」と同じ構造を反復している。

「ポスト3・11」という言葉が語られる一時期があった。これほどの災禍を経験した以上、利潤追求や大量消費を至上価値とする文明観や価値観が根本的に問い直されるだろう、社会的に共有される価値観も個人の生き方も根本的に変わらなければならない、そういう声が聞かれた。「原子力ムラ」に代表される、政・官・財・学、メディアまで含めた、癒着、相互依存、無責任の構造と決別しなければならないという課題が提起された。「再生」ではなく「更生」が求められた。だが、それは一瞬に過ぎなかった。

「福島原発事故」の加害責任を、今日まで誰も問われないままである。それどころか、安倍政権は「世界一安全な日本の原発技術」を喧伝しながら原発輸出に邁進し、全世界に向けて「アンダーコントロール」という虚言を弄して東京オリンピックを招致した。国民多数が、これを虚言と承知の上で喝采したのである。かつて「軍部にダマされた」と言った日本国民たちは、今は自らすすんでダマされることを選んでいる。折しも数日前、鹿児島県の川内原発が、事故時の住民避難計画も不完全、責任の所在もあいまいなまま再稼働した。歴史は粛々と繰り返されている。

こんな時、あの人ならどう言うだろうかと、かつて知己を得た尊敬する幾人かの先人を私は思い浮かべた。哲学者の古在由重、岩波書店社長だった安江良介、そして政治思想家の藤田省三といった人たちである。

藤田省三先生（以下、敬称を略す）に「松に聞け」という文章がある。一九八二年に社会文化研究会という小さな研究サークルで発表したもので、飯田泰三氏が私的に保存していた未公刊のテクストである。（『藤田省三著作集7―戦後精神の経験Ⅰ』みすず書房刊、所収）

一九六三年に乗鞍観光道路が開発されたことを契機に、この小文は書かれた。藤田はこう述べる。――「山」の歴史はかくて終わった。それによって「外界と他者に対する受容器が根本的な損傷を蒙った」のである。犠牲になった生物の一つに「ハイマツ」がある。高山の風雪に耐え、固い瘠せ地に「這う」ようにして生きてきた植物である。きわめて成長が遅く、ひとたび伐採されると再生は困難だ。そのハイマツが観光開発のために「殺害」されたのである。この開発は「高度成長」の所産であった。しかし、それだけではない。「人々が一斉に『便宜』を求めてその異常な膨張過程に『参加』した」のである。

この一般人の「参加」を藤田は「安楽への全体主義」と呼んだ。

藤田をこの小文を以下の数行で結んでいる。私自身、福島原発事故の直後から繰り返し想起し、紹介してきたものだ。

「この土壇場の危機の時代においては、犠牲への鎮魂歌は自らの耳に快適な歌としてではなく、精根込めた他者の認識として現れなければならない。その認識としてのレクエイムのみが、かろうじて蘇生への鍵を包蔵しているというべきであろう」

一九四五年までの軍国主義的全体主義には、広島・長崎の被爆とその放射線被害によって一応の終止符が打たれたかに見えた。だが、戦後の高度成長と「安楽全体主義」に形を変えて生き延びた。福島原発事故はこの「安楽全体主義」の破綻を示すものであったはずだ。だが、《3・11》から四年余り、「犠牲への鎮魂歌」は「自らの耳に快適な歌」としてのみ歌われ、「精根込めた他者の認識」は成し遂げられなかった。敗戦が被害諸民族への謝罪をともなわなかったように、「フクシマ」も被害者への謝罪をともなわない自己本位な物語に終始した。日本社会はまたも、敗戦に匹敵する更生の機会を逸したのである。

「松に聞け」で藤田が挙げる「他者」は「ハイマツ」に代表される「自然」である。それは、「自然」からの収奪を本質とする資本主義的利潤獲得様式に対する根本的な抗議であるといえよう。

ここでの「他者」は「ハイマツ」であるが、もちろん藤田の念頭には、外国人、異性、少数者などの多様な「他者」があるだろう。とくに日本近代の思想を問題にする時、「他者」（アジア諸民族）認識の欠如は決定的に重要な視点だが、藤田はそのことを指摘してきた少数の知識人の一人である。

一九六〇年の日米安保条約強行採決に続いて、高度成長時代の到来が謳歌され、皇太子（現天皇）

の成婚と「ミッチーブーム」、東京オリンピックなどで日本社会が湧きたつ中、ベトナムでは無慈悲な戦争が進行していた。日韓両国はそれまで一四年間にわたって国交正常化交渉を重ねてきたが、「植民地支配責任」を日本側が認めないことが最大の障碍となって交渉は停滞していた。だが、泥沼化したベトナム戦争に日韓両国を巻き込み利用する（日本からはカネと基地、韓国からは兵隊を提供させる）ことを当面の目標として、アメリカが日韓両政府に圧力をかけた結果、一九六五年に日韓条約が締結された。韓国では朴正熙《パクチョンヒ》軍事政権が戒厳令を発布して国民の反対運動を弾圧した。日本は二〇世紀の前半まで植民地支配した他者である朝鮮民族と、敗戦二〇年後に、そのようにして再会したのである。（朝鮮民主主義人民共和国とは現在に至るも国交がない。）

この他者との出会いにおいて「植民地支配」の歴史にどう向き合うべきかが問題化されるべきであるのは当然だった。しかし、そのような問題を提起した日本知識人は少数にとどまる。多くは日韓条約の結果、望まない戦争に日本人が巻き込まれるのではないか、という認識の次元にとどまった。それはそれで間違いではない。しかし、そこからは相変わらず「他者」認識が欠落し、したがって自国の植民地支配責任認識が欠如している。

福田歓一、石田雄、日高六郎、そして藤田省三の四者が、「戦後民主主義の危機と知識人」と題する座談会を行なっている（初出『世界』一九六六年一月号、『藤田省三対話集成1』みすず書房所収）。その座談会で、日高は「今度の日韓条約締結は、政府自民党の内部に植民地主義的発想が、依然として存在しているということを露呈したし、国民それ自体のなかにも、それが清算されていないことを明らかにしたと私は思います」と述べた。福田は「この問題（ナショナリズム）について自分自身のなかにあるコロニアリズムをどこまで掘り下げて処理することができるかということに、まさに、ナショナリズム論の重要な試金石があると思うのです」と応じている。藤田は「日本国憲法の精神は、自己の侵略戦争に対する自己批判を誇りにしており、この誇りの上に国民的統一を建設しようという世界ではじめての課題を掲げてきたわけです。（中略）その新しい国民意識の建設の国民的意図が、いまここで日本の権力の手でみじめに潰えさせられるのではないかという感じさえします」と述べている。

さらに藤田は、この議論のなかで、日本ナショナリズムの「自己目標化」という概念を提示した。「（オリンピックや万国博といった）与えられた目標にだけエネルギーを集中する、その結果、日本は高度成長した。けれども、それは目標なき社会であることに変わりはない。（中略）目標なき社会に耐えられなくなってきて、日本の目標を日本それ自体に置こうとする、自己の事実を目標にするという倒錯現象が起こってきている。（中略）それが、いま噴出してきつつある、国民的自己批判のうえに立つナショナリズムと反対のナショナリズムではないでしょうか」

ちょうど半世紀前のこの指摘は、現在の状況に照らしてみるとき、ますます真に迫るものがある。「他者」（朝鮮民族）との再会を契機にこのような「自己目標化」されたナショナリズムが噴出し、その後、紆余曲折を経たとはいえ、自己中心主義が痼疾化して日本社会に定着した。藤田、福田、日高、石田のような認識は、たしかに少数ではあるが、過去の日本社会に存在した。しかし、その声は「安楽全体主義」によって孤立させられ、「精根込めた他者の認識」は成し遂げられなかった。近代日本においては「他者」は自己認識を更新するための批判的参照軸としてではなく、対抗的な自己肯定や自己賛美のための素材としての役割を負わされてきた。そのもっとも醜悪な到達点が、現在の反中・嫌韓論の横行である。

人間が断片化された、という感が深い。そのことが「安楽全体主義」の跳梁を加速化させている。手短かに一例だけを挙げよう。文部科学省は去る(二〇一五年)六月、全国の国立大学に「教員養成系、人文社会科学系学部の廃止や転換」を検討するよう通達した。理由は「社会的ニーズ」に応えるためだという。ニーズ? いったい誰の? それはつまり新自由主義体制の支配層の「ニーズ」であろう。これでは若者たちは、哲学、歴史、文学、芸術などに触れる機会を得られないまま、他者と対話するすべを知らず、他者はおろか自分自身の権利を守るすべも知らずに成人するほかない。そのような「機械化・野蛮化」(渡辺一夫)された労働者・消費者を大量生産することが資本の利益に合致するのだ。

断片化された人間の視野は狭く、時間尺度は短い。したがって「他者」が見えない。数百年後はおろか、数十年後の人類の運命すら想像できない。目の前で起きている事象をその由来にさかのぼって反省的に考察することができない。このような、合理的判断力と歴史意識を欠いた人間は、人種、民族、国籍、性別、階層といった属性によって相手を決めつけること(差別)や、国家に無批判に自己同一化して他者を一律に敵視すること(戦争)に役立つ存在なのである。さらに寒心に堪えないことは、こうした政府と資本の企図に対する広汎な批判や抵抗が、知識人の間からさえほとんど起こって来ない現実である。

ジャン＝ポール・サルトルはその著書『ユダヤ人』で、反ユダヤ主義（ひろく人種差別主義）は思想ではなく、「ひとつの情熱である」と述べている。然《しか》り、それは実証性や論理的整合性とは無関係な、ひとつの非合理的な情熱なのである。いわゆる「安保法制」をめぐる昨今の安倍晋三首相の発言や国会での政府答弁を聞いていて、私は安倍氏とその支持層の執拗な「情熱」に息を呑む思いがする。筋の通らないことを鸚鵡《おうむ》のように反復する能力を持つ彼等は、その非合理的な情熱ゆえにどんな論戦にも不敗なのだ。

副総理兼財務大臣であり日本会議最高顧問の麻生太郎は二〇一三年七月の講演で、改憲の手順について、「ナチの手口に学んだらどうかね……」と述べた。その発言に、その場（国家基本問題研究会）に集まった財界人や政治家たちもゲラゲラ笑って応じた。自民党の改憲案には、ナチスの非常大権法と同種の条項がある。麻生氏はたんに軽口を叩いたのではなかった。日頃、仲間内で語り合っている本音を漏らしたのだ。麻生氏は主に海外メディアからの批判を受けて発言を撤回したが、日本国内ではさして問題化されず、責任を問われることもないまま職にとどまっている。実際に安倍政権の戦略は、「ナチスの手法」をしっかりと学んでいるものといえよう。自民党の「文化芸術懇話会」（なんとシニカルな名づけであることか！）に集まる面々などは、まさしく「モッブ（mob）」（筆者注――「はぐれ者」「ならず者」集団の意。反倫理性を特徴とする。反ユダヤ主義や人種主義に同調し、ナチス勢力の人員供給源となった）と呼ぶべきであろう。この面々がひとつの国家の「文化芸術」全般を統制するという悪夢が現実味を帯びている。すでにＮＨＫはそうなったのではなかろうか。不意にドアがノックされる時が、迫っている。

ナチスに学ぶ政治権力は、国民多数の中に潜在する差別意識を煽り立てて自己の基盤を固めることを常套手段とする。安倍政権も、今後かりに安保法制の成立が危ぶまれる事態になると、中国・韓国・北朝鮮への敵愾心や在日朝鮮人をはじめ外国人への差別意識を煽ることで乗り切りを図るかもしれない。その時、その排外主義の高潮を斥けることができるかどうか、日本国民多数が問われるであろう。

国会前を中心に連日展開されている、若い世代を含む安保法制反対運動に、今までにない新しい動きとして大きな期待をかけるムキもある。ひょっとすると、このような動きの結果、短期的には今回の法案が審議未了に追い込まれる可能性もないとはいえない（筆者注——二〇一五年九月一七日、参議院で可決成立された）。だが、かりにそういうことが起きたとしても、より長い尺度で見る時、安保法制に反対する人々が、「自分たちが他人の戦争に巻き込まれるのはゴメンだ」という、それ自体はしごく正当ではあるが私的に断片化された動機からさらに一歩踏み出して、想像力を他者に馳せ、自らがすでに十分すぎるほど他者に加害してきた日本国家の構成員（主権者）であり受益者でもあることを自覚して、日本国家そのもののありようを根本から問い直す次元に至ることができなければ、今日までの歴史が今後も繰り返されるほかないであろう。今回の動きが近代史上はじめて日本国民が自己中心主義を打破して他者と対話し、他者と連帯して平和を構築する契機となりうるだろうか。そうなるであろうと楽観する材料は、今のところ見出しがたい。だが、この希望（まれな望み）にむけて、私は人々を励ましたい。

本稿の筆を擱こうとした時に、安倍首相の「戦後七〇年談話」の内容が報じられたが、いまは詳しく論じる紙数は残されていない。ともあれ、いかに「キーワード」のみを形式的に取り揃えようと、「安倍談話」がたんなる政略的底意にもとづく空疎な美辞麗句であることは隠しようもない。安倍氏個人の歴史修正主義者としての面目もまた遺憾なくさらけ出された。アジアの被害諸民族から激しい反発を受けること必至である。近代史を通じて他者と出会うことができず、対話することができなかった日本国は、ここでまた他者との出会い損ねを重ねたと言うほかない（「安倍談話」については本書六三頁参照）。

憲法九条、その先へ

——「朝鮮病」患者の独白

解題「憲法九条、その先へ――〈朝鮮病〉患者の独白」

初出：『詩人会議』二〇一六年八月　第五四巻第八号　詩人会議発行

二〇一五年に「安保法制」（戦争法）を成立させた安倍内閣は、二〇一六年になると憲法改定の意図をあらわにし始めた。同年七月の参議院選挙の結果、改憲勢力があわせて改憲発議ラインである議席数の三分の二を占めることになると、いよいよ改憲の動きが具体化することが見込まれた。本稿はその参議院選挙を前にした時点で書かれたものである。

憲法九条が風前の灯である。本年（二〇一六年）七月に予定されている参議院選挙の結果次第では、安倍政権は改憲への道に踏み出すだろう。かりに今回の選挙で改憲発議ラインである衆参両院三分の二以上の議席獲得に成功しなかったとしても、安倍政権は引き続き高い支持率を維持しているので、改憲の危機が去るわけではない。「緊急事態条項」という、ある意味では九条改廃よりさらに危険な独裁制への道も開かれようとしている。

この時期に当たって、私のような者も何かひとこと言わないではいられない。

「私のような者」というのは、簡単にいうと日本に生まれ育ち、日本社会の動向に直接の影響をこうむる立場でありながら参政権すらない在日朝鮮人ということ、つまり日本社会から「周縁化された者」という意味である。

「朝鮮病」患者

振り返れば、憲法九条が現在のような改廃の危機に瀕するまでに、いくつかの曲がり角があった。その一つは一九九九年八月一三日の「日の丸・君が代」法制化（国旗国歌法）であったと、私は思っている。

私はどの国のものであれ国旗や国歌には基本的に反対だが、とくに日本のそれは、第二次世界大戦の敗戦国、「三国防共協定」を結んでいたドイツ・イタリア・日本のうち、日本のものだけが戦争以前のままであるという理由ひとつだけでも、とても受け入れることはできないと考える。しかし、そのことよりもさらに、この法律が制定される過程の浅薄さが耐え難い。当時の文部大臣はオリンピックなどの国際競技で日本の選手が他国の国歌国旗に「無礼な態度をとった」ことを法制定を必要とする理由に挙げた。しかし、他国とくに日本の戦争被害国がそのような「無礼」を非難したことは耳にしたことがない。むしろ、かつての侵略戦争の旗幟を再び公然と掲げることのほうが他国の反発を買うと考えるのが道理であろう。しかし、元東大教授である文部大臣が、このような幼稚で見え透いた虚言を弄し、マスコミを含む日本国民多数もそれに同調した。

小渕首相（当時）は衆議院本会議で、「政府といたしましては、国旗・国歌の法制化に当たり、国旗の掲揚に関し義務づけなどを行なうことは考えておりません」と答弁した。昨今のいわゆる安保法制をめぐる政府の国会答弁をみるにつけ、私は強い既視感に襲われる。人間の尊厳と生命、基本的人権を左右する重大事がこんなやり方で決められてきたのである。二〇一五年六月、文科省は国立大学での国旗掲揚と国歌斉唱を要請した。文科大臣は「これは強制ではない、要請だ」と、耳に馴れた台詞を付け加えた。その場かぎりの子供じみた理屈づけとあからさまな虚言。それに同調して自粛する人々。昨日今日に始まったことではない。

＊

二〇〇〇年の三月一一日、東京で行なわれた「日の丸・君が代」に反対するある集会に私はメッセージを寄せた。その要旨を以下に再録する。

ああ、せめて

あの空に
窓でも開けられぬものか。
息がつまる……

一九二〇年代の植民地朝鮮で、ひとりの詩人がこう謳い、その詩にみずから「朝鮮病」と題した。病いのほんとうの原因は日本の支配にある。それなのに日本人たちはみな、何喰わぬ顔、どこ吹く風。朝鮮人ばかりが確実に窒息していく。だから、「朝鮮病」なのである。(中略)
西暦二〇〇〇年の日本――
戦争に次ぐ戦争であれほど他民族を殺したというのに、日本人自身もあれほど多く死んだのに、あっという間の君が代・日の丸法制化。次に待つのは九条改悪。
小国寡民、東洋のスイスなどと、真面目くさって理想を説いていたのに、
教え子を戦場に送るなと、たとえ一時でも心から叫んだはずなのに、
自己否定とか、わが解体とか、格好よかったし、
近頃は多文化主義とか、多民族共生なんて、耳障りのよい言葉をまき散らしていたのに、
その時その時は、まんざら嘘八百でもなかっただろうに、
だからいつでも、あやうく信じてしまいそうになったのに、
それなのに、
見わたせば、いつの間にかまた、誰もかれも何喰わぬ顔、どこ吹く風だ。

これじゃあ「病気」にだって罹るわけがない。「日本病」なんてあり得ない。
無病息災、不老不死、千代に八千代に、日本人よ永遠なれ。
ああ、息がつまる……
俺たちは、昔もいまも「朝鮮病」だ。

＊

このメッセージの冒頭に引用した詩句は、「奪われた野にも春は来るか」を歌った李相和《イサンファ》の詩「朝鮮病」の一部である。一九二〇年代の朝鮮、日本による植民地支配を受けて一五年が過ぎ、一九一九年の三・一独立運動も大弾圧によって敗北、総督府は欺瞞的な「文化政策」を行なう一方で農村の収奪を強め、農民たちは飢えて土地から引き剥がされ流民となっていく。その状況の窒息感を「朝鮮病」と題して歌ったものだ。李相和の時代からおよそ一〇〇年後を生きる私も、相変わらず「朝鮮病」患者である。

私のこのメッセージは「中心部日本国民」に向けられたものだ。戦後憲法体制から周縁化され、疎外された在日朝鮮人の私が、戦後憲法の価値を理解しないまま特権だけを享受して来た「中心部日本国民」に向けて憲法を守れと訴える、そのことの皮肉を痛感する。しかし、日本国憲法の中に平和主義と民主主義という普遍的な価値が存在している。その普遍的な価値は、「中心部日本国民」が自ら闘い取ったものではないが、そのことが憲法に盛り込まれたのは、無数のアジア人を戦争の犠牲者にした上でのことなのだ。アジア人たちが殺されたからこそ、日本国に民主的憲法が「押し付け」られ、「中心部日本国民」は戦後民主主義を享受したのである。だから私たち「周縁化された者たち」

は、その空洞化を許すことができない。そう主張する資格が充分にあるのである。

憲法九条は被害民族への国際公約である

まず、現行の日本国憲法に対する私の考えをかいつまんで述べておく。

第九条（交戦権の放棄）は必ず守られなければならない。このことを大前提としたうえで、さらに述べておくと、現在の憲法を理想化して、それをそのまま守るべきだ、という議論には私は同意することができない。

「平和憲法のおかげで戦後の平和と繁栄が守られた」とか、「戦後七〇年間、憲法九条のおかげで一滴も血を流さないですんだ」といった言い方には、私は自己中心主義と欺瞞の匂いを嗅いでしまう。私が憲法九条を守るべきだと主張する理由は、それが「日本国民」の平和を守ってきたから、ではない。それが、日本による侵略戦争の無数の犠牲者（連合国兵士や自国民のみならず、それに数倍する被侵略民族の人々）の血と涙で贖《あがな》われたものだからだ。

日本国民の多くは、米国を中心とする連合国の強大な軍事力に日本は敗北したという誤った観念を植え付けられ、いまも保持している。しかし、それは事実の一面でしかない。実際には、中国人民をはじめとする侵略される側のたゆまざる抵抗が、日本の侵略を打ち負かしたのである。

したがって、憲法九条はいわば、戦後の再出発に当たっての「再び侵略しません」という国際公約ともいえる。その約束を、相談も了解もなく放棄することは許されないのである。九条という歯止めのない日本という国家を、アジアの被侵略民族の側から想像してみれば、それがどれほど不安な存在であるかがわかるだろう。九条の改廃は、謝罪、補償、歴史教育などを通じた被害民族との信頼関係構築の上で初めて主題化できることなのだ。そうでなければ、そのような試みはつねに新たな脅威としか受け止められないのである。

私が九条を守れと主張するもうひとつの理由は、そこに（「日本国民」だけではなく）人類全体の未来がかかっているからである。日本国民にはその厳粛な普遍的意義を改めて自覚していただきたい。

私はことし三月、講演等のためコスタリカを訪ねた。コスタリカは小さな国だが、現在では世界で唯一、軍隊を持たない国である。日本も同じように憲法上武力を持たないことを宣言している国だが、その規定は現行憲法公布後数年にして形骸化した。しかし、たとえタテマエに過ぎないとしても、そのタテマエすらかなぐり捨てた後に何が続いているのか。その不安と恐怖が、形骸であれ、平和主義を維持させてきたのである。ところが昨今、自衛隊が憲法違反だというのなら憲法の方を変えて正式な軍隊にしようという主張が、首相自身をはじめ主要政治家の口から公然と飛び出すようになった。

コスタリカで出会った教授や学生たちに「いまでは世界で非武装国家は名実ともこの国のみになりますね」と、私が話しかけてみると、彼の地の人々は明るい表情で、自分たちはこれからも何があろうと非武装の原則を守り通していくと答えてくれた。全世界で軍事主義と排外主義が高潮していく中、コスタリカの人々は、いつまでこの原則を守っていけるだろうか。こんな現代に、武装せずに平和に暮らす人々の国が、地球上にたったひとつでも存在することの大切さを想像してみる。希少動物の絶滅が生態系の破滅的破壊を予告するように、この小国がその理想と平和を守り通していけるかどうか、そこに人類全体の未来がかかっているとすら私は思う。日本国民は憲法九条を守って、コスタリカの人々に連帯し、ひいては全世界に平和主義を普及させていくべきだ。それは日本国民が自国の戦争によるすべての被害者と死者たちに負っている債務であり、重い使命なのである。

自国民中心主義

私がもろ手を挙げて現行憲法を丸ごと擁護できない理由を以下に述べる。

戦前、日本内地（ほぼ現在の日本領に該当）に住む朝鮮人・台湾人などには、限定的ながら参政権が認められており、朝鮮人議員も存在した。日本政府は敗戦後、旧植民地出身者の日本国籍は講和条約発効まで引き続き有効であるとの立場をとったが、それと同時に一九四五年末の衆議院議員選挙法改正によって旧植民地出身者の参政権を剥奪した。翌一九四六年に戦後最初の選挙が行なわれ、初めて選挙権を認められた女性も多くが参加した。男女同権を謳う戦後民主主義の輝かしい出発と称された。しかし、あらかじめ参政権を奪われていた旧植民地出身者は、この選挙に参加できなかった。そして、この選挙で選ばれた議員たちによる議会が承認したことによって、現在の憲法が発効したのである。なお、沖縄は米軍の直接占領下に置かれたため、選挙は行なわれなかった。つまり、現行憲法はその出発時において、旧植民地出身者と沖縄住民を周到に排除した上でつくられたものなのである。

現行憲法（日本語）第三章「国民の権利および義務」第一〇条は、「日本国民たる要件は法律でこれを定める」、第一一条「国民は全て基本的人権の享受を妨げられない。この憲法が国民に保証する基本的人権は、侵すことの出来ない永久の権利として、現在及び将来の国民に与えられる。（以下省略）」と記している。

ここでの権利の主体は「国民」という言葉であらわされており、基本的人権が「国民」にだけ保障される特権と解釈されうるように書かれている。日本国が植民地支配した結果として日本国に住むことになり、一九五二年のサンフランシスコ講和条約までは日本国籍を持たされていた存在である在日朝鮮人・台湾人など旧植民地出身者（私もその一員）は、「国民」ではないために憲法上の基本的人権が保障されない存在にされたのである。つまり、植民地支配によって「臣民」の枠に引き入れられ、敗戦によって「国民」の枠外に追放されたのだ。すでにこの時点で一つの特権化が作動している。「国民」として特権化された人々が、普遍的であるべき民主主義的諸権利の、その普遍性を理解することのないまま、戦後憲法を定めた。だから彼ら中心部日本国民は、憲法に内包されている普遍的価値を自らの経験を通じて理解することができないのである。

憲法の英文に目をやると、第一一条には「The people shall not be prevented from enjoying any of the fundamental human rights.」と書いてある。これはいわゆる「マッカーサー草案」をもとにして作られている英文テクストである。その日本語版は「国民は、すべての基本的人権の享有を妨げられない」である。

「国民」という言葉がもともと「people」という言葉だったことがわかる。「The people」というのは、一般には「人民」と訳すべき言葉である。そして、憲法第一〇条の英文を見ると、「The conditions necessary for being a Japanese national shall be determined by law.」となっている。

「a Japanese national」というのは「日本国籍保有者」ということだ。したがって、ここで分かることは、第一〇条と一一条が指している「国民」という言葉は、日本文では同じ「国民」と訳されているが、英文原文では違う言葉だということである。「a national」と「people」という異なる概念に同じ「国民」という訳語を当て、「国民の権利及び義務」という同じ章にくくった。そのために日本国籍を持っているものが「国民」であり、その「国民」が基本的人権を享受する、逆にいうと、日本国籍を持ってないものは基本的人権を認められなくても仕方ない、そういう解釈がまかり通ってきた。

これは、基本的人権の原理にそもそも反する。基本的人権は人間でありさえすれば誰にでも保障されるべき権利であって、国籍のあるなしは関係ない。しかし、現在の憲法にはそれを自国民だけに排他的に保障された特権であるかのように誤って解釈させる余地がある。そのような誤った考えが長い間まかり通り、「日本国民という言葉は日本国籍保有者という意味に限定的に解釈されるべき」であるという法解釈によって、過去には国民年金訴訟で在日朝鮮人が敗訴した例もある。

日本が国連難民条約に加入し批准した一九八二年以降、ようやく少しずつ、在日外国人の公務員任用とか国民年金法の手直しに着手し始めたが、その進捗は遅々としており、まだまだ不十分である。このことから私が言いたいことは、在日外国人に対する差別という点だけではない。むしろ、こうした経過によって、「基本的人権」という普遍的な理念を自国民の特権としてしか解釈できない中心部日本国民の意識が形成されたということである。それが翻って、在日朝鮮人など「国民」でない他者が人間として当然な基本的権利を要求した際に、それを「在日特権」などと称して攻撃する歪んだ心性が蔓延することになった。

そうした傾向を根本的に克服するためには、憲法そのものを反人権的（自国民中心主義的）解釈の入り込む余地のないものへ改めなければならない。「People」の訳語である「国民」を「住民」に改めることがその具体案の一つである。

憲法一条をどうするのか

敗戦を前後する時期、当時の日本政府は「国体護持」すなわち天皇制の維持を最大の課題としていた。明治憲法の君主主権制をすすんで変える気はなかった。そこで、ＧＨＱの側からマッカーサー草案という形で、現在の日本国憲法のもとになるものを提示することになる。マッカーサー草案の三つの骨子は、第一に象徴天皇制として天皇制を残し、天皇を通じた間接支配を行なうことだった。ことが長引くとソ連や中国など他の連合国から、天皇制を徹底的に廃止する形での新憲法という要求が出てくるかも知れないということで、アメリカは東アジアの戦後国際秩序における自国の覇権戦略を貫くため、そういう内容の憲法草案を作ったのだ。マッカーサー草案の第二の柱は、日本国の武装解除ということ。これが憲法九条である。そして、第三の柱は、民主主義的権利の保障ということだ。天皇制の護持という極めて否定的な側面と平和主義、民主主義という肯定的側面とがない混ぜになった形で、戦後憲法の構想が提示された。

憲法第一条は「天皇は、日本国の象徴であり日本国民統合の象徴であって、この地位は、主権の存する日本国民の総意に基く」と記している。この規定こそまさに、天皇制と天皇個人の戦争責任（および植民地支配責任）を不問に付しつつ、米国の戦略的利益を追求するためにひねり出されたものであるといえる。それはまた「国体護持」に固執する日本保守層の思惑とも合致した。それが日米安保条約である。戦後天皇制と安保条約はコインの裏表ともいえる関係であり、沖縄はその犠牲に供された。

この第一条がある限り、私は現在の日本国憲法を支持することはできない。自分が植民地支配を受けた朝鮮民族の一員だからそう考えるという面ももちろん否定しない。植民地朝鮮は天皇に「直隷」する朝鮮総督によって軍事占領された。朝鮮独立の試みは「国体変革」を禁じる治安維持法によって無慈悲に弾圧された。治安維持法犠牲者の数は、朝鮮人のほうが日本人よりはるかに多い。朝鮮植民地支配の究極的責任が天皇にあることは明らかである。

しかし、言うまでもなく、天皇制の犠牲者は朝鮮民族だけではない。日本国民たちも多くが天皇制の被害を受けた。大逆罪や治安維持法によって残虐な刑罰を受けた抵抗者たち、広島・長崎の原爆被害者、東京・名古屋・大阪などの空襲被害者、その他無数の非戦闘員被害者はもちろん、心ならずも戦地に送られて戦死か餓死を強いられ、あるいは無辜の現地人を殺戮する役割を演じた兵士たちにいたるまで、その責任の軽重に差があるとはいえ、おしなべて天皇制の被害者であった。日本国民たちは明治以来続いた対外膨張と侵略の歴史、それを可能にした制度と心性を根本的に克服すべきである。一九四五年の敗戦は、日本国民自身がこの「君主制のくびき」（あるいは「呪縛」）から脱する好機だったはずだ。

上記の憲法第一条の条文中、天皇の地位を日本国民の総意に基づくものとしていることは、ポツダム宣言受諾の前提として日本政府が意図した「国体護持」の意向確認に対するアメリカ合衆国からの「日本の政体は日本国民が自由に表明する意思のもとに決定される」との声明とも関連する。つまり、憲法第一条は「日本国民の自由な意思」によって変更可能なのである。いつまで時代錯誤的な君主制を護持し続けるのか。いつまで、みずからすすんで臣民であることをよしとするのか。自発的臣民としてこれからも他者と自国民の弱者を傷つけ続けるか、それとも、真の主権者となって、世界平和と人権という普遍的価値のために生きるか、そのことが日本国民に問われているはずだ。

だが、いまでは、そのような問いそのものを耳にすることもきわめて稀になった。戦後詩人に限っていえば、私自身の不明のせいかもしれないが、ストレートな天皇制批判として心に浮かぶのは茨木のり子の「四海波静」「倚りかからず」くらいである。詩人のみなさんには、槇村浩、中野重治、小熊秀雄ら、日本にも決して少なくない抵抗詩の命脈を失ってほしくない。

一滴の血も？

本稿冒頭で私は「戦後七〇年間、憲法九条のおかげで一滴も血を流さないですんだ」という常套句への違和感を表明しておいた。まず、これは事実に反する。朝鮮戦争では日本は米軍の兵站基地となり、おおいに朝鮮人と中国人の血を流すことに加担したが、秘密裏に掃海作業に派遣された日本人の血も流された。連合国軍の要請を受け、海上保安官や民間船員などの「特別掃海隊」を国連軍の作戦に参加させ、多数が命を落としたとされる。吉田茂首相の承認の下に行なわれたこの掃海活動は、戦後の日本にとって初めての参戦となった。

朝鮮戦争のみならず、ベトナム戦争でも湾岸戦争、イラク戦争でも、日本はおおいに他者の血を流すことに加担した。ベトナム戦争では日本で製造されたナパーム弾が嘉手納基地を飛び立ったB51爆撃機によってベトナム民衆の頭上にまき散らされた。そして朝鮮戦争でもベトナム戦争でも、日本社会は「特需景気」に沸いたのである。

国連決議もないままに他国に侵攻したイラク戦争に大義はなかったということは、現在では世界の常識となっている。この大義なき戦争の結果、ひとつの国家が根底から破壊され、数十万人が殺害され、その地域はいまではさまざまな武装勢力が割拠する無法地帯になってしまった。しかし、アメリカ合衆国ジョージ・W・ブッシュ大統領（当時）はもちろん、戦争に加担した各国の為政者は誰も責任を問われていない。日本の小泉純一郎首相（当時）も責任ある者の一人だ。

流されたのが「日本人の血」でさえなければよいというのか？（前述したようにそれも虚言であるが）ここには自分さえ安穏であればという自己本位な心性が現れていないか？　他人の血を流すことを漫然と黙認していると、やがて自分たちの血も流すことになる。それが歴史の教訓であるにもかかわらず、現在の日本社会に蔓延する自己中心主義とシニシズム（冷笑）に心が痛む。人間が「平和」とか「人道」とか「人権」とかいった、崇高な目的のために活動するということそのものを冷笑するシニカルな精神、そのシニカルな「国民」世論に、政府や政治家が積極的に迎合しマスコミもこれをむしろ煽るという傾向。それが恐ろしい。しかも、その一方で、為政者がきわめて浅薄に、ご都合主義的に、「理想」や「人道」という言葉をもてあそぶ。本来、崇高なはずの言葉が、これぐらい汚され、卑しめられた社会は、かつてないのではないか。

その最たるものが、イラクに自衛隊を派遣する際に小泉首相が行なった記者会見であった。そこで彼は憲法の前文を読んだ。憲法九条に触れなかったことが、一定の批判を受けた。しかし、それよりも重要なことだと私が思ったのは、憲法前文の精神そのものを捻じ曲げ、歪めて利用したということだ。憲法前文は「日本国民は、恒久の平和を念願し、人間相互の関係を支配する崇高な理想を深く自覚するのであって、平和を愛する諸国民の公正と信義に信頼して、われらの安全と生存を維持しようと決意した」と、平和主義の理念を強調している。その憲法前文を借りて、平和でも人道でもない戦争への加担を正当化したのである。

そのことを「国民」多数も承知していた。だが、憲法前文の理想を汚すなという声が澎湃と湧き起こるという事態は、ついに起きなかった。「国民」は後になって「騙された」ということは言えない。なぜなら、アメリカの盟友である英国ですらイラク戦争参戦の正当性についてきびしい検証を行なったのに、日本ではいまだに検証すら行なわれないままであり、「国民」の間からもそれを求める声がほとんど聞かれないからである。


ここまで書いてきた理由により、私は、日本国民が自律的に憲法九条を守ることができるかどうか、深く危惧している。そして、それでもなお、九条を守ろうとする日本国民に声援を送る。憲法九条は、先に述べたように、他民族の戦争被害者たちの血と涙によって贖われ付託されたものであり、現在を生きている日本国民だけの独占物ではないからである。

日本国民に切に望む。現在の憲法を理想化する地点に立ち止まり満足すべきではない。九条擁護のその先へ、日本国憲法にすら潜んでいる自己中心主義を脱し、真に普遍的な価値を実現する方向を目指して踏み出すべきである。そのためには、侵略と植民地支配の過去を真摯に見つめ、国外と国内の被害者たちと連帯すべきである、と。

梟《きょう》蛇《だ》鬼《き》怪《かい》といえども……

――辺見庸『決定版 1★9★3★7』への応答

解題「梟蛇鬼怪といえども……
——辺見庸『完全版 1《イ》★9《ク》★3《ミ》★7《ナ》』への応答」

初出：辺見庸『完全版 1★9★3★7』（上下）に「解説 ひとつの応答—魯迅を補助線として」という原題で収録。角川文庫、二〇一六年一一月二五日。本書収録にあたり原文に加筆し、原題を改めた。

〈こうして他人を駆除していって、そのときになっても、なお私を見棄てぬものは、梟蛇鬼怪《きょうだきかい》といえども私の友である。それだけが真の私の友である。万一、それさえないならば、自分はひとりでもかまわぬ。〉(魯迅「『墓』の後に記す」以下、訳文は竹内好による)

本書を読む間たえず、私の脳中で繰り返し反響していた言葉である。

『墓』は魯迅が一九〇七年からの二〇年間ほどに書いた小文を集めて一九二七年、厦門《アモイ》で出版された。魯迅は若い日から深い「寂寞」を抱えつつ伝統的封建勢力、国民党右派、日本をはじめとする外来帝国主義勢力、とりわけ「君子の徒」(「軟らかい刀を持つ妖魔」とも呼ぶ)と闘った。この評論集を編む前には教え子を含む学生たちが軍閥の凶弾に斃れるという惨苦(三・一八事件)を嘗め、彼自身北京から厦門に逃れ、亡命の身となった。魯迅は『墓』に収めた自分の文章について、〈それは私の血で書かれたものではないが、私の同輩、および私より年下の青年たちの血を見て書かれたものである〉と述べている。この後も魯迅は上海に移り、より多くの「血」を見ることになる。

「梟蛇鬼怪」とはお化けや怪物ということだ。人間界(辺見庸のいう「世間」、魯迅のいう「聖人君子」)から無視・蔑視・禁忌視(つまり「スルー〈through〉」)される非人間の意である。日本社会においては、不忠・不孝のもの、つまり公然と天皇制批判・父親批判の言説をなすものはつねに「世間」や「聖人君子」によって孤立させられ「梟蛇鬼怪」と名指しされる。日本近代史上にも、そんな「梟蛇鬼怪」たちは点在する。例を挙げれば、『何が私をこうさせたか』の著者、大逆罪で死刑を宣告され、「無期」に恩赦減刑を告げられるもそれを拒否して獄死した金子文子、あるいは映画「ゆきゆきて神軍」(原一男監督)の奥崎健三などである。

韓国では一九七〇年代朴正熙《パクチョンヒ》大統領の維新独裁体制の時代、非転向政治犯を拘禁した監獄には「忠孝碑」が建てられ、その場所で政治犯たちは剥き出しの国家暴力にさらされた。しかし、韓国独裁政権の支配力は、そんな空疎な碑を建て、政治犯を日常的に拷問しなければならない程度に脆弱であったともいえる。日本ではそうではない。日本では、仲間内の和を乱すもの、空気の読めないもの、盛り上がりに冷水を浴びせるもの、戦争であれ原発事故であれ、その責任を追及してやまないもの、これら「梟蛇鬼怪」は、「スルー」され、おのずから孤立させられるからである。「思考停止」と「自発的隷従」の心性に支えられるその「鵺《ぬえ》的ファシズム」(辺見庸)は、本書によればナチ党高官ヒムラーをも羨望させたという。相手が「鵺」である以上、それと闘うものは「梟蛇鬼怪」となるほかない。

「解説」ではなく「応答」

こんな作品を「解説」することなど、できるだろうか?……

私自身の力量のことだけをいうのではない。この作品は「解説」を拒んでいる。一九三七年についての年代記的記述、南京大虐殺という事件の事実説明、堀田善衞や武田泰淳の人物説明や作品解説、辺見庸という作家の履歴と作品紹介……それらのことを短い解説に要約してみたところでせんないことではないか。

この作品は、戦争、虐殺、差別などについての事実認識を読者に求めているのではない。「事実」

というなら、それは改めて言い立てるまでもなく明らかだからだ。人々は「南京大虐殺」や「慰安婦」という事実の存在を知らないのだろうか。少なくともある世代より上の人々にとっては、決してそうではあるまい。問題は「事実」の有無ではなく、明々白々な事実の前に立たされながら、それに背を向け「スルー」することのできる心性である。

この「解説」を書いている私自身が振り返って思うことだが、「(政府や軍部に) 自分たちはダマされていた」という戦後に広く流通した常套句に、私も長い間ダマされていた。そのことを改めてはっきりと自覚したのは、安倍晋三首相が二〇一三年にブエノスアイレスで行なった東京オリンピック招致演説に対する人々の反応を見た時である。首相はこの時、全世界に向けて、福島原発事故は完全に「アンダーコントロール」であると言明した。あまりにも厚顔無恥な虚言である。しかし、大多数の人々がそれを歓迎し喝采した。ダマされたのではない。虚言を虚言と知りながら歓迎したのである。日清戦争、日露戦争、満州事変、日中戦争、真珠湾攻撃当時から、おそらく人々はこうであったのだろう。ダマされたのではなく、それをみずから望んだのだ。自己の利害や保身のために、多かれ少なかれ国家や軍部と共犯関係（辺見が言う「黙契」）を結んだのである。

すすんでダマされることを歓迎する人々、あるいはダマされたふりをして保身をはかることが習性となった人々に、「事実」を示し、論証してみせたところで無益である。相手が「スルー」し続ける以上、ただ合理的に理非曲直を説いて、真理は我にありと自足して終わるわけにはいかない。相手の心性の闇に分け入って、覚醒させ、倫理的更生を促すこと、それがかなわないとしても、立ち尽くさせ、恥じ入らせることが必要なのだ。

ユダヤ人大量虐殺の事実が知られ始めていた第二次世界大戦の末期、ハンナ・アーレントは、亡命地アメリカで自分がドイツ人であることを恥じるというドイツ人たちに出遭った。その度にアーレントは、「私は人間であることを恥じる」と答えたくなったという。

〈この原則的な恥ずかしさは、(中略)感情の上での国際連帯に関して残された唯一のものである〉(「組織化された罪」『パーリアとしてのユダヤ人』)

この言明はもちろん「ドイツ国民」の責任を軽減するためのものではない。「恥」という原則的な感情を基準とすることで、ドイツ人とユダヤ人、加害者と被害者が「連帯」する可能性について述べたものだ。

他国に侵攻して非戦闘員を含む他者を大量虐殺したという事実を前にして、恥じることができるか。国家政策として他民族の女性たちに対する大規模で計画的な性的搾取を行なったという事実を前にして、恥じることができるか。前者について犠牲者数を云々して責任を否定しようとする人々、後者について「国家に法的責任はない、責任は業者にある」などと主張する人々は、恥ずかしくないのだろうか? 自分の父祖、上司や同僚、隣人や友人が、そうした行為に積極的にであれ消極的にであれ加担していた、あるいは拱手傍観していたと知ったときに恥辱感を覚えないのであろうか?

おそらく恥辱感などを覚えないのであろう。この人々はこうした「原則的な感情」を、とうに棄て去ったのだ。そういう恥辱感を用意周到に避け、消去することがこの人々の「生の技法」あるいは「哲学」にすらなった。「国際連帯」の基礎となるべき恥の感情そのものが失われたか、あるいは、そんなものは最初から持ち合わせなかったのである。

恥を知らない人々に「事実」を説いたところで彼らはいまさら恥じ入ったりはしない。「人間であることを恥じる」と言ってみても、「人間」というものへの共通理解が破壊されたままなのだ。しかし、「国際連帯」に近づくためには、なんとかして、まずこの「原則的な感情」を蘇らせなければならない。もともと存在しなかったのなら、いまからでも生み出さなければならないのである。それが「文学」が担うべき仕事である。

冒頭に引用した部分に先立って、魯迅はこんなことを書いている。

〈私の文学を偏愛する顧客には一点の喜びを、私の文学を憎悪する連中には一点の嘔吐を与えたい。〉

魯迅が「聖人君子」たちに「嘔吐」を与えようとしたとすれば、辺見庸は本書で相手に何を与えようとしたのだろうか。それは「恥辱感」ではなかったかと私は思う。別の言い方をすれば「恥を知れ」ということだ。だが、辺見自身が深く自覚しているように、これは絶望的な行為である。そういう絶望的反抗としての文学行為を、小賢しく交通整理して「解説」することは、むしろ作品の意図を損なうわざであろう。したがって、この小文は「解説」と称するより、むしろ「応答」と呼ぶべきものである。「応答する」とは、「スルーしない」ということだ。

肉薄主義

本書は『1★9★3★7』というそのタイトルからして、異形である。奇をてらってのことではない、前に述べた切実な文学的動機の故である。

その文体の特徴を挙げるとすれば、一つには徹底的な細部描写、いま一つには延々と畳みかける叙事詩的語り口であるといえよう。

細部への執着について著者自身は「細部主義」と称しているが、私は、こんな言葉はないと思うが、「肉薄主義」とでも呼びたい。このことがよく表れているのは、たとえば死刑廃止を求める集会での講演における、以下のような描写である。

〈死刑囚を吊るしたロープの軋む音がするだろう。死刑囚が落下していく瞬間に頸骨がバキッと折れる音がするだろう。舌骨が砕ける音がするだろう。鼻血が垂れ、失禁された尿が流れ、脱糞や射精のあとが漏れだすだろう。東京拘置所の確定死刑囚のなかには、死後の脱糞を恥じ入って刑の直前に下剤を求める人がいるそうです。私が容易に想像できるのはたちこめるにおいです。刑場には被造物の最期のにおいがする。その想像とともに私の半身はまた硬直してしまいます。〉(『愛と痛み　死刑をめぐって』河出文庫)

このくだりは私に、いまから三〇年ほども前、兄に面会するために立ち入った韓国政治犯監獄の記憶(とりわけ、そのにおいの記憶)を蘇らせた。ちなみに日本によって朝鮮植民地支配時代に造られた韓国ソウル市の西大門監獄跡は現在博物館として保存されており、そこを訪ねれば多くの政治犯を処刑した刑場を見ることができる。

「だれかれが処刑された」というだけでは「死刑」の真実について何も伝わらない。その表現に「無慈悲」とか「冷酷」とかの形容詞を付したところで大差はない。そうした表現はただ「概念」をなぞるだけだ。処刑場という密室の中で展開されることども、人が人を殺すということ、人が整然とした手順で殺されるということ、そのことの細部まで見極めなければならない。そのためには音やにおいにまで感覚を集中させて感じ取らなくてはならず、刑場に立ち入ることができないのであれば、せめて最大限に想像をめぐらせなければならない。みずからの半身が硬直するほどに。そうやって著者は、われわれの大多数が見まいとしていること、見ずに済ませていることに目を向けさせようとする。いや、見て見ぬふりを決め込んでいる態度そのものを問うている。こういう方法を、私はかりに「肉薄主義」と呼ぶのである。

本書においても著者の「肉薄主義」は随所にみられる。その一例は、小林多喜二の虐殺をめぐる記述である。

〈多喜二は一九三三年二月二〇日に特高につかまり、築地署で拷問を受け半日もたたないうちに殺された。〉こう書いただけで、何が伝わるだろうか？　この事実は（歴史を教えられていない若者はともかくとして）多くの人々にとって周知のことだ。「知ってるよ」「それがどうした？」というようなシニカルな反応すら予測される。「拷問」も「虐殺」も、たんなる「概念」としてのみ流通し消費される。「無残な」とか「残忍な」などと形容詞を付したところで大差はないのである。辺見はその地点で留まりはしない。犠牲者はどのように拷問され、どのように虐殺されたのか。どんな悲鳴や絶叫が発せられたか。どんな血や涙が流されたか。どんな憎悪がそこに作動していたのか。到底その全貌を伝えることはできずとも、可能な限り想像し、自らも感じようとする姿勢（おそらくイヤでも感じずにはいられないのだ）、それが「肉薄主義」である。

しかも辺見は虐殺の下手人たちが天皇による栄典を授けられていたことを、念を押して想起させる。このクニではほとんど誰もそのことを公然と問題にしない。拷問者、虐殺者が栄典を授けられ、誰もそのことを非難しないクニ。そのようなクニに、そのクニを構成するものとして生きている人々は恥ずかしくないのだろうか？

辺見庸のこの文学的方法が奏功するかどうか、私は楽観的ではない。それは先に述べた「恥」という「原則的な感情」と同じように、想像と共感の基盤となるべき「恐怖」「痛み」「怒り」といった感情もまた失われつつあるのではないかと疑うからだ。そのような共通の基盤がないところでは、どんな「虐殺」も「エーッ、信じられなーい」の軽い一言で片づけられる他人事でしかない。辺見庸が挑戦しているのは、その手強い壁である。

辺見庸は本書において、即座には答えることの難しい問いを読者に畳みかける。その難問を、一種「偏執狂」的ともいえるほどの労力を費やして読者の目や耳になすり付ける。本書は、詩人・辺見庸による長詩ともいえると私は思う。反復を繰り返しながら緊張度を増していくその語りは叙事詩的リズムをともなっている。「叙事詩的」といったが、それは、たとえば浪漫主義的美意識のうちに自己完結する吉田満「戦艦大和ノ最期」のような作品とは対極のものだ。あえていうと、「しゃべり捲れ」をモットーとした小熊秀雄の長詩を想わせる。圧倒的な武力をもつ侵略者たちに包囲された先住民集落の長老が、目前に迫る惨劇を前に、低い声でつぶやき続ける暗鬱な悲歌。その詠嘆、怨恨、憤怒、呪詛、慚愧のリズムが読むものを強い力で引きずり込まずにはいない。そういう仕方で、辺見庸は私たち読者を、前も後ろも定かには見えない暗い荒れ野——それは大虐殺が恣行された後の荒れ野だ—

―に導き、放り出すのである。読者はただ、著者の語りに導かれて、（たとえ幻視の中ででも）磁石も地図もないまま、暗い荒れ野にさ迷い出るべきなのである。

解剖

〈たしかに他人を解剖することも、ないことはなかったが、より多くは、より苛酷に自分を解剖することであった。少し発表しただけで、ひどく温暖すぎな連中は、もう冷酷だといった。もしも私の血肉を全部露出したら、末路はいったい、どうなるのだろう。〉

魯迅は「『墓』の後に記す」にこう記した。この後に冒頭に引用した「梟蛇鬼怪」のくだりが続く。辺見庸は本書で執拗に自分の父を「解剖」し、小林秀雄、梯《かけはし》明秀《あきひで》、丸山眞男、小津安二郎などを「解剖」し、「ニッポンやニッポンジン」を「解剖」する。そのことによって自分自身を「解剖」する。

哲学者・梯明秀の名を、私の世代の多くのものは、敬意をこめて口にした。しかし、読者は本書で梯の転向告白に触れることになる。著者のいうように、梯が自著にそのことを記したことは、ニッポンでは例外的な〈誠実さ〉であるといえよう。梯本人の「頽落」「醜態」について、またそのあきれるばかりの「ナイーヴ」さについては本文に譲って、いまは措こう。私がある痛みのようなものを覚えるのは、同じ天皇制国家の被弾圧者とはいえども、日本人・梯にはこのような「選択」が許されたということである。古在由重や丸山眞男の回想にも触れられているが、同じ容疑で拘束されても朝鮮人なら日本人の何倍も暴行を加えられるのが常だった。治安維持法は「朝鮮独立の企て」は「国體変革」の罪に該当するとして、日本人に対するより多く、何倍も苛酷に、朝鮮人に適用された。
治安維持法は、一九二五年五月、天皇の勅令によって、朝鮮、台湾などの植民地にも施行された。同法適用の最初は日本本土では二六年一月の京都学連事件だが、朝鮮ではそれ以前の二五年一一月、六六人が検挙された第一次朝鮮共産党事件である。日本本土では治安維持法によって虐殺・獄中死した犠牲者は数多いが、死刑判決はなかった。だが、朝鮮では、一九二八年の二人に始まり、三〇年「五・三〇共産党事件」の二二人、三六年「間島共産党事件」の一八人、三七年「恵山事件」の五人など死刑が連発された。また、日本本土内では、二八年から三八年までの間に治安維持法違反で無期懲役を言い渡された者はわずか一名だったが、朝鮮では三九名、懲役一五年以上の刑についても、日本が七名であるのに対し朝鮮は四八名となっている（水野直樹「日本の朝鮮支配と治安維持法」）。
本書の著者は、荻野富士夫の研究（『特高警察』岩波新書）から次の部分を引いている。（転向問題で特高警察のとった立場の）〈大前提には思想犯罪者といえども「日本人」であるゆえに「日本精神」に立ち返るはずだという見通しがあった。〉
ということは「日本人」でないもの、朝鮮人や中国人は、〈日本の国體観念が内心に蘇る〉という見通しがないため、もっぱら苛烈な暴力で制圧するか除去する対象でしかないということになる。朝鮮人は、とても梯のような暢気なことはいっておれなかったのである。梯はもちろん天皇制国家による思想弾圧の被害者であったが、同じ被害者のなかに、このような冷徹な植民地主義の原則が貫徹されていた。これを「差別」と呼ぶことすら憚られる。それが植民地帝国というものの本質であった。彼は本国人と植民地臣民を分かつこの分断線を自覚していただろうか？ 唯物論哲学者・梯明秀に他者は見えていたのか？　この痛覚はあったのか？　それがあったとすれば、梯の告白はもっと深い痛みをともなう思想的省察になりえたはずである。梯の著書は『戦後精神の探求――告白の書』（理論社、初版一九四九年）、いかにも象徴的なタイトルである。「戦後精神」とは、このような自己中心的なものであった。

「凌遅処死」

私がここで「解剖」という言葉を使うのは、先に引いた魯迅の語句の響きに誘われてのことだ。自分の父に対しては容赦ない病理解剖であり、自分自身には痛苦に満ちた「生体解剖」である。読者は本書で、著者の自己生体解剖に立ち会うことになる。自己解剖は、この場合は自己処罰でもあるほかない。このことは私に、中国前近代の残虐刑「凌遅処死」を連想させる。犠牲者に最大の苦痛を与えるため生体のまま骨を残して肉を削り取る極刑である。人民が君主にそむいたり、子が父母を、妻妾が夫を、雇人や奴隷が主人を殺したりしたときに科された。人民が君主に背き、子が父を殺す……まさに本書で辺見庸が敢行した行為である。それは、「血肉を露出する」行為である。「梟蛇鬼怪」となってでもそれをしなければ「鵺」と闘うことはできない。その切迫感に由来する「もどかしさ」が、この異形の文体の叙事詩的効果につながっている。

辺見庸はおのが父を「解剖」する。本書中から例を挙げておこう。

〈いつだったか、まだ子どものころ、酔った父がとつじょ言ったことがある。静かな告白ではない。

懺悔でもなかった。野蛮な怒気をふくんだ、かくしようもない、かくす気もない言述である。この記憶はまだ鮮やかだ。「朝鮮人はダメだ。あいつらは手でぶんなぐってもダメだ。スリッパで殴らないとダメなんだ……」。耳をうたぐった。発狂したのかと思った。いまでもわからないのだ。ニッポンという〝事象〟に伏在する病が、父をよくわからなかったように、よくわからない。〉

平静な心、分析的な眼でこのくだりを読み解くことはできないことが、私が「朝鮮人」であることの証である。私自身がスリッパで殴られたわけでもないのに、自分自身の剥き出しの神経束がおろし金でこすりあげられたような嫌悪と痛みを感じる。職場の同僚や近隣の住民、温厚で理性的にしかみえない人々の心の奥底に、この心理が巣くっていて、時ならず噴き出すのではないか。その予感に私はいつも身構えている。それが植民地支配ということであり、「朝鮮人」である、ということなのだ。

こういう場合、「辺見さん、それは昔のことだから」とか、「戦争という狂気の産物だから」とか、まかり間違うと「自分を責めすぎてはいけないよ」などと口走りそうになる。だがそれは、観念の中で過去を相対化し安心を得たいという衝動の発露である。さらに、「朝鮮人はいつまでも過去にこだわる執念深い連中である」という差別表象から逃れようとする無意識な自己防御でもあるだろう。

いわゆる「慰安婦」問題をめぐる言説をみるまでもなく、このような理不尽な表象は戦後も生き延び、再生産され、増殖し、在特会など排外主義者ばかりでなく、多くの「ニッポンジン」に共有されている。先日の東京都知事選に立候補したレイシストはおよそ一一万票も得票した。この数字は東京都在住の在日朝鮮人（韓国籍を含む）より多い。

理性をもって考えれば、辺見庸の父が少数の例外であったはずがないのである。日本軍の中に二万人ほどの朝鮮人特別志願兵がいた。その間で日常化していた行為であり、感情であったはずだ。いや、軍隊だけではない、植民地時代の朝鮮（人）と日本（人）の間で、「当たり前」に横行していたことである。

日本は「文明化」をかかげて朝鮮を「併合」した後も、朝鮮において前近代の非文明的な刑罰である笞刑を残し、それを朝鮮人にだけ適用した。犠牲者を拘束してうつ伏せにし、背中、尻、腿などを笞《ち》という細い鞭で打つ刑罰で、皮膚が破れ命を落とすこともまれではなかった。一九一九年の三・一独立運動の際、逮捕された朝鮮人は五万名近くに上り、合計七五〇〇名が殺された。この逮捕者のうち笞刑を加えられた者の総数は一万名以上にのぼる。笞の一振りごとに、激痛と屈辱が朝鮮人の身体に文字どおり叩き込まれた。鞭を振るう日帝の官憲やそれを傍観していた日本人植民者は、一振りごとに「朝鮮人はこうでもしなければダメなのだ」という奴隷主の心性をおのれに叩き込んだのである。そのことは「朝鮮人」という語を「黒人」「インディアン」「女」などに置き換えて見れば見えやすい道理である。奴隷が自身に叩き込まれた奴隷根性から脱却するのはひどく困難なことだが、奴隷主が、苦痛に満ちた過程を経ずしてその心性をきれいさっぱりと捨て去ることはさらに困難であろう。辺見庸の父は、そうした数多い標準的日本人の一員に過ぎない。驚くにはあたらないのである。

植民地朝鮮の文学者・金東仁《キムドンイン》（一九〇〇—五一年）の代表作に「笞刑」がある（長璋吉訳『朝鮮短篇小説選』岩波書店）。金東仁は現代韓国の代表的文学賞にその名が冠せられているように、韓国近代文学を代表する作家である。一九一四年に渡日、明治学院中学部などで学び、同人誌「創造」を発刊して文学の道を歩んだ。一九一九年三月、朝鮮に帰国。三・一独立運動直後、出版法違反で三カ月の投獄生活を味わっている。小説「笞刑」はこの経験をもとに書いたものだ。留置所で同房の老人が官憲に連れ出される。その分、狭苦しかった房の空間にやや余裕が生じたことを主人公は内心ひそかに喜んでいる。やがて、鞭打たれる老人の凄まじい悲鳴が聞こえてきた。それをじっと聴いている主人公の屈折した内面を描写した短編だ。その後、金東仁がたどった道のりは朝鮮の歴史そのもののように複雑かつ悲劇的である。年譜には、一九三九年「北支皇軍慰問」として満州へ行くという記述がある。親日派に転じて侵略戦争に加担したのだ。だが、一九四二年、天皇不敬罪で三カ月入獄、という記述もあらわれる。一九五一年、朝鮮戦争のさなかに死去した。

血債

私にとって、辺見庸という日本人作家の口から次の言葉を聴くことができたのは幸いであった。〈このひとはなにをしてきたのだ。なにをみてきたのか。それらの疑問はけっきょく問いただされなかったわたしにも、不問に付すことで受傷を避ける狡いおもわくがどこかにあったのであり、ついに語ることのなかった父と、ついにじかには質さなかったわたしとは、おそらくは同罪なのだ。訊かないこと——かたらないこと。多くの場合、そこに戦後精神の怪しげな均衡が保たれていた。〉然《しか》り。「かたらないこと」「質さないこと」によって「戦後精神の怪しげな均衡」は保たれてきたのだ。あえて語ろうとするもの、質そうとするものは「スルー」され孤立させられる。それが「ニッポン」を成り立たせてきた。そのことをニッポンジンたちは熟知しているのである。辺見庸は戦後ニッポンジンの一典型である父の肖像を描くことによって、薄笑いの表皮に覆われた戦後ニッポンジンの素顔（その一端）を描いた。

これくらい明瞭に、執拗に、自己とニッポンを「解剖」した日本人作家は数少ない。その数少ない先行者が『時間』の堀田善衞であり、『汝の母を！』の武田泰淳である。大虐殺の余燼、流れた血の匂いが消えやらぬ中で堀田や武田が切り開こうとした道、他者の目で自己を見つめ、自己欺瞞を徹底して排し、自律的な倫理的更生を志した人々は、戦後の一時期、たしかに存在していた。だが、おそらく一九六〇年代中頃、六〇年安保闘争の敗北、それに続く高度経済成長、東京オリンピック、ミッチーブーム（皇太子の結婚）のころを境として、堀田や武田が示した細い道は忘れ去られていった。かつて堀田善衞や武田泰淳が辿ろうとした細い道、いまは忘れ去られた道、雑草に覆われ地図からも消されようとしているその道をいま辿ろうとしている作家が辺見庸である。

〈墨で書かれた虚言は、血で書かれた事実を消すことはできない。／血債はかならず同一物で返済されねばならない。支払いがおそければおそいほど、利息は増さねばならない。〉（「花なきバラの二」）

辺見の世代なら多くの人々が、六〇年代後半の大学闘争の渦中で学生闘士たちが好んで魯迅のこの言葉を口にしたことを記憶しているだろう。私自身は辺見より七歳年下だが、大学の立て看板に独特な文字でこの文が大書されているのを何回も見た憶えがある。当時からの疑問だが、彼らは誰の誰に対する「血債」を想定していたのか？　彼ら自身を血債の返済を迫る側に擬していたのか、それとも迫られる側に？　その認識もあやふやなままに学生闘士たちの多くが会社人間となり、高度経済成長の推進者兼受益者となった。自国の侵略戦争の歴史的記憶はおろか、拙くはあれ真摯な部分もあったはずの自分自身の学生時代の記憶も消し去ったまま、「まあ、いろいろ……」と、薄笑いのうちに日々を生きている。小津安二郎の映画で笠智衆が演じる男のように。

だが、血債はいまだ返済されていない、その間にも利息は増している——このことだけは確かだ。この確かなことを思い出させる不都合な存在は日本社会では「梟蛇鬼怪」であるほかないのである。


ここで私は言わずもがなかもしれない一言をつけ加えたい。

辺見庸が「耳をうたぐった。発狂したのかと思った」というのは、ほんとうだろうか？

私なら耳を疑わない。「やっぱりな……」と納得するだろう。私が幼い時、わが家は京都市の下町で小さな町工場を営んでいた。まだ四〇前だった母は、髪を振り乱して働き、工員たちのための賄いも受け持っていた。私は時々、仕事を終え銭湯から帰って一杯ひっかけた工員たちとともに食卓につくこともあった。そのような場で、しばしば、大陸帰りの工員が上機嫌で自慢話をした。「チャンコロ」（中国人への蔑称）を銃剣で突き刺した話（剣の尖端が相手の体内に入っていくときの感触の描写まで も）、「朝鮮ピー」（朝鮮出身の慰安婦への蔑称）を買った話などだ。いま思えば、武田泰淳『汝の母を！』の「強姦好きの上等兵」のような人だったのだろう。

かれらは何のためらいもなく、朝鮮人である私や母の前で、そんな話題に興じた。母はもちろんそのことを嫌悪し、私をすぐさまその場から追い払った。朝鮮人をスリッパでぶん殴るなど、かれらにとってはあらためて話題にする価値もない日常の些事だっただろう。それが、幼い私の知る、戦後日本社会の実相の一断面である。辺見庸の父は例外ではない。「発狂したのか」というのなら、突然にではなく、初めから発狂していたのだ。そうでなければ、一つの民族が近隣民族の資源を奪い、自らの半分以下の低賃金で酷使することを当然とし、反抗すれば投獄し、拷問を加え、殺害し、言語も姓名も奪い、若い女性を「慰安婦」として戦場に送り込む、そうした行為ができただろうか？　その植民地支配を「民度の低い連中を引き上げてやるためだった」などと主張し平然としていることが、どうしてできただろう？　しかも、敗戦後の数年間、昭和天皇死去の際、あるいは九〇年代に被害者たちのカミングアウトが続いた際など、その歴史を骨身に沁みて省察し、「正気」となる機会は何回かあったのに、ニッポンジンたちはことごとくその機会を「スルー」してきたのである。

ニッポンジンは、「琉球処分」に始まり太平洋戦争敗戦にいたる植民地支配と侵略戦争の数十年を経て、いまにいたるも内なる奴隷主の心性、植民地主義の「狂気」から脱け出ることができないままだ。むしろ近年、「発狂」の度を増しているようだ。父の漏らした一言にいまさら耳を疑い、発狂でもしたのかと考える辺見青年もまた、戦後ニッポンという仮構の中で育ち、長年にわたって実相を見る眼を覆われてきたというべきであろう。辺見庸の手柄は、父やニッポンを解剖したことだけではなく、そういうニッポンを構成し、延命させてきたものの一員として自分自身の血肉をさらけ出して見せた点にある。

安倍談話「戦後七〇年談話」

今日、ニッポン病はいたるところで症状をあらわにしている。その最たる例は二〇一五年の安倍首相「戦後七〇年談話」であろう。世人は「侵略」「植民地支配」「反省」「お詫び」という四つの「キーワード」がそこに含まれるかという点にのみ注目した。結果的にこれらの「キーワード」は取り込まれ、マスコミを含む世人の反応はおおむね好意的であった。安倍首相の支持率も上昇した。なんと耐えがたいまでの浅薄さ、愚かさであることか。

これらの「キーワード」は、誰の誰に対する「反省」であり「謝罪」なのか。すべて文脈をずらして用いられた誤魔化しだった。「安倍談話」はその冒頭で、「日露戦争が、植民地支配のもとにあった多くのアジア・アフリカの人々を勇気づけた」と述べている。この認識は安倍氏のみならず、長年にわたってニッポンジンたちが広く共有してきたものだ。だが事実としては、日露戦争は中国東北地方(満州)の覇権をめぐる戦争であった。仙台医学校留学生だった魯迅がスライドで見せられた「露探(ロシアのスパイ)」として中国人が日本軍人に斬首される場面は、この時のものだ。しかも、同じ教室の日本人学生たちはみなこの映像に「拍手喝采」したのである(「吶喊自序」)。

朝鮮はこの戦争の兵站基地として日本によって軍事占領され、外交自主権を剥奪され「保護国」とされた。それがのちの「併合」へと直接につながっていった。抵抗した「抗日義兵」をはじめとする朝鮮民衆は無残に弾圧され殺戮された。つまり日露戦争は、日本による朝鮮植民地化戦争の一環なのであった。安倍首相は、その朝鮮民族に向かって、日露戦争を引き合いにして自国を美化してみせたのである。安倍談話は北海道、琉球(沖縄)、台湾に対する征服と支配についても、一言の「お詫び」も「反省」も述べていない。

安倍首相はその談話において、西洋諸国から押し寄せた植民地支配の波への危機感が日本にとって「近代化の原動力」となった、と自国を自賛した。彼が「反省」したのは、第一次世界大戦後、世界恐慌が発生し欧米諸国が経済のブロック化を進める中、孤立感を深めた日本が世界の大勢を見失い「新しい国際秩序」への「挑戦者」となって進むべき針路を誤った、という点である。これは欧米帝国主義列強に対する挨拶である。植民地支配と侵略戦争の被害者に向けた「反省」ではありえない。

「戦場の陰には、深く名誉と尊厳を傷つけられた女性たちがいたことも、忘れてはなりません」というくだりもあるが、これは「慰安婦」(日本軍性奴隷)を指すことばだろうか。そうであれば、なぜ明示的に語らないのか。「忘れてはなりません」とは、誰が誰に向かって教え諭そうというのか。しかも、誰が傷つけたのかという主語は意図的に隠されている。安倍首相がすべきことは、こうべを垂れて被害者に赦しを乞うことでしかないはずだ。

「安倍談話」は、その結語部分で、「あの戦争には何ら関わりのない、私たちの子や孫、そしてその先の世代の子どもたちに、謝罪を続ける宿命を背負わせてはなりません」と述べている。自己陶酔的な美辞麗句である。実際に謝罪すべき主体はまず国家である。若い世代を国家の共犯に引き入れ、「謝罪を続ける宿命」を負わせているのは日本政府そのものではないか。より深刻なことは、このような誤魔化し、わざとらしい美辞麗句に、マスコミをはじめとする多数のニッポンジンが同調したことだ。

実際に起こったことは一つの国と国民が他民族を侵略し、強姦し、虐殺したということである。その当事者である一国の政治指導者が被害者に対して語りかける談話が、これであった。恥ずかしくはないのか？　このテクストは「歴史修正主義」という以前に、言葉に対する(したがって「人間」に対する）シニシズムそのものである。これは愚弄である。被害者に対してだけのものではない、自国民の知性、理性、廉恥心に対する愚弄である。愚弄された側から憤激が巻き起こってしかるべきであった。だが、もちろんニッポンではいつものとおり、そういうことは起きなかった。

わたしは人をだましたい

〈……この三十年間、私が見せつけられたのは青年の血ばかりだった。その血は層々と積まれてゆき、息もできぬほどに私を埋めた。私はただ、このような筆墨を弄んで数句の文章を綴ることによって、わずかに泥の中に小さな穴を掘り、そこから喘ぎつづけるだけなのである。〉（「忘却のための記念」一九三三年二月）

鉄の部屋で眠りこけながら徐々に窒息していく同胞のなかでひとり目覚めてある魯迅の「寂寞」（「吶喊自序」）は、辺見庸のものでもある。だがいうまでもなく、両者には大きな違いもある。時代も異なるが、中国と日本、その立ち位置が違う。魯迅は封建勢力や白色テロ勢力によって、さら外来帝国主義勢力によって流された同胞青年の血を見つめた。これを逆にいうと彼には、血を流して抵抗する同胞青年たちがいたということでもある。一方、辺見庸は同胞であるニッポンジン（そこに彼自身の父も含まれている）が中国人に流させた血を見つめている。彼の同胞は（小林多喜二のような例外を除いて）血を流して抵抗するのではなく、他者の血を流しておきながら、すっとぼけているか、その記憶をきれいさっぱり消し去った。これが魯迅と辺見の違いである。どちらの「寂寞」がより深いか、などと問うまい。「寂寞」はいかに深かろうと、「血」には代えがたいとのみ言っておこう。

〈終りに臨んで血で個人の予感を書添えて御礼とします。〉

魯迅が日本語で書き、日本の雑誌『改造』一九三六年四月号に掲載させた文章「私は人をだましたい」の末尾の一行である。この年五月一九日、魯迅は苦闘の人生を閉じた。盧溝橋事件を口実に日本が中国本土に本格的に軍事侵攻を開始したのが翌年七月、南京で大虐殺が繰り広げられたのは同一二月のことであった。魯迅は「1★9★3★7」の前年に、日本人に向けて「血の予感」を書き残したのである。その予感は的中した。

この「予感」を受けとめた日本人はどれくらいいたのだろうか？　堀田善衞に「魯迅の墓その他」という短いエッセーがある。終戦前一九四五年の六月、「武田泰淳といっしょであったか」どうかは「忘れてしまったが」、魯迅の墓を訪れたというのである。堀田はそれ以前から魯迅の作品に親しみ、その「真黒いみたいな絶望と、その底から、火をつければ白熱もするであろう〈復讐〉の、青い焔のような念々、これにも激烈なものを受け取らされた」とこのエッセーに記している。日本に魯迅の読者・研究者は多いが、この堀田のように魯迅をとらえたものは多くないだろう。堀田や武田が本書の著者・辺見庸の先行者たり得たのは、彼らの視野に魯迅という強烈な他者の姿をとらえていたからではないだろうか。

辺見庸が本書で試みたことを短く言うとすれば、それは「人倫」を救うことであると私は思う。人倫——人間としての倫理。汝殺すなかれ、犯すなかれ、奪うなかれ、……これらの倫理規範を、超越的な神や国家からのお仕着せではなく、ひとりの人間として自己の内奥からこみ上げてくる自律的な倫理性として発揮することができるか。人間は自律的に倫理的であることができるのか。

虐殺は人の命を奪うだけでなく、「人間性」や「倫理性」という観念の普遍性をも破壊しつくす。南京で虐殺されたのは中国の民衆だが、日本人は自己の自発的倫理性の基盤を自ら破壊したのである。いまや「人間性」という言葉も「倫理性」という観念も、このクニではせいぜい冷笑の対象にされるか、国家権力による利用物にまで貶められてしまった。それでも人間たちが自らを問い、自らの内に自律的な倫理性を打ち立てなければならない。そうでなければ、虐殺は果てしもなく反復されていくほかないのだ。

辺見庸が東北大震災のあとに出演した印象深いテレビ番組がある（「こころの時代 瓦礫の中から言葉を」二〇一二年四月二二日〈日〉放送 NHK・Eテレ）。この番組中、辺見の詩「入江」の抜粋が朗読された。震災以前に書かれたその詩に表明されていたのは、来るべき破局の「予感」である。その予感は的中した。この番組名を借りて言うとすれば、辺見庸は大虐殺のあとの荒野で、死者の骨を拾うように「人倫」の破片を拾い、それを再構築しようとする試みに取り組んでいるのである。その絶望的反抗は、どんなに絶望的であろうと今後も続くであろう。「予感」が彼を突き動かしてやまないからである。

あいまいな日本と私

解題「あいまいな日本と私」

二〇一七年二月一八日、韓国ソウルの高麗大学で開かれた韓国日本学会総会(統一テーマ「東アジアのマイノリティと日本研究」)における基調講演全文。

はじめに

このような重要な場で、皆さんに語りかける機会を与えられたことに心から感謝します。今回の学会の統一テーマは「東アジアのマイノリティと日本研究」であると聞いております。研究者ではなく、ひとりの作家である私がこの場に呼ばれた理由もおそらく、私が、日本に住む「マイノリティ」の一員であるからだろうと推察します。

そこで本論に入る前に、もうすこし厳密に、ここで私が用いる用語の定義をしておいたほうがよいでしょう。

まず「東アジア」とは何を指すことばでしょうか？　私の考えでは、それはたんにアジアという地域の東側という意味ではありません。東アジアとは、近現代において日本国が侵略戦争ないし植民地支配をした地域だということです。ミャンマー以東のアジアで日本国の侵略や植民地支配の痕跡のない場所はないのです。ここにおいて確認しておくべきことは、日本はアジアの一員という側面と同時に、それと矛盾する側面、アジアに対する侵略者という側面をもっているのであり、後者の側面はいまだ克服されていないどころか、日本国民の多数に十分に自覚されてもいないということです。

では「マイノリティ」とは何でしょうか？　それはまず「少数者」を指す言葉であり、広く、民族的少数者、性的少数者、障がい者、被差別者などを指す用語です。この用語の範囲を女性、高齢者、子ども、病者などまで含めて用いることも多く、要約すれば、国民、男性、健常者、おとな、など

「マジョリティ」によって占有されている権力中枢から周辺化され疎外されている存在を指すともいえるでしょう。しかし、私はここではおもに、自分自身がその一員である「在日朝鮮人」という「日本社会の民族的少数者」の立場から話を進めていきたいと思います。

上に列挙したさまざまな「マイノリティ」たちは、もちろん大きく共通性をもっています。しかし、これらマイノリティたちはそれぞれに固有の原因と脈絡によってマイノリティになった（された）のですから、その固有の原因と脈絡を捨象して一般化することは正しく考察を深めることに役立たないでしょう。

「在日朝鮮人」についていえば、かれらが日本のマイノリティとなった原因は、近代史とともに始まった日本の朝鮮植民地支配という歴史にあり、いまも続くその困難と苦悩の最大の原因は、祖国の分断と日本における差別（継続する植民地主義）であるといえます。

近代日本の侵略・植民地支配の被害を受けた他のアジア諸民族と「在日朝鮮人」との最大の違いは、日本の敗戦と植民地の解放以後も、旧宗主国である日本国内に住み続け、大多数の旧宗主国民日本人の中に「内部の他者」として存在し続けているという点です。

「東アジアのマイノリティと日本研究」を深めるための重要なポイントは、このような歴史的・政治的視点、言い換えれば「植民地主義の克服」という視点を手放さないことだと私は考えます。つまり、私の本日の講演は、上記した「在日朝鮮人」の視点から、「日本」という対象についての考察を述べるということになります。

あいまいな日本

本日の講演の演題を「あいまいな日本と私」としました。これはもちろん、日本の文学者・大江健三郎が行なった一九九四年のノーベル文学賞受賞講演「あいまいな日本の私」を参照したものです。大江は「あいまいな日本」の国民として、その講演を行ないました。私は「あいまいな日本」に生まれ育ちましたが、そこに属さず、そこに安住することができず、たえず大小の苦悩を与えられてきたマイノリティとしてこの講演をすることになります。

それでは「あいまいな日本」とは、どういうものでしょうか？

大江健三郎はこの講演で、川端康成の一九六八年同賞受賞講演「美しい日本の私」を意識し、自らの立場をそれとの対照でとらえています。川端の講演は「きわめて美しく、またきわめてあいまい vague なものであった」と大江は述べます。そして、みずからの用いる「あいまい」という語の含意は、内向きに閉じられた了解困難なあいまいさ vague ではなく、ambiguous であると言います。vague は内容が不明確であることですが、ambiguous は、二つ以上の解釈の可能性があるという意味であいまいであることとされます。

「開国以後一二〇年の近代化に続く現在の日本は、根本的に、あいまいさ ambiguity の二極に引き裂かれている」「日本の近代化は、ひたすら西欧にならうという方向づけのものでした。しかし、日本はアジアに位置しており、日本人は伝統的な文化を確乎として守り続けもしました。そのあいまいな進み行きは、アジアにおける侵略者の役割にかれ自身を追い込みました」。

つまり、(私なりに言い換えれば)福沢諭吉「脱亜論」のイデオロギーをどう評価するか、そこにおける「近代化の成功者」としての肯定的自己像と、侵略者としての否定的自己像。この相反する両面性を「あいまいな」と大江は形容しているわけです。

大江は、「近い過去において、その破壊への狂信が、国内と周辺諸国の人間の正気を踏みにじった歴史を持つ国の人間として、私は川端と声をあわせて〈美しい日本の私〉ということはできません」と述べ、「日本近代の文学において、もっとも自覚的で、かつ誠実だった〈戦後文学者〉たちの努力は、「アジアにおいて日本の軍隊が犯した非人間的な行為を痛苦とともに償い、その上での和解を、心貧しく求めることでした。かれらの記憶さるべき表現の姿勢の、最後尾につらなることを、私は志願し続けてきたのです」と、この「あいまいさ」をどうにか克服したいとする願望を示しています。これは、彼の世代の日本知識人が一時はかなり共有した自己意識ではないかと考えます。

ユマニストとしての日本人

さて大江は受賞講演の後半で、「望ましい日本人像」に言及し、「それは〈上品な decent〉日本人ということであると思われる」と述べました。さらに、この「上品な」に、フランス語における「ユマニスト」という表現を重ね、「寛容さ」「人間らしさ」というイメージを加え、そのような「日本人」の建設のため「苦しい努力を重ねた先達」として渡辺一夫の名を挙げています。

フランス・ルネサンス文学と思想の研究者である渡辺は他の大多数の知識人たちとは異なり、戦争中にも愛国主義的な熱狂に巻き込まれることなく、「日本の伝統的な美意識と自然観に（中略）ユマニスト的な人間観を加えることを夢見た」といいます。「渡辺のユマニスムの弟子」である大江は、自分は「日本人としてのあいまいさに引き裂かれている」「その痛みと傷から癒され、恢復すること」を求めていると述べますが、その恢復の方向を、このような「上品でユマニスト的な日本人」の建設に探ろうとしたようです。

しかし、ここで留意しておきたい点は、その「あいまいさ」は当然ながら日本人自身よりもさらに深刻に他者を引き裂き苦しめてきたのだということ、日本国内に生活する「内なる他者」としての「在日朝鮮人」はなおさらそうであるということです。

大江のようにこの「引き裂き」に苦しみ、それを克服したいという願望する人々そのものが、残念ながら、現在の日本では探し出すのが難しいほどの少数派になってしまいました。現在は、「引き裂き」に苦しむどころか、見ているこちらが羞恥を禁じ得ないほど、「上品」とは対極的な、自己中心主義の言辞が社会全体に溢れています。大江の師・渡辺一夫が戦中に（そして戦後も）そうであったように、大江もまた、戦後の一時期（およそ一九五〇年代後半から六〇年代半ばまで）を除いて、日本社会においてますます孤立を深めているように私には見えます。渡辺一夫に代表されるユマニスト知識人の系譜は、いまのところ、日本社会に根付くことができなかった、と残念ながら言うほかないようです。

「戦後五〇年決議」

大江健三郎のノーベル賞受賞は一九九四年の出来事でした。アジアの被害者たちからの告発を受け、「慰安婦」問題をはじめとして、日本の戦争責任問題が広く議論された時期です。翌九五年に「戦後五〇年決議」と「村山談話」がありました。「決議」には「アジア諸国民に与えた苦痛を認識し、深い反省の念を表明する」という文言があるものの、反対派の強硬な要求によって決議前日に「世界の近代史上における数々の植民地支配や侵略行為に思いをいたし」という文言を加えました。つまり、悪いのは自分たちだけではない、と主張したわけです。

村山連立内閣は、少数派に転落した自民党が政権に返り咲くために一九九四年六月、第一野党・社会党および「さきがけ」との三党連立を組んだことによって実現しました。首班となった社会党党首の村山富市首相は、就任直後の国会演説で、安保条約肯定、原発肯定、自衛隊合憲など、旧来の党の原則的路線を全面的に変更することを宣言し、村山談話を発表した際の記者会見で記者から天皇の戦争責任について質問されると、「それは、ない」と即答しました。「日本軍慰安婦」問題に対する国家補償を回避するため「国民基金」(アジア女性基金)という「解決方式」も、この時にひねり出されました。これこそ「あいまいさ」そのものであり、それだけに、二〇一五年一二月の「日韓最終解決合意」に繋がる禍根を残したのです。

「五〇年決議」について、渡辺一夫のもう一人の弟子、加藤周一はいかにも彼らしい明解さで次のように批判しています。

「決議の内容は、あいまいである。日本の戦争を侵略戦争と認めるのか、認めないのか。はっきりしない」。「決議」は「侵略的行為」で他国民に「苦痛を与えた」と言うのみで、「反省」はするが「謝罪」はしない。再び戦争をしないと誓うのでもない。「このような決議は、空虚で、実質的な態度表明をほとんど全く含んでいない」。「日本国内では、今なお十五年戦争についての異説——戦後国際社会の通説に対する異説——が、多くの有力な政治家・国会議員・その支持者たちの間に生きている、ということである。自民党を中心とする連立与党は、通説と異説を折り合わせようとしたので、議決された文章は、何を言いたいのか要領を得ないものになったのである」。

加藤はこの「異説」の要点をこう解説します。

第一に「異説」は、十五年戦争は「アジア諸国の独立を促進する植民地支配からの〈解放戦争〉であったと主張する。これは戦時中の〈大東亜共栄圏〉のタテマエと同じ。しかし、ほんとうに植民地支配からアジア諸国を解放することが日本の政策目的であったとすれば、シンガポールやインドネシアではなく、まず朝鮮半島や〈満州国〉を解放したはずであろう。（中略）目的は、資源や労働力や市場の確保であり、そのために軍事侵略が行なわれたのである」。

第二に「異説」は「たしかに日本軍は悪い事もした、しかしそれは格別の悪い事ではなかった」「戦時中ならば、いつ、どこにでもあったことにすぎない、というのである」。しかし、「一〇〇人切り競争」「南京虐殺」「七三一部隊の生体実験」「強制労働と〈花岡事件〉」「バターン行進」「従軍慰安婦」などがあった。中国の場合、「人命の損害は二〇〇〇万人に及んだ」「戦時中ならばどこにでもあることとして、片づけるわけにはゆかない」。

第三に「異説」は「侵略と植民地化は、日本国だけが行なったことではない、ともいう。その主張に私（加藤）は賛成する。しかし、だから日本だけが謝る必要はない、という議論には賛成しない。（中略）そもそも他者の過ちがわれわれ自身の過ちを免罪するのではないからである」。

第四に、「異説」は「第二次世界大戦の〈民主主義対反民主主義〉という体制の争いに触れない。（中略）一九四五年が日本にとっての敗北を意味したばかりでなく、狂信的軍国主義からの解放を意味したということを忘れるのに、五〇年はあまりに短すぎる」。

加藤周一はこの簡潔な文章を次のように結んでいます。

「国会決議は、倫理的な惨事であり、政治的な愚行であった。おそらくアジアでの日本の孤立は、これから強くなるだろう。（中略）過去をごまかしながら、未来を築くことはできないのである」（以上、加藤周一「戦後五〇年決議」初出『朝日新聞』一九九五年六月二一日）。

これら戦後五〇年の風景はまさに「あいまいな日本」を象徴するものであったといえるでしょう。この時から「新しい歴史教科書をつくる会」などの右派勢力の巻き返しが本格化し、日本政治の現在まで続く長い右傾化、反動化が始まる転換点になりました。この時、右派の若手議員として頭角を現した安倍晋三氏は、現在では日本国総理大臣の座にあります。しかも、彼の内閣は近年の世論調査によると、つねに五〇から六〇パーセントの高支持率を得ています。

一九九四年から九五年、同じ時期にあった大江健三郎のノーベル文学賞受賞という出来事を日本国民たちは「国民的栄誉」として喜びましたが、作家のメッセージを深く受け取ることはなかったのです。加藤周一の簡潔にして明解な批判も「スルー」(through) されました。その後二〇年あまりの時を経て、現在の日本社会は「上品でユマニスト的な日本人像の建設」という夢から絶望的なほど遠ざかったというほかありません。

天皇・ファシズム権力・国家・民族を一括した「日本」

加藤周一の自伝『羊の歌』(岩波新書、一九六八年) に戦争中、彼が大学生時代のこんな追憶が語られています。「私がいちばん強い影響を受けたのは、おそらく、戦争中の日本国に天から降ってきたような渡辺一夫助教授からであったにちがいない。(中略) 日本の社会の、そのみにくさの一切のさらけ出された中で生きながら、同時にそのことの意味を、より大きな世界と歴史の中で見定めようとしていたのであり、自分自身と周囲を内側からと外側から〈天狼星の高みから〉さえも、眺めようとしていたのであろう」。

渡辺一夫は、日本全体を軍国主義の狂気が覆い尽くしていた時に、一六世紀という宗教戦争や異端審問の時代にユマニストたちが説いた「寛容」の意味を想起しながら、自分が身を置く日本社会の現実を「内側と外側から」眺めていたのでした。渡辺ら少数の例外を別として、なぜ多くの知識人たちが狂信的な天皇崇拝や軍国主義へと転落したのか。加藤は次のような考察を繰り広げています。

戦後「一億総ざんげ」ということが言われたが、「知識人の責任を一億のなかに解消させて考えるのは、ごまかしである。〈国民はだまされていた〉とか〈国民は何も知らされていなかった〉という説明は、国民の大多数には通用するかもしれないが、知識人には通用しないだろう」「武者小路実篤（一八八五―一九七六）は、敗戦後、戦争中をふり返って、〈私はだまされていた〉といった。そうかもしれない。しかし〈だまされていた〉のは、だまされていたいとみずから望んだからである。われわれの問題は、誰かが〈だまされていた〉ことではなく、なぜみずからだまされたいと望んだかということだ」「大多数の場合に文学者が〈聖戦〉とかいたのは、その内心の考えの上でも、戦争に全く反対ではなかったからである」。

加藤は、戦争に批判的だった例外的な二人の知識人、永井荷風（一八七九―一九五九）と高見順（一九〇七―六五）に言及します。

「日本浪漫派や京都の哲学者はファッシズムを積極的に支持していた。永井荷風はその心底ふかくファッシズムを否定していた。（中略）高見順はその間にある。そして高見順だけでなく、日本の知識人の圧倒的多数は、その間にあったのだ」

「いかなる価値が、この作家（高見順―徐）の精神において、絶対的な意味をもったのか、ということである。もし絶対的な価値がなかったとすれば、いくさにかぎらず、ファッシズムにかぎらず、何事に対しても、絶対に反対する理由のなかったのが当然である」

「そこで最後に登場するのが、国家・天皇・日本である」

以下は高見の日記からの引用。「〈ここで天皇陛下が、朕とともに死んでくれとおっしゃったら、みんな死ぬわね〉と妻が言った。私もその気持ちだった」（一九四五年八月一五日、天皇「玉音放送」直前）。

「日本に、なんといっても勝って欲しかった。そのため私なりに微力はつくした。いま私の胸は痛恨でいっぱいだ。日本及び日本人への愛情でいっぱいだ」（八月一六日）。「自国の政府により当然国民に与えられるべきであった自由が与えられずに自国を占領した他国の軍隊によって初めて自由が与えられるとは、――かえりみて羞恥の感なきを得ない。日本を愛するものとして、日本のために恥ずかしい」（九月三〇日）。

ここに現れた高見順の「あいまいさ」を加藤は明解に批判しています（「戦争と知識人」一九五九年）。

「天皇は当然権力の側にあって国民の側にはないだろう。（中略）ところが〈天皇陛下が、朕とともに死んでくれとおっしゃったら、みんな死ぬわね〉という〈気持〉では、権力の側と国民の側との区別があいまいである」

「ファッシズム権力と国民との区別なく、ひとまとめにして〈日本〉ということしかいわれていない。――ということは、方法的な思考の痕跡もそこにないということではなかろうか」

「第一に、戦争とファッシズムの非人間性に反発する倫理的感情、その感情にもとづく倫理的価値、第二に、芸術との接触の体験によって基礎づけられた美的価値、第三に、科学的思考の厳密さが保証する真実、――そのすべてが、天皇・ファッシズム権力・国家・民族を一括した〈日本〉とおき代えて、放棄され得る価値または真理にすぎなかったということである」

懐かしい歌

後年の加藤周一にこんな短文があります（『朝日新聞』「夕陽妄語」二〇〇二年六月二四日）。

「むかし一九三〇年代の末から四五年まで、日本国では人を罵るのに〈それでもお前は日本人か〉と言うことが流行していた。（中略）日本人集団への帰属意識を中心として、団結を強調し（一億一心）、個人の良心の自由を認めず（滅私奉公）、神である天皇を崇拝する（宮城遥拝）。（中略）多くの日本人はそういう規格に合わせて生きていたのである」

続けて加藤周一は、戦争末期のある日、友人である白井健三郎（フランス文学者、戦後はカミュやサルトルの翻訳を手がけた）が別の学友に「きみ、それでも日本人か」と難詰された挿話を紹介する。その時、白井が落ち着いて「いや、まず人間だよ」と答えたという。

加藤は続ける。「〈まず日本人〉主義者と〈まず人間〉主義者との多数・少数関係は、四五年八月（敗戦）を境として逆転した――ように見える。しかし、ほんとうに逆転したのだろうか。もしそのとき日本人が変わったのだとすれば、〈それでもお前は日本人か〉というせりふをこの国で再び聞くことはないだろう。もしその変身がたんなる見せかけに過ぎなかったとすれば、あの懐かしい昔の歌が再び聞こえてくるのも時間の問題だろう。あの懐かしい歌を繰り返しながら、軍国日本は多数の外国人を殺し、多数の日本人を犠牲にし、国中を焼土として、崩壊した」。

六〇年代にベトナム反戦や大学解体を声高に叫んでいた人々の大部分はその後の経済成長の受益者となり、体制内化して、日本社会の右傾化に対してもほとんど無抵抗に終始しましたが、加藤周一自身は平和や人権といった自らの信じる普遍的価値を一貫して守り続けて、晩年の日々を憲法九条（戦争放棄条項）を守る運動に捧げました。加藤周一の死から九年、いま日本国には「昔の懐かしい歌」どころか、在日朝鮮人を標的とするヘイト・クライムや北朝鮮・韓国・中国を敵視する好戦的言辞が溢れています。そもそも総理大臣自身が「戦後レジームからの脱却」「日本を取り戻せ！」と叫び、自衛隊の戦争参加を可能にし、米国との軍事同盟を強化する法改正（安保法制）が二〇一五年の国会で強行されました。

戦中の渡辺一夫から戦後の加藤周一、大江健三郎と伝わって来た日本ユマニスムの細い系譜は、まだ完全に途絶えたとは言えないまでも、たえず日本社会の少数派にとどまってきました。むしろ右派・保守派はその非合理性において一貫していたといえるでしょう。両者の中間にあって、中間層の知識人や言論は、未分化で非合理的な「日本」という観念（「あいまいな日本」）に一面では拘束されつつも、他の一面では自ら倚りかかってきたということができます。

十五年戦争史観の枠

ただし、ここでは簡単に指摘するにとどめますが、私から見て、加藤周一にも問題点、弱点がないわけではありません。その一つは、加藤の言説も「十五年戦争史観」の枠を抜けていないのではないか、という点です。鶴見俊輔は満州事変（一九三一年）から日中戦争（一九三七年）を経て太平洋戦争（一九四一年）に至る過程を日本の連続的な対外膨張戦略ととらえて、この呼称を使用しました。この見方は、当時として斬新かつ革新的なものであり、とくに戦争の性格を論じる際に対英米（「白人帝国主義勢力」）戦争という側面を強調する見方に対して、アジア（主として中国）侵略戦争という側面を対置したことに大きな意義があります。

加藤は、「(世界の列強に対する〈負けるな、追越せ〉という) その考え方は、明治維新以来の日本にとってはやむを得なかったが、今では (「満州事変以来」) 現実的でないという見方に私は賛成する」と述べています (前出「戦争と知識人」)。

これは一九五〇年代以来日本リベラル勢力にとって一般的に共有されてきた観点であろうと考えます。しかし、そうだとすると、朝鮮、台湾、さらに遡って琉球 (沖縄) の植民地化と支配をどうとらえるのか、という問いが浮上せざるを得ません。「満州事変」の少し前の時期に限ってみても、日本は第一次世界大戦中に「対華二一か条要求」を掲げて中国侵略を実行しましたし、朝鮮の「三一独立運動」(一九一九年) を苛酷に弾圧しました。太平洋戦争敗戦へと続く道は一九三一年に「狂信的軍部」によって開かれたというより、すでに明治国家の建国とともに、「琉球処分」(一八七二―七九年)「日清戦争」(一八九四年)「日露戦争」(一九〇四年) など、連続する対外侵略によって開かれていたというべきでしょう。

そのように考えると、一九四五年の敗戦にいたる戦争の起点を一九三一年に求めることや、一九三一年までの近代日本の侵略政策を「やむを得なかった」とする見方は、加藤の価値観と合致しないのではないか、加藤らしくない「あいまいさ」がここに現れている、と思われます。「あいまいな日本」に対するもっとも原則的な批判者であった加藤ですら、その「あいまいさ」(「近代化の成功者」と「侵略者」という自己像の分裂) から完全に自由ではなかったということでしょうか。まして日本の多くの進歩的知識人に、戦争犯罪という狭義の戦争責任に関する問題意識はあるとしても、戦争の前提となった植民地支配についての問題意識は希薄であったし、そのことはいまも大きく変わっていません。

極右排外主義勢力

現在の日本社会には、一〇年ほど前までは想像もできなかったほどの、荒涼とした風景が広がっています。都市の街頭で「朝鮮人女をレイプしろ」「朝鮮人を殺せ」と白昼公然と叫ぶ「市民」の存在が容認されている社会で朝鮮人が暮らしていくということがどんなことか、想像できるでしょうか？民主党政権時代には実現の気配があった「外国人（地方）参政権法案」は、在日外国人の立場からすればきわめて不十分なものでしたが、それすらも現在の安倍政権下では完全に雲散霧消しました。高校学費無償化政策は本来、特定の国家の政策や国家間関係とは無関係でなければならないはずですが、日本政府は朝鮮学校だけを例外視して除外する政策を現在も続けています。

二〇〇九年一二月に起きた在特会の京都朝鮮学校襲撃事件については、二〇一四年までに、刑事・民事のいずれについても確定判決が下り、在特会側は刑事事件として侮辱罪・威力業務妨害罪・器物損壊罪について執行猶予付の有罪判決を受けました。民事訴訟においては、「在日朝鮮人を劣悪な存在であるとして嫌悪・蔑視し、日本社会で在日朝鮮人が日本人その他の外国人と共存することを否定するもの」として、街頭宣伝の禁止と賠償を命じる判決が確定しました。二〇一六年五月に「ヘイトスピーチ規制法」（罰則規定なし）が成立しましたが、それにもかかわらず極右排外主義者たちは衰えを見せていません。インターネット上ではヘイトスピーチがますます増大しています。こうした現象は、日本マジョリティに偏在する「国民主義」を背景として「継続する植民地主義」が表面化したものであると考えます。

二〇一三年に刊行された白井聡『永続敗戦論』は、ことし（二〇一七年）に韓国語版が出る予定ですが、その序文に以下の記述があります（『永続敗戦論』講談社＋α文庫、二〇一六年所収）。

白井は現在の日本社会が「〈戦後の建前〉をかなぐり捨てるという方向に向かっている」と診断します。「戦後の建前」とは「大日本帝国の体制と価値観からは基本的に断絶したものとしての戦後民主主義のルールと価値観の尊重である」。しかし、つねに不文律として潜在してきたこの「〈大日本帝国の肯定〉＝〈敗戦の否認〉の欲望が大っぴらに表明されるようになった」、「在日コリアンに対するヘイトスピーチによる攻撃」にそのことが端的に現れていると白井は指摘しています。

「彼ら（極右排外主義者―徐）はもちろん、かなり極端で特殊な人たちである。しかしながら、彼らが自らの醜悪な運動を〈国民運動〉と称しているのは、残念ながら根拠なきことではない。（中略）戦後の在日コリアンの存在自体が、対等な基本的人権を持つものとして彼らが存在していることそのものが、大日本帝国の崩壊の結果であり、彼らは日本の敗戦の〈生きた証拠〉」である。してみれば、極右活動家のやっているのは、憎悪表現によって在日コリアンの人権を現実に侵害することであるが、それは〈敗戦の否認〉の行動による実践にほかならない。ゆえに彼ら（極右派）は少数者であるにもかかわらず、実はマジョリティーである。なぜなら〈敗戦の否認〉こそ、戦後日本の根幹を支え、日本人の歴史意識に深く根づいてしまったものにほかならないからである」

『永続敗戦論』そのものの論評にはここでは立ち入りませんが、少なくとも前に引用した部分について、私は著者の見解に共感を覚えます。「在特会」などの主張はたんに人権侵害であるにとどまらず、その根底には植民地支配責任と戦争責任を否認しようとするマジョリティの欲望という広い土壌があります。先日の東京都知事選では一一万人以上の日本市民が極右排外主義者に投票しました。戦後の一時期その欲望は部分的かつ形式的に封印されましたが、いったん封印が解かれると「本音」が解き放たれました。

このような右派・保守派の「本音」に対抗すべき勢力としてのリベラル派は、中間地帯に身を置いて、刻々と悪化する状況を遠巻きに傍観しているだけです。彼らは、自己に内面化された国民主義と継続する植民地主義を克服できない限り、かつてそうであったように現在もたやすく、「あいまいな日本」に抱き取られて、歯止めなく時流に流されることでしょう。

国民主義

日本が大日本帝国という多民族帝国であった時代は、支配層は日本民族（やまと民族）の優位性を強調する一方で、朝鮮人・台湾人など植民地臣民に対しても、やまと民族と同様の国家への忠誠を要求しました。植民地臣民を「二等国民」として扱い、きびしい差別を加えながら、その差別から逃れたければ天皇と国家のために命を捧げろと要求したのです。ところが敗戦を前後して、日本支配層は「国体」（天皇制）の維持を最優先の目標とし、旧植民地出身者を切り捨てて、やまと民族による単一民族国家として戦後日本を再出発させました。ここに、戦後日本における「国民主義」の起源があります。

「国民主義」という用語を、かつて私は次のように定義したことがあります（「国民主義の昨日と今日」二〇〇六年一一月一日、全南大主催「国際相互哲学学会」発表）。

「私はここで〈国家主義〉とは区別して〈国民主義〉という用語を暫定的に用いる。両者はいずれも英語に訳せばナショナリズム（nationalism）となるが、いまから問題にしようとする〈国民主義〉はナショナリズム一般とは異なり、いわゆる先進国（旧植民地宗主国）のマジョリティが無自覚のうちにもつ〈自国民中心主義〉を指す。〈国民主義〉は多くの場合、一般的な排他的ナショナリズムとは異なるように見え、当事者も自分自身をナショナリストとは考えていない。それどころか〈国民主義者〉は自分をナショナリズムに反対する普遍主義者であると主張する。（中略）国民主義者は自らの特権には無自覚であり、その特権の歴史的由来には目をふさごうとする傾向をもつ。したがって国民主義者は〈外国人〉の無権利状態や自国による植民地支配の歴史的責任という問題については鈍感であるか、意図的に冷淡である。この点で、〈国民主義〉は、一定の条件のもとで排他的な〈国家主義〉とも共犯関係をむすぶことになる」

「在日朝鮮人」という存在は日本による朝鮮植民地支配の所産です。「韓国併合」によって当時のすべての朝鮮人は日本国の臣民にされ、日本国籍保有者とされました。朝鮮人、台湾人など旧植民地臣民は、植民地支配によって本人の意思に反して日本国籍者とされ、戦後はまたしても本人の意思を問われることもないままに、一九四七年、昭和天皇最後の勅令である「外国人登録令」によって「外国人」とみなされました。一九五二年のサンフランシスコ講和条約発効と同時に日本国籍を喪失させられました。こうして意思に反して「日本国民」という枠内に引き入れられた朝鮮人は、戦後、日本政府の意図によって「国民」の枠外に追い出され、事実上の難民となりました。それが「在日朝鮮人」の起源です。

旧植民地出身者から選挙権を奪った上で行なわれた選挙で選ばれた国会議員によって憲法草案は承認され、新憲法として公布（一九四七年）されました。このような過程は、多民族帝国であった日本をすばやく「日本人」による単一民族国家に変貌させたようとした支配層の一貫した意思を物語っています。日本の戦後民主主義体制は植民地支配責任の否認と表裏一体のものだったわけです。しかし、そのことを明確に自覚し、それを不正義と認識して抗議した日本国民はきわめて少数でした。日本国民の意識に植民地支配責任という概念すら存在しない状態が続いています。

平和愛好家

九〇年代半ば以降の「反動期」は保守派や右派のみによってもたらされたというより、むしろ日本国民多数の「国民主義」的心性が保守派・右派を大きく利したと見るべきだと考えます。戦争責任・植民地支配責任を徹底して突き詰めることは回避したいが、同時に自己を「民主主義者」として道徳的な高みには置いておきたいという、動揺するマジョリティの二律背反的に分裂した願望がこの「国民主義」です。国家責任を回避するための方便として考え出された「アジア女性基金」やそれを受け継ぐ二〇一五年末の「慰安婦」問題「日韓合意」が、まさにこのような矛盾（「あいまいさ」）の見えやすい例であるといえるでしょう。

もう一つ「あいまいさ」の例を挙げるとすれば、米国の「核の傘」の下に身を寄せながら、みずからは「唯一の被爆国」であり「平和国家」であると主張することです。日本国民の多くは、この「あいまいさ」を受け入れ、自らは平和愛好家であり自国は平和国家であると思い込んでいる（そう思おうとしている）ようです。昨年（二〇一六年）一〇月二七日、国連総会第一委員会（軍縮）は、「核兵器禁止条約」について交渉を始めるとの決議を一二三カ国の賛成多数で採択しましたが、米ロ英仏などの核保有国や、米国の「核の傘」の下にある日本など三八カ国が反対し、中国など一六カ国が棄権しました。いままで棄権してきた日本は昨年初めて反対に転じましたが、この件も日本国内では大きな問題になることもなく「スルー」されました。


以上に述べてきたように、日本の戦後民主主義体制そのものが「あいまいさ」に深く浸透されています。進歩的リベラル派知識人のうちの少数が、この「あいまいさ」に「引き裂かれ」（大江健三郎）、「あいまいな日本」に対抗し、それを克服する道を模索して来ました。そうした指向性は一九五〇年代から六〇年代末頃までは、日本国民の間に一定程度共有されているかに思えました。しかし、それも短い一時期のことに過ぎなかったようです。いまでは、「引き裂き」を自覚して苦しむ人を見いだすこともまれになりました。

進歩的リベラル勢力が「あいまいさ」の内にとどまっている間に、国粋主義、国家主義、保守主義勢力が、新自由主義ポピュリスト勢力と連携して着々と足場を固めました。いわゆる「本音」が噴出してきたわけです。私の若い頃（およそ四五年前）に一部の学生や知識人がしばしば口にした「戦後民主主義の虚妄」という言葉は、日本の戦後社会は表面的に民主主義的外形をとっているに過ぎず、その内実（主体であるべき国民の意識）は外形に追いついていない、という意味で、いわば左からの批判として語られた常套句でした。しかし、いまとなっては国民が「民主主義」という虚妄の夢を見ていた戦後の一時期、もともとの国家主義体制からの一時的な逸脱の時期という意味で、いわば右からの批判に用いられる用語ではないかとすら思われます。

九〇年代前半までは進歩と反動がせめぎ合った時期であったと言えるでしょう。そこにはかすかな希望の芽があったし、それが順調に育っていたなら現在の状況も随分とちがっていたはずです。暗転が「戦後五〇年」を画す一九九五年に訪れたことは先述したとおりです。日本社会の「長い反動期」は現在も続いており、二〇一一年三月一一日の東日本大震災と福島原発事故を契機にいっそう、国民全体を巻き込むファシズム的傾向を強めています。

辺見庸『1《イ》★9《ク》★3《ミ》★7《ナ》』

辺見庸はこのような現代日本のファシズムを「鵺《ぬえ》的ファシズム」と呼び、抵抗を続けている作家です。「鵺的」とは「つかみどころがなくて得体の知れないさま」を指すのですが、それは辺見によれば「なりゆきまかせ」と「没主体性」を特徴とするものです。辺見の近著『完全版 1★9★3★7』（角川文庫、二〇一六年）は、この「鵺的ファシズム」に、可能な限りの執拗さと深さで切り込もうとした作品です。

日本本土で人々が戦勝気分に浮かれていた一九三七年一二月に「南京大虐殺」が繰り広げられました。辺見は本書で、この「記憶」が隠蔽されたまま消去されようとする日本の危機的現状に抵抗し、「ニッポンとニッポンジン」を徹底的に解剖しました。その解剖のメスは、小林秀雄、梯《かけはし》明秀《あきひで》、丸山眞男、小津安二郎ら戦後日本を代表する知識人たちから、自らの父や自分自身にまで容赦なく及びます。

「かつて、一九三七年という夢のような〈時〉があった。信じがたいことに、そのとき、ニッポンという極東の弧状列島は、いまよりもよほど明るかった。げんざいより〈希望〉と〈活気〉と〈勇気〉にあふれていた。（中略）人びとはたかぶっていた。不思議なことに、一九三七年に〈暗黒〉を感じたひとは少数だった」

「一九三七年の人びとは、その翌年になにがくるかさえ予期できていたかうたがわしい。三八年に第一次近衛文麿内閣のもとで制定され（四月一日公布、五月五日施行）た〈国家総動員法〉！　これは全面的な戦時統制法であり、第二次世界大戦期におけるニッポンの苛烈な〈総力戦体制〉の法的基盤となった。（中略）問題は、わたしたちの父祖たちがこれについて大議論を交わし、なんらかの反対闘争をてんかいしたかどうかである。／闘争なんてなかった。（中略）その時代に、わたしの祖父母が生き、両親たちもニッポン・コクミンとして生活し、父は、他の人びとと同様に、まったく無抵抗に応召し、中国に征《い》った。そのなりゆきまかせと没主体性について、死ぬまでにいちどはほじくっておきたいとわたしはおもっていた」

このように始まる本書は、終章に至って次のように念押しします。

「ふたたび丸山眞男をひく。〈これだけの大戦争を起こしながら、我こそ戦争を起したという意識がこれまでの所、どこにも見当たらないのである。何となく何物かに押されつつ、ずるずると国を挙げて戦争の渦中に突入したというこの驚くべき事態は何を意味するか〉。どのような苦痛や犠牲があっても、この問いにだけは必死で答えるひつようがあった。（中略）七十年余というじゅうぶんすぎる時間があったのに、しかし、それはなされはしなかった。ベリベリと皮膚をはがされたじぶんの顔を正視せずにすますように、わたし（たち）はこの問いに答えようと苦悶することさえなかった」

辺見は丸山の記念碑的論文「超国家主義の論理と心理」（『世界』一九四六年五月号）から末尾の一文「日本軍国主義に終止符が打たれた八・一五の日はまた同時に、超国家主義の全体系の基盤たる国体がその絶対性を喪失し今や始めて自由なる主体となった日本国民にその運命を委ねた日でもあったのである」を引いて議論を続けます。「ニッポンジンは、はたして敗戦で〈始めて自由なる主体となった〉か。ニッポン軍国主義にはほんとうに終止符がうたれたのか。だとしたら、安倍晋三なるナラズモノは、いったいなにから生まれ、なににささえられ、戦争法案はなぜいともかんたんに可決されたのか。（中略）〈國體〉は、かんぜんにあとかたもなく消滅したのか。〈この驚くべき事態〉はじつは、なんとなくそうなってしまったのではない。（中略）それはこんにちこのようになってしまったのではなく、わたし（たち）がずるずるとこんにちを〈つくった〉というべきではないのか」。

父よ、あなたはその時……

本書での辺見の考察の重要な手がかりとなったのは、いまはほとんど忘れられようとしている「戦後文学者」、大江健三郎がその「最後尾」につらなることを志願したあの「戦後文学者」である堀田善衞の小説『時間』と武田泰淳の『汝の母を！』です。ただし、これらの作品は日本軍の加害行為をかなり徹底して扱った点で「戦後文学」のなかでも、また彼ら自身の作品の中でも、例外的なものであり、多く読まれたとまでは言えません。

一九五五年に発表された堀田の作品は、主人公を中国人知識人に設定し、加害国日本の国民である堀田が、いわば他者である被害者の視線から日本の侵略と虐殺を描いたものです。武田の作品は堀田の「時間」より一年遅れて公表されたものです。中国戦線で日本軍兵士たちが、捕えた中国人の母と息子に性交を強要して見物し、嘲笑した挙句、最後には二人とも焼き殺すという話です。武田自身の戦場体験が反映しています。

敗戦後一〇年経つか経たないかという時、大虐殺の血の匂いが消えやらぬ中で堀田や武田の文学が切り開こうとしたのは、加害国国民が他者の視線で自己を見つめ、自律的な倫理的更生を目指す道であったといえるでしょう。敗戦後の日本においてこのような試みは稀なものでしたが、それでも、そのような自律的更生を志した人々は、少数ながらたしかに存在していたのです。しかし、その道は、六〇年代後半を境に記憶からも消去されようとしています。堀田や武田の息子の世代にあたる辺見は、この作品で、そのような隠蔽と消去に抵抗し、この少数の戦後文学者たちの後に自らもつらなろうとしているように思えます。

辺見庸の父は戦前中国語の専門教育をうけた知識人であり、国策通信社である同盟通信の記者でした。応召し中国戦線に従軍して生還した後は、故郷岩手県の地方新聞記者になりました。白崎浩というペンネームで一九五六年に地方紙（石巻新聞）に連載した回想記「さらば蘇州よ」に、軍隊生活での「迫害や侮辱」のため「純潔清浄な青春時代の三年を棒に振った」と記しています。左翼だったとはいえませんが、格別に狂信的な軍国主義者でもなく、いわば当時の平均的な知識層の一人だったと思われます。戦後は虚脱したようにパチンコばかりして暮らしていたこの父も中国戦線での虐殺や拷問に手を染めていたのではないか。それが、息子辺見庸が本書で執拗に追い求めている問いです。たとえば、父の回想記の中に出てくる次の記述。「ヨボヨボの老婆が実は懐中に手榴弾をしのばせたゲリラの女親分だったりする、女のような白い肌の美少年も、捕えてみると、筋金入りの〈抗日分子〉だったりした」。

この記述について、辺見は次のように述べます。「ここにも白崎浩氏の無意識がある。（中略）父の内面の無意識の脱落、落丁、そして、あまりにも多数の将兵および（「内地」・「銃後」の）民衆と黙してわかちあってきた頽廃があるのではないか。〈皇軍〉がつかまえたゲリラや〈抗日分子〉を、殺さずに釈放したなどという例は聞いたことも読んだこともない。法によらない〈処刑〉は、〈皇軍〉の日常生理のようにみごとなまでに慣習化していた。手榴弾をもった老女も美少年も、拷問のすえに惨殺されたか、軍刀の試し切りや新兵の刺突訓練の〈材料〉にされた公算が大である。そのときに父はどこにいて、どのような動作をし、どんな発声をしたのか」。

不気味なイノセンス

「父の無意識にたまげる。ほとほとあきれている。かれはあれだけの侵略戦争をまるで〈自然災害〉のようにかたり、じぶんをその〈被害者〉であるかのように無意識におもってしまっているようであった。そのかんぺきなまでの悪意のなさ。無邪気にも似た口吻。かんがえようによっては不気味なイノセンス」。

「まるで自然災害のように」「自分を被害者のように」……辺見の記述する「不気味なイノセンス」が、「あいまいな日本」を成り立たせてきた人々の心性を端的に語っているように私は思います。これは最近では福島原発事故でも再演されました。地震・津波は自然災害ですが、原発事故は「人災」です。人災である以上、当然に原因があるはずであり、責任が問われなければなりません。しかし、そうした「真相究明」や「責任追及」の要求は、加害者と被害者を一体のものとして包み込む「あいまいさ」と、「ガンバレ日本」の掛け声にかき消されます。そのことはつねに加害責任者を利するのです。戦争も同じです。

なぜ、そういうことが反復されるのか？　その理由の一つは、日本では国家と民衆が「共犯関係」を結んできた（結ばされてきた）からです。自分自身が虐殺・拷問の加害行為に手を染めた民衆が国家犯罪を断固として追及できるでしょうか？　原発マフィアともたれ合いの関係に取り込まれた人々が、原発事故責任を徹底して追及できるでしょうか？　戦争責任を追及するためには自分自身の血を流す思いで罪深い事実を見つめ告白しなければなりません。それができないため（それをしたくないため）、無意識のうちに戦争を「自然災害」になぞらえ、「一億総懺悔」的な「あいまいさ」にとどまりつづけようとするのではないでしょうか。

「このひと（辺見の父）はなにをしてきたのだ。なにをみてきたのか。それらの疑問はけっきょく問いただされなかったわたしにも、不問に付すことで受傷を避ける狡いおもわくがどこかにあったのであり、ついに語ることのなかった父と、ついにじかには質さなかったわたしとは、おそらくは同罪なのだ。訊かないこと――かたらないこと。多くの場合、そこに戦後精神の怪しげな均衡が保たれていた」

「かたらないこと」「質さないこと」、つまり意図的に「あいまい」であることによって日本の「戦後精神の怪しげな均衡」は保たれてきたと言うのです。あえて語ろうとするもの、質そうとするものは「スルー」される、つまり相手にされず、訴えを聞き流され、目を背けられ、孤立させられる、それが日本社会を成り立たせてきたのです。辺見は父の肖像を描くことによって、薄笑いの表皮に隠された戦後ニッポンジンの素顔を描きました。

帝国による分断支配の心性

辺見庸が本書で俎上に上せた知識人たちの内、梯明秀（一九〇二―一九九六）について語った部分にはとくに興味をひかれます。哲学者・梯明秀は一九三八年の第二次人民戦線事件で検挙され、官憲に再三にわたって転向を強要されましたが、共産党に入党もしていない自分には転向の理由がないと数か月間にわたって拒否したといいます。その梯が結局は転向したいきさつについて、特高警察のある警部補から自分と家族が「職業意識を超えた配慮」を受けたことから、「人間的に意気投合していた間柄」になったので、この警部補の申し出にしたがい、用意された転向声明書に判を押したと述べています。まさに梯が「職業意識を超えた配慮」と述べていることこそ、特高警察側の「職業意識」の勝利だったのです。しかも梯は、わざわざ、「精神的苦悩というものはなかった」と付け加えています。辺見は、梯のその「〃ナイーブ〃さ、その無防備、わるく言えばその〃まぬけ〃ぶり」に、「ヘナヘナとすべての関節がはずれるような落胆」を覚えたと述べています。

同じ天皇制国家の弾圧被害者といえども、朝鮮人や中国人には、梯のようにナイーヴであることは許されませんでした。治安維持法は一九二五年五月、朝鮮、台湾などの植民地にも施行されました。「朝鮮独立の企て」は「国體変革」の罪に該当するとして、同法は日本人に対するより何倍も苛酷に朝鮮人に適用されました。詩人・尹東柱《ユンドンジュ》に無残な獄死を強いたのも同法による弾圧でした。

日本本土では同法による死刑判決はありませんでしたが、朝鮮では、死刑判決が連発されました。治安維持法は朝鮮植民地支配のための主要な暴力装置だったのであり、それが「勅令」で朝鮮に施行された以上、この件だけをもってしても、天皇制および天皇ヒロヒト個人は朝鮮植民地支配の責任を免れることはできないはずですが、日本人の多くにその自覚はありません。

辺見は、荻野富士夫の研究（『特高警察』岩波新書、二〇一二年）から次の部分を引いています。（転向問題で特高警察のとった立場の）「大前提には思想犯罪者といえども〈日本人〉であるゆえに〈日本精神〉に立ち返るはずだという見通しがあった」。

この話を聞いたナチ党高官ヒムラーは、日本を「うらやんだ」ということです。

血統的日本人（やまと民族）であれば、いずれ「日本精神」に立ち返るはずだ、ということは「やまと民族」でないもの、朝鮮人や中国人には、その「見通し」がないため、もっぱら苛烈な暴力で制圧するか除去する対象でしかないということになります。梻はその「転向声明書」で（天皇制の）「八紘一宇的必然性にこそ、東亜新秩序のイデーも論理的に基礎づけられる」と記し、自身が「ヨーロッパ近世の個人主義的な考えのみから、真理の探究に専心したのみであったことは、一国民として、まことに不忠の仕業であった」と天皇に対して「恐懼」してみせました。

朝鮮人など植民地臣民は、立ち返るべき「日本精神」を持ち合わせない連中、「八紘一宇」の崇高な普遍性を理解できない劣った連中であるとして、ただただ侮蔑的・暴力的に扱われたことでしょう。梻はもちろん天皇制国家による思想弾圧被害者であったことは確かですが、同じ被害者である朝鮮人との間に、このような植民地主義と人種主義による分断線が貫徹されていました。その分断が、日本人にとっては、「日本精神」に回帰する回路、つまりは天皇制に帰依して転向する回路として徹底的に活用されました。圧倒的な国家暴力によって屈服を強いられたのにもかかわらず、それを「八紘一宇的必然性」とか「東亜新秩序のイデー」（ニセ普遍主義）への覚醒ないし帰依と言い繕って自他をごまかすことのできる心理的回路であり、つまりは「あいまいな日本」に身を委ねて自己を慰安する心性です。

これが、帝国による分断支配の本質でした。このことを哲学者・梯明秀は自覚していたでしょうか？ その自覚があったとすれば、彼の告白はもっと深い思想的省察になりえたはずでした（梯明秀前掲書、本書五七頁参照）。

奴隷主根性

戦後のある時、辺見は父のこんな述懐を耳にします。

「いつだったか、まだ子どものころ、酔った父がとつじょ言ったことがある。（中略）〈朝鮮人はダメだ。あいつらは手でぶんなぐってもダメだ。スリッパで殴らないとダメなんだ……〉。耳をうたぐった。発狂したのかと思った」

ここでの「朝鮮人」を「黒人」「インディアン」あるいは「女」などに置き換えてみれば、全世界的に拡散し、いまも克服されていない植民地主義の心性がよく見えるでしょう。

辺見庸の父が少数の例外であったはずはありません。それは日本人と朝鮮人の間で日常化していた行為でした。日本は「文明化」をかかげて朝鮮を「併合」した後も、朝鮮において非文明的な刑罰である笞《ち》刑を残し、それを朝鮮人にだけ適用しました（金東仁「笞刑」、本書五九頁参照）。

「発狂したのか」というのなら、突然にではなく、「琉球処分」に始まり、日清・日露戦争を経て、アジア太平洋戦争に至る近代史の始発点から「発狂」していたのです。日本軍による虐殺も、一九三七年の南京が最初ではありません。一八九四年日清戦争において、日本軍は中国北洋海軍の基地であった旅順攻略時に、旅順占領直後から四日間にわたって二万人におよぶ無抵抗の清軍兵士と旅順市民をほとんど皆殺しにするような大虐殺を行ないました。甲午農民戦争においては、一八九四年から翌年にかけて、「日本軍最初のジェノサイド作戦」によって農民軍側の「三万人から五万人」が殺戮されました（以上、原田敬一『日清・日露戦争』岩波新書、二〇〇七年。中塚明・井上勝生・朴孟洙『東学農民戦争と日本』高文研、二〇一三年）。

日清戦争に続いて義和団戦争への出兵があり、日露戦争、シベリア出兵、満州事変があり、一九三七年の南京へと続きました。つまり、明治維新以来の日本の近代史は侵略戦争と対外膨張・植民地化の連続だったのであり、その過程で大小の虐殺が当たり前のこととして習慣化していたのです。

奴隷主が苦痛に満ちた自省の過程を経ずしてその心性を捨て去ることはきわめて困難でしょう。日本社会に、そのような自省の必要を認識している人々は存在しますが、その数は少なく、きわめて微力です。敗戦直後の数年間、昭和天皇死去の際、あるいは九〇年代に「慰安婦」をはじめ被害者たちが次々に現れ出た際など、戦後の日本人にはその歴史を骨身に沁みて省察し「正気」に返る機会は何回かあったのに、ことごとくその機会を「スルー」してきました。昨今の日本社会はますます「発狂」の度を深めています。

結語――他者のまなざし

「あいまいな日本」という観念と格闘した、大江健三郎、加藤周一、そして辺見庸など日本知識人の系譜を検討してきました。結論的にいえることは、このような、「あいまいさ」を克服して自律的な倫理性の獲得に向けて一歩進むことを求めてきた人々の系譜は、まだ完全に途絶えたとは言えませんが、日本社会においては戦前も戦後もつねに少数で微弱だったということです。

一九六〇年代半ばまでは、それでも変化の可能性はあったのですが、それも七〇年代以降は衰微し、九〇年代半ば以降は長く続く反動と右傾化の時代に入りました。その大きな契機となったのは、六〇年代には高度経済成長であり、その集約的表現としての東京オリンピックです。九〇年代以降は冷戦構造崩壊による理念の漂流、「慰安婦」等被害者からの告発に対する反発、さらにフクシマ原発事故による国民的自信喪失などが挙げられます。しかし、日本の現政権は二〇二〇年に再びオリンピックを招致することで国民意識の統合をはかっています。

日本国民が、とくに知識人たちが、このような状況に覚醒して抵抗する可能性はあるでしょうか？その可能性はないとはいえないし、事実、現在も抵抗は各地で続いています。その最たる例が（本稿では詳しく触れられませんでしたが）沖縄における反基地闘争です。しかし、本土のマジョリティは沖縄住民（被支配マイノリティ）に対して冷淡です。ここにも植民地主義による強固な分断支配が貫徹されています。この分断線を超えるためには、マジョリティの側が自己に内面化した植民地主義について自覚的でなければなりません。

辺見庸に『1★9★3★7』を書く霊感を与えた堀田善衞に、「魯迅の墓その他」という短いエッセーがあります（『堀田善衞　上海日記』集英社、二〇〇八年）。戦争末期、書物の写真で見た魯迅の顔の話がそのエッセーに出てきます。「あんなに悲惨で、しかも高貴な顔をした人間は、一世紀のうちでも、そうそう沢山いるものではない」。

上海郊外の村の墓地で、草に埋もれた、花も捧げられていない、小さな魯迅の墓を見た堀田は、このように書きました。

「がしかし、そこで僕はぎょっとさせられた。魯迅の眼が、あの眼だけが、やはり心の底まで沁み入るような、あの視線でもって僕の心の底をみていた」

堀田がのちに『時間』を書いたのは、彼がその視野に魯迅という他者のまなざしをとらえていたからではないでしょうか。言い換えれば、魯迅が「戦後文学者」堀田に『時間』を書かせ、それが辺見に『1★9★3★7』を書かせたことになります。

他者のまなざしが、かろうじて「発狂」の淵を前に人を立ち止まらせる。自己しか見えないものは、その淵の底に沈むしかない。――そう思います。

近代史を貫く「発狂」状態から「ニッポンジン」が抜け出す道、「ニッポンジン」たちが「あいまいさ」を乗り超えてアジアの被害民族と連帯する道、それは植民地主義の克服の先にしかなく、そのことを可能にするのは被害民族やマイノリティの側からの絶えざる問題提起と透徹した植民地主義批判です。

「あいまいな日本」が近代日本の対外侵略と植民地支配の歴史に起因するものである以上、朝鮮人にとっても、あたかも鏡に映る反転した像のような「あいまいな自己像」の認識と克服という問題が提起されるでしょう。それは植民地被支配という形で近代を経験した朝鮮民族に負託された、近代の負の遺産を超えるという意味で人類史的な普遍性をもつ問いでもあります。今回は到底そこまで議論することはできませんでした。他日を期したいと思います。

ヨーロッパ的普遍主義と日本的普遍主義

解題「ヨーロッパ的普遍主義と日本的普遍主義」

二〇一六年三月一六日、コスタリカ大学で行なわれた国際学会「Between two oceans: Latin America, Europe, África and Asia」での講演全文。本書収録にあたり、原題「新たな普遍主義への希求」を改めた。

悪夢

「西洋人が一八世紀に抱懐し、一七八九年にいたってその曙光を見たように思った夢、そして一九一四年八月二日までは知識の進歩や科学上の諸発見によって強まりきたった夢、その夢が私にとっては、幼い男の子をスシ詰めにしたそれらの貨車を前にしたときに完全に消え失せてしまった、――それでいて、その少年たちがガス室や焼却炉に供されようとしているとは、私にはとうてい思いもよらぬことだった」

これはフランソワ・モーリヤック（François Mauriac）が、アウシュビッツの生存者であるエリ・ヴィーゼル（Elie Wiesel）の著書『夜』（村上光彦訳、みすず書房、一九六七年）に寄せた序文の一節である。この本の初版は第二次世界大戦終戦後一〇年あまりたった一九五八年にパリで出版された。一八世紀に普及した「啓蒙主義」という夢は、フランス大革命後一九世紀を通じて確かなものになったように思えたが、第一次世界大戦勃発によって挫折し、第二次大戦と「ホロコースト」によって「消え失せた」、というのである。

人類は二〇世紀の二度にわたる世界大戦の惨禍を経験し、一九四八年の「世界人権宣言」によって、人権、平等、民主主義、などの「普遍的価値」を確認した。そういうことになっている。しかし、第一次世界大戦勃発からおよそ一世紀、第二次大戦終戦から七〇年後の今日、私たちはどんな景色を見ているのか。モーリヤックは貨車でガス室へと運ばれていく子どもたちを見た。いま私たちは見ている、溺れ死んで浜辺に打ち上げられた子どもたち、貨物トラックの荷物室で窒息死した難民たち、降り注ぐ爆弾の下を泣き叫びながら逃げ惑う人たちを。その一方で、全人口の一パーセントが地球上の富の過半を占有するという、歴史上類例のない不平等が横行する現実を。

私たちは今なお啓蒙主義の「夢」について語ることができるだろうか。それとも、ただ延々と続く、終わりのない「悪夢」だけが現実なのだろうか？……

過ぎ去った二〇一五年という年の後ろ姿は、例年にも増して暗鬱そのものだ。

中東研究者・栗田禎子《くりたよしこ》は、「誇張でなく、いつ戦争になってもおかしくない危機をわれわれは生きている、と感じる。それも単なる局地戦争ではなく、〈世界大戦〉の危機である」と述べている（「パリの事件と〈世界大戦〉の足音」『現代思想』二〇一六年一月臨時増刊号）。パリの事件（二〇一五年一一月一三日の襲撃事件）が「対テロ戦争」を活性化させると同時に、中東危機がヨーロッパに内在化された。対シリア介入をめぐる主導権争いはＮＡＴＯ対ロシアの対立を引き起こしている。ウクライナ・クリミア問題と連動すれば、どんな事態になるのか。――このように栗田は憂慮する。

危機は北部大西洋と地中海地域にとどまるものではない。アメリカと中国が南シナ海で危険な駆け引きを続けている。第二次大戦後現在まで分断されたままの朝鮮半島でも、軍事的緊張が増している。より危険なことは、戦後七〇年間、「平和憲法」の制約下にあった日本が、二〇一五年に憲法解釈を変更して「集団的自衛権」の行使を可能にし、アメリカへの追従、米軍との軍事協力体制に踏み出したことだ。その日本政府は今年七月に予定されている参議院選挙で勝利すれば、戦後初めて憲法改正に踏みだすと公言している。「日本」は、ただでさえ危機的な世界に加えられた、さらなる危険要因である。

この危機がさらに本格化し拡大すれば「二つの大洋」をむすぶ大災厄となるだろう。そうならないと楽観する根拠はないのである。

なによりも私を憂慮させるのは、殺戮や残酷さの蔓延に多くの人々が「慣れ」、無感覚になり、シニシズムに陥っている現状である。いまでは、ナチス・ドイツの残虐さ・冷血さを引き合いに出したところで、誰も心から衝撃を受けたり悲しんだりしない。なぜなら、ナチ敗北後にも、それと同等の残虐さ・冷血さが世界のいたるところで続いているからだ。紛争地や戦地の武装集団だけではない。むしろ、欧米や日本の排外主義者たちが、このシニシズムと冷血さを証明している。フランスのオランド大統領は勇ましく戦争宣言を発した。アメリカ大統領選挙に名のりを挙げているドナルド・トランプは「イスラム教徒の入国禁止」を訴えたが、そのためにかえって支持率を上げた。私たちは近々、トランプ大統領という悪夢が現実になる日を迎えるかもしれない。

極東に位置する日本でも同様の憂慮すべき事態が続いている（詳しくは後述）。

反植民地闘争とふたつの「普遍主義」

第二次世界大戦後の世界において、私たちに「普遍的価値」への希望を抱かせる出来事は、残念ながら、わずかしかなかった。南アフリカにおけるアパルトヘイト体制の打破を、そのわずかな希望的出来事の一つに数えることは許されるであろう。長く困難な闘争の末に、こうした人種差別体制そのものが「人道に対する罪」であることが国際社会で確認されたことが、大きな成果だった（一九九八年にはローマ会議において、国際刑事裁判所ローマ規程が採択され、国際刑事裁判所ローマ規程第七条(j)で、アパルトヘイトは「人道に対する罪」と規定された—徐）。

この成果の延長上で、二〇〇一年、南アフリカのダーバンで国連主催「人種主義、人種差別、排外主義、および関連する不寛容に反対する国際会議」が開かれた。アパルトヘイト体制からの解放を勝ち取った南アフリカでこの会議が開かれたことそのものが、人類が人種差別や植民地主義を超えて前進していくことができるという希望を象徴する出来事だった。この会議は、欧米諸国が行なってきた奴隷貿易、奴隷制、植民地支配に「人道に対する罪」という概念を適用する可能性を初めて公的に論じる場所だった。

だが、会議は「法的責任」を否定する先進諸国（旧植民地宗主国）の頑強な抵抗に遭って難航した。アメリカとイスラエルは退席した。奴隷制度と奴隷貿易に対する補償要求がカリブ海諸国とアフリカ諸国から提起されると、欧米諸国はこれに激しく反発し、かろうじて「道義的責任」は認めたが、「法的責任」は断固として認めなかった。その結果、ダーバン会議宣言には奴隷制度と奴隷貿易が「人道に対する罪」であることは明記されたが、これに対する「補償の義務」は盛り込まれなかったのである（永原陽子他著『「植民地責任」論—脱植民地化の比較史』青木書店、二〇〇九年）。

このダーバン会議が閉幕してから三日後、「9・11」事件が起こった。それはまるで、平和的な対話を通じて植民地支配責任の問題を解決してゆく可能性に絶望した者による、欧米諸国への応答のようにも見える出来事だった。もちろん、一般市民に対する大量無差別殺傷は肯定されるものではない。

だが、ことの由来を考えると、ダーバン会議で表明された理念を先進諸国が受け入れ、時間はかかっても対話を通じてそれを実践していく姿勢を示していれば、世界の人々（とくに旧植民地諸国出身者たち）にとっては、この世の光景はまだ希望的なものに見えただろう。それを力ずくの「文明の衝突」という構図へと引き入れたことが、今日の悪夢の連鎖へと繋がっている。

かつてエドワード・サイードが「9・11」直後、愛国主義の熱に浮かされ、「対テロ戦争」に突き進むアメリカ国民大多数の中にあって、「テロ」という言葉を、原因や文脈を無視して無限定に使用することに警鐘を鳴らした。

「……非常に心配なのは、冷静な分析や考察を遂行する気配がないかわりに、差異化し定義しようとする努力だけが、やけに目立つことです。たとえば〈Terrorism〉という用語。〈テロ〉はいまや反米主義と同義語になるかと思えば、今度は合衆国に対して批判的であることと同義語になり、さらにまた非愛国的であることと同義語になったりしているのです。このような同義語づくりの連鎖はもってのほかです」（Edward W. Said and David Barsamiann, *"Culture and Resistance"*,2003）

しかし、このような理性の声はあっさりと無視された。ダーバン会議と「9・11」からおよそ一五年が経った。米英が主導した「イラク戦争」を境に世界は「対テロ戦争」の時代に突入し、より絶望的な暴力の循環へと引きずりこまれた。出口はまったく見えないままである。その出口に近づくためには、誰かを悪魔化して、際限ない対抗暴力に突き進むのではなく、つねに出来事の根源にさかのぼって思考する態度を失いたくない。

出来事の根源にさかのぼって思考しようとする時、外せない要素は「植民地支配」である。いま世界の人々を苦しめているのは、欧米と日本による「植民地支配」の「負の遺産」であるからだ。

一四九二年、コロンブスが新大陸に到達した時、イベリア半島最後のイスラム教国グラナダが陥落、キリスト教勢力による「レコンキスタ（国土再征服）」が完成した。ヨーロッパの多元的時代が終焉し、不寛容な一元的支配の時代へと突入した。この年にイベリア半島を追われ各地へ離散したユダヤ教徒たちの苦難は五〇〇年後、ホロコーストに帰結した。

一五世紀から一七世紀にいたるヨーロッパ人によるアジア大陸・アメリカ大陸などへの植民地主義的な海外進出を経て「近代世界システム」（イマニュエル・ウォーラーステイン）が成立した。それは地球上の大多数にとっては戦争、飢餓、奴隷労働、出口の見えない低開発と貧困といった災厄を意味する。そのことの起源を私たちに知らせる貴重な報告の一つが、ラス・カサス（Bartolomé de las Casas）が一五五二年に刊行した『インディアスの破壊についての簡潔な報告』である。

ラス・カサスはスペイン王室が主催したヴァリャドリッド論戦（一五五〇―五一年）において、エンコミエンダ制を事実上の奴隷制であると糾弾し、征服の中止を訴えた。一方、論敵のセプルベダ（Juan Ginés de Sepúlveda）は「自然法にしたがえば、理性を欠いた人々は彼らよりも人間的で思慮分別を備えた立派な人たちに服従しなければならない」「人間の中には自然本性からして主人であるものと奴隷であるものがいる。あの野蛮人は死に追いやられることがあるとしても、征服されることによって、きわめて大きな進歩を遂げることができるのだ」と主張し、征服と植民地支配を正当化した。

イマニュエル・ウォーラーステインは、二〇〇四年にカナダのブリティッシュ・コロンビア大学で行なった特別講義で、このラス・カサス／セプルベダ論争を、イラク戦争以後の世界情勢の文脈の中で詳しく検討している（European Universalism,2006。日本語訳『ヨーロッパ的普遍主義』明石書店、二〇〇八年）。

ウォーラーステインは「先進国」による干渉の正当化は、かつては「宗教」を掲げて行なわれたが、現代では「人権」や「民主主義」を掲げることにシフトした、とする。彼によると、欧米を中心とする汎ヨーロッパ世界（ここに日本も加えることができるだろう―徐）の指導者、主流派メディア、体制側知識人たちのレトリックには自己の政策の正当化として、普遍主義に訴える言葉が溢れている。彼らが「他者」（相対的に貧しく、「発展途上」の諸国民）に関連する政策について語る際には、とりわけそうである。

このレトリックには主として三つの種類がある。第一には、彼らの政策を「人権」の擁護、「民主主義」の促進だとする主張である。第二に、「文明の衝突」という隠語で語られるものであり、そこではつねに「西洋」文明は普遍的な価値や真理に立脚する唯一の文明であり、他の諸文明に優るとされる。第三には、市場の科学的真理性を主張するものであり、新自由主義的経済学の諸法則を受け入れる以外に「ほかに選択肢はない There is No Alternative」という考え方である。

これらは決して新しい主題ではなく、少なくとも一六世紀以来、近代世界システムの歴史を通じて、権力の基本的なレトリックを構成してきたものだ、とウォーラーステインはいう。このような立場から、「ラス・カサス／セプルベダ論争」は五〇〇年後のいまも続いている、と彼は主張するのである。

ウォーラーステインは、このような、権力によって歪められた普遍主義を「ヨーロッパ的普遍主義」と呼び、それに対して、ほんとうの普遍主義、「普遍的普遍主義」を対置することを呼びかける。「この二つの〈普遍主義〉の間の選択は避けられない。なんらかの超個別主義的立場（中略）に撤退することはできない。なぜなら超個別主義は、実はヨーロッパ的普遍主義と現在権力を有する者たちの力——彼らは非平等主義的で非民主主義的な世界システムの維持をもくろんでいる——に対する隠れた降伏にほかならないからである」。

日本という問題

さて、アジアの一角に位置する日本は、一六世紀末ごろからこの「世界システム」に編入されたが、当初、その位置はあいまいであった。

コロンブスの新大陸到達一〇〇年後に起きた豊臣秀吉による朝鮮半島侵略戦争（壬申倭乱〈一五九二—九八年〉）は、一六世紀における世界最大の戦争であった。この戦争は明を中心とした東アジアの支配秩序への挑戦であった。この戦争の過程で捕虜となった多くの朝鮮人民衆がポルトガル奴隷商人に売却された。現在もその痕跡を残す末裔がイタリアに生存している。このことは、この戦争が世界システムの中で進行したことを物語るエピソードである。

しかし、この戦争は日本の勝利に終わらず、日本は一九世紀後半の開国まで、鎖国の時代に入る。開国して明治維新（一八六八年）を経た日本は翌年、先住民族「アイヌ」の住む北方の大地を「北海道」と命名して編入し、一八七九年には島民の反対を押し切って琉球王国を廃絶し沖縄県として自国領土とした（琉球処分）。続いて日清戦争（一八九四―九五年）によって台湾などを領有し、日露戦争（一九〇四―〇五年）に勝利してロシアに対する朝鮮半島における優先権を獲得すると、当時の朝鮮（大韓帝国）を保護国として支配し、一九一〇年には朝鮮を「併合」して一九四五年まで植民地支配を続けた。一九三二年には中国東北地方に傀儡国家「満州国」をつくって中国大陸への侵略を強めた。これがアジア太平洋戦争（一九三七―四五年）へと繋がっていった。

このように近代になってからの日本は対外膨張と帝国主義侵略の歴史を重ねてきた。その過程を象徴する標語は「富国強兵」であり、「脱亜入欧」（福沢諭吉）であった。みずからアジアの一国でありながら、西洋に真似て、「文明化」のイデオロギーを掲げてアジアの隣国に対する侵略を正当化したのである。

左《さ》れば今日《こんにち》の謀《はかりごと》を為《な》すに、我国は隣国の開明を待《まち》て共に亜細亜を興すの猶予ある可《べか》らず、寧《むし》ろ其伍《そのご》を脱して西洋の文明国と進退を共にし、其《その》支那朝鮮に接するの法も隣国なるが故にとて特別の会釈に及ばず、正に西洋人が之に接するの風《ふう》に従て処分す可《べ》きのみ。悪友を親しむ者は共に悪名を免かる可らず。我れは心に於《おい》て亜細亜東方の悪友を謝絶するものなり。（「脱亜論」、『時事新報』一八八五年）

このような日本側の思想に対して、侵略された朝鮮人の側の理念は一九一九年の独立運動の際に発せられた「独立宣言」に集約的に語られている。その大意は、次のとおり。
自分たちは侵略者である日本を怨むものではなく、真の理解と同情にもとづく友好的新局面を打開したいと望む。それが、不幸を回避するための早道であるからだ。日本が二〇〇〇万人の朝鮮人の植民地支配に対する憤りや恨みを武力で威圧することは、四億人の中国人の日本に対する危惧と猜疑を大きくさせ、その結果、東洋全体が共倒れになることは明らかだ。朝鮮の独立は、朝鮮人の正当な要求であると同時に、日本人を邪《よこしま》な道から脱出させ、世界平和と人類の幸福に必要な段階となるものである。

この宣言とともに挙行された一九一九年の独立運動は残酷に弾圧され、七五〇〇名以上が犠牲となった。

要約して述べると、東アジアの帝国主義国日本は近代以降、「文明化」(「ヨーロッパ的普遍主義」)を口実としながら、自己中心的な国家主義(超個別主義)による侵略を重ねてきたといえる。このような「日本的普遍主義」を、彼らは「八紘一宇」と称した。これは天皇を中心とする国家神道思想によって日本を頂点にいただく国際秩序を正当化するイデオロギーであり、中国・朝鮮などアジアの諸民族はこのような普遍主義に従うべきであるとされ、独立を求める被支配民族の願いは「民族主義的偏見」であるとして弾圧された。

このようなイデオロギーは一九四五年の日本敗戦とともに根本的に否定されたはずであったが、現実はそうならなかった。戦後も天皇制が生き残ったように、このような「日本的普遍主義」もまた生き残った。

日本は政府そのものが難民に対して閉鎖的である。昨年(二〇一五年)の統計では難民申請者は七五八六人、そのうち難民認定をうけたのは二七人に過ぎない。朝日新聞社が昨年一二月に行なった世論調査では、難民受け入れに積極的な回答は二四パーセントにとどまり、五八パーセントが「そう思わない」と答えた。一九九六年九月の調査では、難民や外国人労働者の受け入れについて、「もっと受け入れるほうがよい」が二二パーセント、「今のままでよい」が六五パーセントだった。つまり過去二〇年間で、日本マジョリティの意識はほとんど変化していないということである(『朝日新聞』二〇一六年一月三〇日)。

問題は行政当局にだけあるのではない。ある女性漫画家(筆者注——はすみとしこ。「ホワイトプロパガンダ漫画家」を自称する)は難民や在日外国人への憎悪や差別を作品にして発表した。「そうだ、難民しよう!」というその作品は、「ニセ難民」や「在日朝鮮人」が日本人の安全を脅かし、福祉をだまし取って安楽な暮らしをしているとして憎悪を煽るものである。この漫画はインターネットを通じて一般大衆の関心を呼び、ベストセラー一位となった。こういう本を出版する会社、販売する書店、購入する少なくない数の消費者がいる。つまり、国民のかなりの部分が、この典型的なヘイトクライムに共鳴しているのである。これは、ひとつの例に過ぎない。日本は先進国の中では世界有数の排外主義国家であるといえる。

二〇一二年一二月の総選挙で自民党が大勝し政権政党に復帰したが、その際の街頭演説の光景を私は忘れない。秋葉原の駅頭で演説する安倍晋三を、日章旗を打ち振って歓呼する「市民」たちが取り巻いて、反中・嫌韓・在日外国人排斥を叫んでいた。一九三〇年代のドイツやイタリアにタイムスリップしたような、身の毛のよだつ光景であった。

日本社会に生まれ、六〇年以上ここで暮らしてきた私だが、こんな風景を見ることになるとは思っていなかった。なぜなら、私に「人権」「平等」「平和」「民主主義」など普遍的価値を教育したのも、侵略戦争の反省に立って「平和主義」を実践すると唱えていた、戦後日本の教育だったからだ。それがかくもたやすく、無残に崩れたのである。

いっそう不吉なことは、こうした排外主義勢力と現在の日本政府閣僚とが親和的な関係を持っていることだ。イギリスの有力紙『ガーディアン』が、二〇一四年一〇月一三日付の記事で、以下のように指摘している。以下は筆者による一部要約。

山谷えり子国家公安委員長（自民党）は日本警察の最高責任者だが、日本の極右グループと関係しており、在特会（在日特権を許さない市民の会）の有力メンバーと並んで写真をとっていた。在特会のメンバーたちはこれまでに在日韓国・朝鮮人を「ゴキブリ」と呼びながら虐殺を公言してきた。それにもかかわらず、山谷えり子はこれまで頑として在特会を非難しようとしていない。自民党の他の二閣僚は日本のネオナチ政党の党首との写真撮影に応じていたことを認めていた。これらの政治家は安倍首相の側近であり、戦時下の日本に関して歴史修正主義的な見解を彼と共有している。このひとびとは、日本が一九二〇年代末から一九四五年の敗戦まで朝鮮人や中国人女性を主とする何万人もの女性たちに対して前線の売春宿で働くよう強いたという周知の事実について、これまでずっと異議を唱えてきた。安倍改造内閣の閣僚一九人のうち一五人が属している日本会議は、愛国主義的教育を推進し、戦時下の日本がアジア大陸で行った軍事作戦に関する「自虐史観」を終わらせることを目指して一九九七年に創立された団体だ（http://www.theguardian.com/world/2014/oct/13/japan-ruling-party-far-right-extremists-liberal-democratic）。

この荒涼たる風景は、自然に、ワイマール共和国末期のドイツを連想させる。自民党の改憲案を見ると、天皇を元首と定める、自衛隊を国防軍に改める、国民の基本的人権を規制する、など見過ごすことのできない多くの問題点があらわになっている。現行憲法の「拷問及び残虐な刑罰は絶対にこれを禁ずる」という条文から、「絶対に」という文言を削除している。つまり場合によっては拷問する、というわけである。また、自民党改憲案は近年ある程度まで現実化に近づいていた定住外国人地方参政権など、外国人の基本的人権を明確に否定する内容をもっている。

改憲案にはこういう項目もある。「緊急事態の宣言が発せられたときは法律の定めるところにより内閣は法律と同一の効力を有する政令を制定することができる」。これは、ナチスの非常大権法と同じ発想である。麻生太郎副総理は二〇一三年八月の講演で、憲法改正論議に関連して、「ナチスの手口に学んだらどうかね」と述べた。歴史的事実に最低限の知識があったら、一国の副総理が冗談でも言ってよい話ではない。

これは失言ではなく、彼らの本音であり、脅迫である。改憲に対する国民の抵抗が強いとみると、二〇一五年夏の国会では憲法の条文改正ではなく、恣意的な解釈変更によって、「集団的自衛権」の容認、すなわち米軍の要請に応じて世界のどこででも軍事協力することを可能とする安保法制を制定した。二〇一六年一月に召集された国会で安倍首相は、改憲発議が可能な三分の二の議席を得た場合には、まず「緊急事態条項」の導入から改憲に着手すると表明した。ことの成否は、今年七月に予定されている参議院選挙の結果で決まる。みずから「平和国家」を標榜し、世界の多くの人々もそのように思い込まされてきた日本が、いよいよその看板を降ろす日が近づいている。

二〇一一年三月一一日に東日本大震災と大津波が起き、続いて福島原子力発電所でメルトダウン事故が起きた。その直後から、昼夜となく執拗に流される「ガンバレ、日本！」という呼号を耳にしながら、私はファシズム到来の危機を感じた。

一九二三年九月一日に関東大震災が起き、東京都その近郊が壊滅的な破壊にさらされた。その渦中で、およそ六〇〇〇人の朝鮮人が「放火している」「井戸に毒を投げ入れた」などの事実無根のデマのために虐殺されたのである。日本政府はいまだにこの虐殺事件の公式調査すらも行なっていない。この震災を契機に、政治的反対勢力は荒々しく弾圧された。治安維持法が発布されて、戦前わずかに存在したデモクラシーの芽は摘み取られ、日本は侵略戦争への急坂を転落したのである。

それから九〇年ほど後の現在、福島原発事故の被災地は放射能に汚染され、いまも一〇万人以上の住民がもとの故郷に帰ることができずさまよっている。

ジャン＝ポール・サルトルはその著書『ユダヤ人』で、反ユダヤ主義（ひろく人種差別主義）は思想ではなく、「ひとつの情熱である」と述べている。それは実証性や論理的整合性とは無関係な、ひとつの情熱なのである。人類は「アウシュヴィッツの後」なっても、この「情熱」に始末をつけることができなかった。それはしぶとくはびこり、世界の至るところで再び頭をもたげている。知性や理性は断片化され、排他的で自己中心的な情熱のみが燃え盛っている。日本もその例外ではない。

昨年夏、安倍晋三首相は「戦後七〇年談話」なるものを発表した。マスメディアはこの談話に「お詫び」「反省」といった「キーワード」が含まれるかどうかという点に注目した。

結論的にこの談話は首相の歴史修正主義と「日本的普遍主義」を再確認するものに終わった。だが、日本のメディアや知識人の中で、その点を鋭く指摘したものは数少ない。

安倍首相はその談話において、西洋諸国から押し寄せた植民地支配の波への危機感が日本にとって「近代化の原動力」となった、と自国を自賛した、

彼が「反省」したのは、第一次世界大戦後、世界恐慌が発生し、欧米諸国が経済のブロック化を進めると日本経済は大きな打撃を受け、日本は孤立感を深めたため、力の行使によって解決しようと試みた。こうして日本は、世界の大勢を見失い、次第に「新しい国際秩序」への「挑戦者」となっていった。進むべき針路を誤り、戦争への道を進んで行った、という点である。

これが植民地支配と侵略戦争の被害者に向けた「反省」の弁といえるだろうか。彼の顔は「西洋諸国」のみにむけられていて、「ヨーロッパ普遍主義」的な秩序への挑戦とその失敗を反省しているにすぎない。

これが現在における日本国支配層の歴史認識の水準である。近代史を通じて他者と出会うことがで

きず、対話することができなかった日本は、安倍首相の政府のもと、アメリカの一国支配体制に追従する政策を急速に進めている。太平洋地域から浮上してきた、世界平和への深刻な危険要因である。

いずこへ

私たちはこの悪夢のなかで、正気を保ち続けることができるだろうか？　どこに、この悪夢からの出口があるのだろうか？——もちろん、この問いへの簡単な答えはない。

スラヴォイ・ジジェクは「連帯」の必要性を強調する。「階級闘争を取り戻そうではないか。そして、そのための唯一の方法は、搾取され、抑圧される者たちのグローバルな連帯にこだわり抜くことだ。こうしたグローバルな視点がなければ、（二〇一五年一一月一三日の襲撃事件の）パリの被害者との感傷的な連帯は疑似—倫理的な猥褻である」(Slavoj Zizek, *"DISTURBANCE IN A COUPOLA"*,2015)。

エティエンヌ・バリバールは言う。「〈西洋人〉と〈東洋人〉があえて互いの立場に立って、新たな普遍主義の言語を共同で作り上げなければならない。地域全体にある複数の社会の多文化主義を犠牲にした、国境閉鎖とその強制は、すでに内戦である」(Etiénne Balibar, *"Somme-nous en guerre?"*,2015)。

バリバールのいう「新たな普遍主義」とウォーラーステインのいう「普遍的普遍主義」が厳密にいって同じ概念なのかどうかはともかく、いま私たちに求められているのは、まさしくこうした思想的態度であり、そのことを決して放棄しない決意であろう。そうでなければ、ラス・カサス以来五〇〇年に及ぶ思想的苦闘は無に帰し、シニシズムが最後の凱歌を挙げることになるのだ。

最後に私は、イラク戦争開戦の直前、彼の死の七カ月前に行なわれたエドワード・サイードのインタビューから一節を引用して紹介したい。サイードが私たちに残した遺言である。

「いま現在、帝国主義者をこうまでのさばらせたのは何が原因ですか?」という質問に、サイードは「強力に組織され、多くの人々を確実に動員できる抵抗勢力が存在しないこと」とともに、「知識階級全般の失敗」を挙げている。「重要なゴールを見失ってしまったのです。重要なゴールとは、エメ・セゼールが述べたような、自由と解放と啓蒙を求めるあらゆる民族が集う、勝利の会合なのです」(Edward W. Said and David Barsamiann, *"Culture and Resistance"*,2003)。

悪夢の時代に、この「勝利の会合」への夢を放棄したくない。

日本知識人の覚醒を促す

——和田春樹先生への手紙

解題「日本知識人の覚醒を促す――和田春樹先生への手紙」

初出：前田朗編『「慰安婦」問題の現在――「朴裕河現象」と知識人』三一書房、二〇一六年四月一九日。前掲書収録に先立ち、本稿の一部（約半分）が韓国の新聞『ハンギョレ』二〇一六年三月一二日付に掲載された。この日本語全文は『ハンギョレ』の日本語サイトで読むことができる。【http://www.hani.co.kr/arti/politics/diplomacy/734569.html】

これを見た和田春樹氏から『ハンギョレ』に反論「和田春樹教授、徐京植教授の公開書簡に答える」（上下）が送られ、同紙三月二六日付に掲載された。この日本語全文は『ハンギョレ』の日本語サイトで読むことができる。

㊤【http://japan.hani.co.kr/arti/international/23708.html】

㊦【http://japan.hani.co.kr/arti/international/23709.html】

徐京植はさらに和田氏への再反論「既成事実による被害者の分断――再び和田春樹先生に問う」を著した。この日本語全文は「ハンギョレ」の日本語サイトで読むことができる。【http://japan.hani.co.kr/arti/international/24137.html】

本書には著者自身による前記二稿（最初の批判、および和田氏からの反論をうけての再反論）を収めたが、議論の公正と読者の理解に資するため、和田氏による反論を参考資料として全文収録することにした。

なお、著者としては更なる議論の深化を期待したのだが、以後一年以上が経った現在までのところ和田氏からの再度の応答には接していない。

本稿は、二〇一五年一二月二八日の日韓両政府による、いわゆる「慰安婦」問題の「不可逆的最終解決合意」なるものを見て、それがむしろ両民族間の対立を深刻化させることになると憂慮したことから、その時点で筆者自身の原則的立場を明瞭に表明しておくべきであると考え、筆を執ったものだ。

その後、和田氏が期待を寄せた韓国の朴槿惠大統領は収賄等の嫌疑を受け弾劾され、罷免された。この「合意」を強行した一方の当事者が不在となったのである。朴槿惠政権の後継である文在寅《ムンジェイン》政権は、韓国国民の多数が「合意」に反対または批判的な意向を示していることを受けて、「合意」に対して慎重な姿勢に転換した。

和田春樹氏の「誠意」は「アジア女性基金」に続いて今回もまた空転し、両民族の相互理解と連帯の実現という見地から見れば逆効果に終わりそうに見える。

しかし、いま求められていることは、このような錯誤が繰り返されることの真因を、より深く考察することであろう。この問題を広く「日本リベラル派」の思想と文化に内在する、克服すべき難問として可視化し前景化することが必要であると信じる。それを教訓としてこそ、連帯に近づくことができるはずである。本稿が、そのような思想的作業の一助となることを切望する。

和田春樹先生、やむにやまれぬ気持ちから、このお手紙を差し上げます。ことの性質上、公開書簡の形にしたことをご理解下さい。

昨(二〇一五)年一二月二八日、韓日外相会談による、いわゆる「慰安婦問題に関する最終合意」(以下「合意」)が発表されましたが、被害者をはじめ韓国や世界の多くの人々がこれを批判し激しく反発しています。先生がこの「合意」の直後に新聞に公表された見解「被害者訪ね謝罪の言葉を」(『朝日新聞』二〇一五年一二月二九日)は、今回の「合意最終妥結」は「意外だった」という言葉で始まっています。「被害者にどのように謝罪の言葉を伝えるのかが、まったく見えてこない」とし、韓国政府が造る財団に一〇億円拠出してすませようという「無責任な態度だと反発を受けかねない」と懸念を表しておられます。

今回の「合意」に対する批判の代表的なものとして、「慰安婦問題」研究の第一人者である吉見義明先生が「真の解決に逆行する日韓『合意』」と題する文章を発表しています(『世界』二〇一六年三月号)。その論旨をごく簡単にまとめると、以下のとおり。

①事実と責任の所在の認定があいまいである。「(日本)軍の関与の下に」というのでなく、「軍が」となぜいえないのか。

②「慰安婦」制度が「性奴隷制度」であることを否認している。

③賠償しないという「合意」である。

④真相究明措置と再発防止措置は実施されていない。

⑤加害者側が「最終的かつ不可逆的に解決」などと言ってはならない。それを言えるのは被害者

側だけだ。

「今回の合意は、日韓両政府が被害者を抑圧して、解決したことにするという強引なものである。（中略）これが実施過程に入っても被害者は受け入れないだろうから「合意」の実現が不可能になる。だから『最終解決』はされえないだろう。（中略）白紙に戻してもう一度やりなおさなければならない」

私は、この吉見先生の見解に全的に同意するものですが、和田先生はいかがですか？

和田先生は『朝日新聞』の記事で、自身の深くかかわった「アジア女性基金」は韓国で受け入れられなかったとし、その最大の理由は「日本政府は本当に謝罪する気なのかと疑われたことだった」と述べています。まさにそのとおりですが、私は釈然としない思いを禁じることができませんでした。和田先生ははたして「アジア女性基金」が受け入れられない理由を真に認識しておられるのだろうか、という疑問を覚えるからです。いいかえれば、和田先生には朝鮮民族（朝鮮半島南北の住民および私のような在日朝鮮人を含む総称）の心が見えているのだろうか、という問いになります。

今回の「合意」発表以前から、和田先生は、アジア女性基金は「客観的に見れば日韓間の問題としての慰安婦問題を解決できなかった」とし、「被害者と運動団体が受け入れない案を提示して事業に失敗するということはくりかえしてはならない」と指摘されました。さらに韓国側が提示した条件、すなわち「被害者が受け入れ、韓国国民が納得できる」案であることが核心的に重要であることを強調されていました（「問われる慰安婦問題解決案」『世界』二〇一六年一月号）。

結果からみると、先生のこの思いは日本と韓国の政権に裏切られたとみるほかないでしょう。先生はこの「合意」発表を「意外だった」といわれますが、ということは、「被害者が受け入れ、韓国国民が納得できる」解決策で合意される可能性があると見ておられたということでしょうか？

日本政府は早々と今回の「合意」そのものを反故にしかねない言動を繰り返しています。一例を挙げれば、去る（二〇一六年）二月一六日、国連女性差別撤廃委員会の対日審査において、日本の杉山外務審議官は「慰安婦」問題について「最終的かつ不可逆的」に解決されたと強調しつつ、「日本軍や政府による慰安婦の〈強制連行〉は確認できなかった」という趣旨の発言をしました。同じ発言のなかで、この問題で日本政府がとってきた対応として「アジア女性基金」の活動を挙げたそうです。つまり、日本政府はこれまでと同様、今回の「合意」も外交的な自己防御のレトリックとしてのみ活用していく姿勢を明確に示しているのです。

その視点からみると、「安倍首相と朴大統領に、いま一歩の努力をお願いしたい」という和田先生の見解は、吉見先生の見解に比して、いかにもあいまいであると言わざるを得ません。現実には、和田先生の懸念した「過ち」は、あくまで国家責任を否定したい日本政府の立場からみれば「過ち」ではなく、むしろ外交的成功だったといえるでしょう。彼らは終始一貫しています。そして、韓国政府はそれに加担したということです。それが「過ち」であったとすれば、「アジア女性基金」の失敗の原因を省察することができず、それを思想的に深めて後代に継承できなかった者たちの「過ち」といえないでしょうか。まことに僭越な言い方になりますが、この意味で、和田先生ご自身の責任も決して小さくないと考えます。

「最終解決」

「慰安婦問題の最終解決」という言葉は、「ユダヤ人問題の最終解決」というナチの行政用語を連想させ、不吉な胸騒ぎを引き起こします。この用語は、あらゆる「問題」の原因を「ユダヤ人」におしつける心理的機能を果たし、究極的に工業的大量虐殺に帰結しました。同じように、「慰安婦問題」という用語は、それが本来「日本問題」であるにもかかわらず、「慰安婦」に問題があるかのような偏見を醸成します。理性的に思考することのできない人々は、目障りな問題は除去したい、うるさい存在は黙らせたい、という反知性的な衝動に身を任せることになります。当事者を無視して強行された「慰安婦問題の最終解決」という「合意」が、今後どんな惨憺たる事態を招くことになるのか、憂慮に耐えません。それは被害者を黙殺する名分、被害者を黙らせる圧力（象徴的には「少女像」の撤去）となって現れるでしょう。愚かにもこの合意を承認した韓国政府は、このような不正義の企てに協力する立場に立つことになりました。

しかし、歴史が語っているように、被害者を最終的に黙らせることは不可能です。「蒸し返さない」という約束は両政府間ではありえたとしても、被害者との間ではありえないことです。「慰安婦」問題の真相は、被害者とそれに共感し支持する人々による不断の「蒸し返し」のおかげで明らかになってきたものです。その「蒸し返し」がなかったとしたら、隠蔽された資料が探し出されることも、証人が名乗り出ることもなかったでしょう。政府間でどんな空約束をしようと、今後「蒸し返し」がないということはありえず、必要とあれば何度でも「蒸し返す」ことこそが、被害者側だけではなく加害者側にとっても、正義にかなっているのです。

しかし、日本国民の多数者は、この「蒸し返し」（広くいえば植民地主義批判）の原因と意義を理解できず、さらに攻撃性を強めることでしょう。国民のこのような攻撃性を国家は徹底的に利用しようとするでしょう。私の脳裏に浮かぶ悪夢は、近い将来「朝鮮半島有事」という事態が起きることです。そうなれば、米軍とともに自衛隊という名の日本軍が朝鮮半島に侵入してくることになるでしょう。その準備が着々と進められています。日本国民の多数は、すでに内面化された差別意識や攻撃性を克服できないまま、この悪夢を傍観するか、あるいは積極的に支持するでしょう。言うまでもなく、私たち朝鮮民族と日本国民との平和的な共存、よりよい社会に向けての連帯にとって最悪の危機です。このことは、近代史を通して繰り返し提起されてきた日本国民への思想的問い、和田先生自身も提起した問いを、いま一度、深刻に想起してみることを私たちに要請しています。私がほかならぬ和田先生あてに手紙を書くことにしたのも、このような理由からです。

暗鬱な風景

金学順さんの記者会見から二五年。いわゆる「慰安婦」問題は、まったく解決しそうもないままに歳月が過ぎました。私はこの間の日本社会と韓国社会の推移を見つめてきたものとして私見を述べ、先生のご批判をあおぎたいと思います。

この数年、私の眼の前には暗鬱な風景が広がっています。二〇一二年一二月の総選挙で自民党が大勝し政権政党に復帰しましたが、その際の街頭演説の光景が目に焼き付いています。秋葉原の駅頭で演説する安倍晋三自民党総裁を、日章旗を打ち振って歓呼する「市民」たちが取り巻いて、反中・嫌韓・在日外国人排斥を叫びました。一九三〇年代のドイツやイタリアにタイムスリップしたような、身の毛のよだつ光景でした。インターネット上で、都市の街頭で、極右排外主義勢力の暴言が続いています。それどころか、現在の日本政界は、安倍首相自身をはじめとする歴史修正主義者たちに完全に占拠された状態です。

「慰安婦」問題をめぐっても、韓国の運動体には「過激民族主義」、日本の市民運動体には「反日主義」という低劣な悪罵が投げつけられ、韓日の市民・研究者たちの積年の努力、研究の蓄積、議論の深化をまったく覆す勢いで、否定論や歴史修正主義の嵐が吹き荒れています。嘆かわしいことは、ジャーナリストや知識人たちまでも、このような嵐にただただ身をすくめるか、あるいはみずから進んで同調している現実です。

日本政府は昨（二〇一五）年夏の国会で憲法の恣意的な解釈変更によって日米間の「集団的自衛権」を容認する安保法制を強行採決しました。本（二〇一六）年一月、「戦後レジームからの脱却」を信条とする安倍首相は、今後改憲に着手すると公然と表明しました。戦後日本の平和主義は、朝鮮民族を含む莫大なアジア民衆の犠牲を代価として与えられたものです。平和の果実は日本国民だけが享受して来ましたが、日本国民だけのものではありません。しかし、それさえも、いま投げ捨てられようとしているのです。みずから「平和国家」を標榜し、世界の多くの人々もそのように思い込んできた日本が、その看板を降ろす日が迫っています。日本社会に生まれ、そこで六五年を暮らしてきた私ですが、こんな風景を見ることになるとは想像していませんでした。なぜなら、私に「人権」「平和」「民主主義」など普遍的価値を教育したのも、戦後日本の平和主義教育と文化だったからです。それが、目の前で無残に崩れています。

初心

和田先生のことを考えるたびに、私の脳裏に古い写真のような情景が浮かび上がってきます。あれは一九八〇年代のはじめ、先生は四〇代の前半、私はまだ三〇になったばかりの頃でした。夕刻の銀座通りを歩いていた私は、偶然に先生の姿を見かけました。どこに行かれるのかと尋ねると、「数寄屋橋公園へ」という答えでした。「いまから、デモです」と。

その当時、先生は「日韓連帯運動」に邁進しておられました。光州事件の後、「金大中《キムデジュン》内乱陰謀事件」の軍事裁判が進行中で死刑判決が予想されるという、文字どおり絶望的な日々だったと記憶します。「金大中を殺すな！」と訴えるその定例デモには多くても数十人、少ないときは数人しか参加しないこともあると聞きました。高名な先生が、そのように世人の関心を引くこともない活動を黙々と続けておられる。華やかな銀座通りを行き交う日本国民の大半は無関心であっても、ここに私たち朝鮮民族の真の友とよぶべき人がいる。そう感じながら私は、重い鞄を下げてゆっくりと立ち去っていく先生の後ろ姿を見送ったのでした。

先生はその当時のお考えを、著書『韓国民衆をみつめること』（創樹社、一九八一年）にまとめておられます。本書の「はじめに」に、高校生のときに竹内好の『現代中国論』（一九五一年初版）を読んで、「歴史と社会に開眼した」という記述があります。竹内との出会いは人間和田春樹の思想形成に決定的な意味を持ったようで、その後も今日まで繰り返し、先生の著作にこの話が登場します。

和田春樹少年の心を揺すぶったのはおそらく、この本に収められている「日本人の中国観」という論文でしょう。一九四八年に日本を訪れた中国国民党政府の高官である張群が、帰国する際に「日本の皆さんへ」というメッセージを残した。それは、「日本国民に対し、思想革命と心理建設とを徹底的に実行するよう切望」する、「この二つは平和民主日本を保証するだけでなく、日本と他の民主国家とが合理的関係を再建するのに必要な保証にもなる」と述べていた、しかし誰もこの呼びかけに答えたものがいない、だからこそそれに答えたい、それが自分の義務だと感じた、そう先生は記しています。

張群のメッセージを、ほとんど誰もまともに受け止めなかった原因について、竹内好は、商業新聞から日本共産党にいたるまで、中国革命を皮相的なイデオロギー対立の側面からだけ見て、「その底に流れている民族的な革命のエネルギイの面からそれを見ていないからではないか」と指摘し、敗戦直後であるその当時も、日本人の中国観の根底には「侮蔑感」がある、と喝破しています。推測するに、この竹内の思想に触発された和田少年は、その後、これを朝鮮問題に向かい合う時の自己の思想的参照軸にしたのでしょう。「日本人の朝鮮観」を根底から問い直し、「思想革命と心理建設とを徹底的に実行」することが、先生の初心だったのではないでしょうか。

先生の『韓国民衆をみつめること』によって、若かった私はそれまで漠然としか知らなかった自民族の苦闘の歴史と、その中で闘い続ける尊敬すべき人々について多くを教えられました。それはまた、アジアに対する無理解と偏見の暗い穴から抜け出ることができない大多数の日本国民の中に、真の連帯のために自己変革の必要を唱える「稀な日本人」が存在することを知る機会でもありました。当時の感銘が、三五年もの年月が経ったいまもよみがえってきます。

本書第一章の「韓国の民衆をみつめること―歴史の中からの反省」と題された論考は一九七四年、維新独裁が最悪の弾圧政策を繰り広げていた時期に発表されたものです。

先生は、日本が朝鮮を「併合」したとき、詩人・石川啄木などわずかな人々を除いて、「いかに恐るべき罪の道に日本国が入り込もうとしているか」をほとんどの日本人が知らず、あるものは国家権力への恐怖に委縮し、またある者は「併合」に酔いしれて、「日本帝国主義の朝鮮植民地支配がはじまってしまった」と指摘し、「日本人が、この侵略と収奪の歴史を否定して、朝鮮半島の人々との新しい関係を創造していくチャンス」は三度あったと説いておられます。

その第一のものは一九四五年の日本敗戦時。第二の好機は一九六四―六五年、韓日条約交渉の妥結前後。しかし、この二度のチャンスにも、日本国民の大部分は、朝鮮民族の真意、抗日独立闘争の意義を理解することができず、朝鮮民衆と連帯できないまま好機を逃したと指摘した上で、先生は、一九七三年、東京から金大中大統領候補が韓国国家機関に拉致された事件と、それを契機に起きてきた韓国民主化闘争に連帯する運動の中に「第三のチャンス」がある、と力説しておられます。これは「われわれが生まれかわるための連帯である。日本人と朝鮮半島の人々との間の歴史をすべての面で問い直し、根底からつくり直すための連帯である」と。

日本国民はこの「第三のチャンス」をつかんだのでしょうか？　かすかな曙光が射し込んだように思えた瞬間はありました。韓国民主化闘争の前進に励まされて、韓日民衆間の連帯が急速に進むように見えた瞬間です。しかし、九〇年代から今日まで、日本は長い反動の時代に入ってしまいました。九〇年代の半ばに国家主義的な政治家団体の中枢に登場した少壮政治家安倍晋三が、いまでは総理大臣です。彼の内閣には、同じく九〇年代の半ばに「慰安婦」問題に対する対抗意識から発足した「日本会議」という国粋主義組織のメンバーが多数参加しています。振り返ってみれば、実に惨憺たる歳月というほかありません。

ただ、私はこの事態を前に、和田先生をはじめ日本の進歩的な人々にも、はたして自分たちの側に問題はなかったか深刻に振り返っていただきたいと思うのです。

「第四の好機」

一九八九年一月七日、昭和天皇（裕仁）の死去した時、私は「第四の好機――〈昭和〉の終わりと朝鮮」と題する小文を草しました（『世界』一九八九年四月号、本書二五九頁参照）。タイトルからも明らかなとおり、和田先生から受けた影響の延長線上にある論考です。

《日本の朝鮮植民地化の過程は、すべて統治権の総攬者たる天皇の「裁可」を得て進められた。朝鮮総督は、法的にも天皇に「直隷」する、天皇の代理人であった。》朝鮮植民地支配とそれにともなう投獄、拷問、殺害などの行為は、《先日死去したその人の名において行われたのである。（中略）「昭和」の終わりにあたって、この否定しようもない事実を想起する日本人は、まことにわずかでしかない。（中略）彼らは知らないのではなく、黙殺しているのである。なぜなら、「朝鮮」を直視することは、彼らの自己肯定、自己賛美の欲求と相いれないから。しかし、考えてみるまでもなく、侵略と収奪の歴史を自己否定することは、日本人自身の道徳的更生と永続的な平和の確保のためにこそ必要なのである。そうでなければ、日本人は将来にわたって「抗日闘争」に直面し続けるほかない。》

昭和天皇の死去を、日本のマスメディアは一斉に「崩御」という用語を用いて伝えました。これはもちろん、日本国憲法の精神にも反する、封建的身分制の用語です。日本のメディアは進んで「臣下」の地位を選んだことになります。

『朝日新聞』（一月七日夕刊）「〈昭和〉を送る」と題する社説は、私をさらに驚かせました。日本リベラル派を代表するとされる朝日新聞の社説が、天皇の戦争責任から目を背け、彼を一個の平和愛好的人物として描こうとしただけではなく、日本敗戦後、米国が「日本再建に役立たせよう」として天皇制を擁護したが、「この考え方はよい結果を生んだ。もしも天皇制廃止ということになっていたら、敗戦の混乱は加速され、復興は遅れていたに違いない」と断言しました。

天皇制肯定の論拠が「復興」とは、なんと虚無的なまでの自己中心主義であることでしょうか。日本敗戦後の時点で朝鮮をはじめ被害諸民族は混乱と貧窮に喘いでいましたが、加害国である日本は賠償に着手すらしていませんでした。それどころか、日本経済は朝鮮戦争とベトナム戦争の特需によって大きな利潤を得たのです。米国が天皇の戦犯訴追を避けて戦後天皇制を温存したのは、間接支配によって日本統治を円滑に進めようとする意図によってでしたが、それを「よかった」と評する精神には「奴隷根性」という以外の形容が思いあたりません。

この小文を、私は次のように結びました。

いまや天皇死去を「好機」として、天皇の戦争責任を免責することによる日本人全体の「一億総免責」が行われようとし、戦後の「復興」や「繁栄」の手ばなしの自己肯定が巨大な力で進められている。（中略）「昭和」天皇の死去が、日本人にとって自己の歴史を批判的に再検証する好機を提供し、日本人が朝鮮をはじめアジア諸民族との真の友情をつくり出す好機を提供するかもしれない、という私の考えは、おそらくナイーヴすぎるのだろう。日本人はこの「第四の好機」をみすみす逸し去ろうとするのだろうか。

現時点から振り返ると、やはり私はナイーヴすぎたようです。予測どおり、日本人はその後現在まで「抗日闘争」に直面し続けています。「慰安婦問題」をめぐる対立と葛藤も、大きく見ればこの文脈の上にあるものです。

このように第三、第四のチャンスも逃されましたが、それでも、私の中には「日本人と朝鮮半島の人々との間の歴史をすべての面で問い直し、根底からつくり直すための連帯」を目指すという和田先生の初心は揺るがないはずだという思いがありました。「連帯」はそれくらい困難なものであるはずであり、たとえどんなに困難でも放棄することの許されないものであるからです。

アジア女性基金

アジア女性基金発足時の状況を思い出してみましょう。九〇年代に入って、金学順《キムハクスン》さんをはじめ、続々と証人たちが現れ始め、それまで隠蔽されていた証拠資料も発掘され始めました。加藤官房長官談話（一九九二年一月）、宮沢首相の謝罪表明（同前）、河野官房長官談話（一九九三年八月）、細川首相記者会見（同前）と、被害者から見てまだまだ不十分とはいえ、日本政府から従来の立場を改める姿勢が連続して表明されました。国際的な関心も盛り上がり、それは北京世界女性会議（一九九五年九月）の行動綱領（性奴隷制被害に関し、真相究明、加害者処罰、十全な補償を求める）につながりました。このような流れが順調に発展させられていたなら、局面は現在とは違ったものになっていたでしょう。そのために必要だったことは、日本の進歩的市民と韓国の（韓国のみならず全世界の）反植民地主義勢力が連帯を維持しつつ、日本政府に対峙していくことだったでしょう。もちろん保守派からの頑強な抵抗はあったでしょうし、たやすく勝利が得られたとは思いませんが、このような闘いの過程で連帯が強化されたことでしょう。しかし、現実はそのようには展開しませんでした。

私が驚愕したことは、あろうことか、和田先生がアジア女性基金を中心的に推進する位置につかれたことでした。私の知る先生の「初心」にも、あの七〇年代、八〇年代の連帯運動の経験にも合致しない、まったく理解しがたい選択でありました。

雑誌『世界』（一九九五年一一月号）に日韓知識人間の往復書簡が掲載されました。往信「なぜ〈国民基金〉を呼びかけるか」は大鷹淑子、下村満子、野中邦子、和田春樹の四氏連名。返信「やはり基金の提案は受け入れられない」は李効再《イヒョジョ》、尹貞玉《ユンジョンオク》、池銀姫《チウニ》、朴元淳《パクウォンスン》の四氏連名になっています。

この往復書簡で日本側（実質的な執筆者は和田先生でしょう）は、「慰安婦制度は日本軍の判断にもとづいて、日本軍の要請と管理のもとに組織的につくられた」「女性の名誉、尊厳、人権を踏みにじったこの罪は重大」と前置きした後、「問題は、日本政府にとって〈従軍慰安婦〉問題は国家が犯した戦争犯罪であると法的に認めることは難しいということです」と続けています。その理由として最初に挙げられているのは、「残念ながら日本とドイツは違います」というものです。ドイツはナチ国家と断絶した国家だが、日本は戦前と連続した国家である、過去の戦争犯罪をただの一度も自分では裁けなかった。このような日本国家にいま戦争犯罪を認め、法的責任をとるように求めても難しい、というのです。

当時このくだりを、信じられない思いで何度も読み返したことをいまも記憶しています。

日本とドイツが違うことは周知の事実です。韓国の被害者や知識人が、そのことを知らないとでもいうのでしょうか。ここに述べられている和田先生たちの日本批判は事実としてはそのとおりです。しかし、それは日本政府や日本国民に向けられるべき言葉でしょう。日本政府の施策である基金構想を受け入れるよう、韓国側を説得する論法に使用するのは根本的な錯誤ではないでしょうか。卑近なたとえですが、たとえばＤＶを繰り返して反省することのできない人物がいたとして、その人物の身内が被害者に向かって「彼に根本的な反省を迫っても無理ですよ」と説得しているようなものです。なんという錯誤でしょうか。

かつて「われわれが生まれかわるため連帯」を主張しつつ孤独な連帯運動の先頭に立ったあの和田先生が、もっとも「連帯」が求められるこの局面で、こんなことを言おうとは想像もできませんでした。韓国側四氏の返信には、「韓日間に横たわる深淵の深さをみつつ」という副題がついていますが、私もまさしく「深淵」を覗き見る思いがしたものです。

韓国側四氏の返信は委曲を尽くしたもので、ここにそのすべてを紹介することができないことが残念です。

「先生方がおっしゃるように、日本の現実が基金案以外は望みがたいというのは、正直なところでしょう。しかし、私たちはむしろ、日本の政治、社会的現実がそうした雰囲気であるからこそ、ますます基金事業をためらうのも事実なのです。日本がこれほど過去の非人道的犯罪を隠蔽し糊塗し擁護しようとするので、いくばくかのお金や物質的利益ですべての懸案に決着をつけようとすることは私たちの良心が許さないのです」

日本とヨーロッパ社会が違っている、という論点について、

「こうしたちがいがあるからといって、日本の戦後処理における微温的なところまで認めなければならないという法はありません。むしろ、日本社会がヨーロッパとちがって、しっかりとファシズムを清算できていないとすれば、しっかりと清算すべく圧力を加えなければならないと思うのです」

韓国側四氏の返信は次のような「連帯」の呼びかけで結ばれています。

「日本政府の戦後処理政策が時代錯誤だとしても、それを批判し牽制する日本の健全な市民グループが存在する限り、私たちはその人たちと連帯しともに歴史の進展をはからねばならないのです。私

たちは、日本の中にそうした良心的な知識人と市民グループが存在することを確認し、安堵し、また希望を持ちます。（中略）先生方と私たちがこの困難な問題をめぐって行なった議論がささやかな芽となって、次の世代に花開くことを望むばかりです」

亀裂

和田先生の「〈従軍慰安婦〉基金のよびかけ人になった理由」（一九九五年七月五日）という文書は、次のような挿話から書き起こされています。一九五三年、日韓会談が「久保田発言」で中断されたとき、当時一七歳の高校生であった和田春樹先生は異口同音に韓国側を非難する日本政府、野党、大新聞の論調に納得できず、「昔のことはすまなかったという気持ちを日本側が持つか持たぬかは会談の基礎、この点について歩み寄りの余地はない」という韓国側の主張は「朝鮮民衆の声」であり傾聴されるべきだと思った、そのとき以来、自分は日本国民の考えが改められるように願ってきた。――ここには前記した竹内好『現代中国論』の思想が反映していることが読み取れます。しかし、その思いがなぜアジア女性基金推進へと繋がっていくのか、論理がうまくつながりません。アジア女性基金構想には「不十分な点はあるが、前進と見たい」「壁が厚いと感じていたので、わずかにあいた裂け目にみなが身体を入れ、押し広げていくべき……」と考えたと述べておられますが、何度読んでも釈然としません。当時、日本でも韓国でも、この基金構想に対する批判は強く、尹貞玉先生らが来日して「原則的な立場を貫くように」と和田先生に促したが、考えを変えなかったということです。

基金構想をめぐって露呈した韓日間の亀裂は、「償い金」支給によって決定的な危機に陥りました。韓国側の反対にもかかわらず、基金側が一九九六年八月から「償い金」支給実施にとりかかり、九七年一月に七人の被害者に対して支給を強行したためです。「償い金」伝達式はソウル市内のホテルで非公開のうちに行なわれました。これに対して、韓国外務省は「日本の基金側が問題の深刻さを認識せず、韓国政府および大多数の被害者の要求に背を向け、一時金支給などを強行したことはまことに遺憾」とコメントしています。韓国の挺対協と市民連帯は「日本政府は基金を通じての買収工作を白紙化して公式に謝罪せよ」「七人のハルモニたちの行動は正しくない」との声明を発表し、のちに七人は「市民連帯」の国民誠金支給から除外、残る一五一人に支給すると決定しました。基金側は「償い金」を受け取りたいという「ハルモニの主体性を尊重せよ」と主張し、「七人を差別するな」と要求しました。

和田春樹・高崎宗司連名の「韓国の友人への手紙」(『創作と批評』一九九七夏号〈一九九七年五月三〇日〉)は、尹貞玉先生の「罪を認めない同情金を受け取ったら被害者は志願して出て行った公娼になる」という発言をとらえて、「決めつけられたハルモニたちのことを思って涙が流れました」と述べ、市民連帯宣言文の「謝罪のない、賠償金ではない慰労金を受け取ることにより日本政府に免罪符を与え、われわれ自ら二度も金で売られた奴隷になる」ことは許されないというくだりをみて、「驚きを通り越した悲しみを覚え」たと述べています。

私はこれを読んで、尹貞玉先生の「公娼」云々という発言には問題があるとしても、全体としてみると、ここには奇怪な倒錯があると感じました。償い金を受け取った七人の被害者が批判される立場に立たされたことは悲劇です。しかし、その原因をつくったのは誰でしょうか？　韓国側の了解を得ないまま、事業を強行した基金側に責任はないのでしょうか？　それなのに、日本側が韓国側に道徳的非難を向け、自らを道徳的高みに置くというのは、倒錯ではありませんか。

この和田・高崎書簡に対して、韓国神学研究所のキム・ソンジェ先生が返信しています（一九九七年六月二五日）。

「（和田）先生は道徳的次元から〈国民基金〉支給の正統性を強弁しているが、〈国民基金〉は日本政府が公式謝過と法的賠償を回避するための手段として設立したものなので、〈国民基金〉自体に道徳性がないのです。もしも〈国民基金〉が良心的な日本人の純粋の市民団体であるならわれわれも喜んで連帯し、また、純粋に募金した基金であるなら、あえてこれに反対する理由はありません。……先生が個人的な次元で道徳性を強調するのは矛盾です。（中略）〈国民基金〉がハルモニに葛藤を呼び起こし、ハルモニを差別されるようにし、苦しめているのです」

和田先生は近著『慰安婦問題解決のために』（平凡社新書、二〇一五年五月刊、以下『解決』）で、韓国の被害者、運動団体、世論がアジア女性基金に拒否の態度をとったことについて「今では理解しています」と述べています。また、「予想を超えた強い反発」があったため韓国での事業を中止せざるを得なかった、とも書かれています。ということは当時、多少無理があっても「償い金」支給を実施してしまえば何とかなるだろうと考えていた、ということでしょうか？　それを強行すれば取り返しのつかない対立に陥る、むしろ原則的立場を貫いてほしい、それが連帯の基礎であるというのが、尹貞玉先生をはじめ、和田先生を尊敬していた韓国側の人々の真意だっただろうと推察します。この時の和田先生はなぜ、「朝鮮民衆の声」を傾聴しなかったのでしょうか？

初期設定の誤り

和田先生は、アジア女性基金は韓国と台湾では目的を達することができなかったが、フィリピンとオランダでは「成功を収めた」と総括し、基金に対する批判は理解できるが、その事業によって「心の安らぎをえた被害者がいることを無視して、アジア女性基金を全否定することは正しいことではありません」と述べておられます（『解決』）。

私がここで改めて問いたいことは、韓国と台湾で理解が得られなかったことが不成功の原因というとき、その理解が得られなかった理由をどうお考えかということです。先生の著書には、「見舞金」報道に即座に反論しなかったために真意が誤解された、「償い」という言葉の説明が不十分で韓国語と中国語に翻訳するにあたって「決定的な誤り」を犯した、などが理由として挙げられています。しかし、私の考えではこれらの理由は「決定的」なものではありません。

その決定的な理由は、「初期設定の誤り」にある、と私は考えます。

和田先生は、『朝日新聞』（一九九四年八月一九日）に「元慰安婦に〈見舞金〉、民間募金で基金構想、政府は事務費のみ」という記事が出たことについて、「この記事がつくりだした印象は致命的でした」と述懐しています（『解決』）。「つくりだした印象」という表現は事実が歪曲されて伝えられたことを示唆していますが、本当にそうでしょうか？　むしろ、これは当時の（社会党を含む）政権の意図を正直に伝えている、その意図は現在まで一貫している、とみるべきではないでしょうか。

和田先生は「五十嵐官房長官は、このとき、ただちに記者会見をして、〈見舞金〉など考えていないと、きっぱり否定すべきでした。しかし、それはおこなわれなかった」、「〈見舞金〉だというレッテルが早々に貼られてしまい、それがはがせなくなった」と述べておられます（『解決』）。しかし、実際には、官房長官が「きっぱり否定しなかった」のは、〈見舞金〉と呼ぶにせよ何と呼ぶにせよ、正式な賠償金は絶対に支出しないという点が政権の譲れない意図だったからではありませんか。和田先生は薮中元外務次官が近著（『日本の針路』二〇一五年）で、日本が「慰安婦」に「見舞金」を出したと書いているのは不見識であると批判していますが、これこそが日本政府中枢部の一貫して変わらない立場なのであり、それを和田先生のように「事実上の補償金」であると便宜的に読みかえて受け入れるよう被害者に向かって主張することのほうに無理があります。これに反発した被害者側や運動団体こそ、事実を正確に見ていたということになるでしょう。

九〇年代に入って次々に証人が現れ、訴訟が提起され、国連の舞台でも問題提起されるなど、日本政府は対応に迫られていました。自民党長期政権体制が動揺し政党間の集合離散が繰り返されていた一九九三年から九五年にいたるあの時期、日本政府としての「慰安婦」被害者に対する措置は（細川政権の連立与党であった社会党も含めて）体系的に検討されることはなく、官僚に委ねられたことがわかります。

一九九四年六月に自民・さきがけ・社会党による三党連立政権が誕生し、社会党出身の五十嵐官房長官が中心となって「基金方式」が協議され始めました。アジア女性基金は寄り合い所帯の政権から、十分な準備もないまま、なにより相手方（被害者と支援団体）との慎重な事前協議もないままに、即興的に提案された対応策であったといえます。一国の戦争犯罪に決着をつけるには、あまりにもお粗末であったというほかありません。今回の「合意」はその再演となりました。

政権与党入りした社会党勢力が保守派や官僚の抵抗を崩すことができないと判断し、国家補償や立法解決の道を放棄する中で、玉虫色の対応策として基金案を出してきたことがなによりも大きな問題でした。そのため、政府が一貫して国家補償を否定しているにもかかわらず、和田先生のような存在が、これは「事実上の補償である」と被害者を説得しなければならないという「板挟み」状態に陥りました。和田先生が「事実上の補償である」という解釈を強調するたびに、その言葉は政府によって覆されてきたのです。今回の「合意」に関する一〇億円の資金についても同様のことが言えます。別の言い方をすれば、和田先生たちは、政府の立場からみれば被害者に向けた防御壁だったということになります。そのうちに村山内閣は退陣し、保守派が強烈な巻き返しを始めました。

逆方向のベクトル

もう少し大きな歴史の中でみると、「慰安婦」問題というのはそもそも世界的な東西対立構造の終焉とともに浮上してきた出来事です。韓国を含むアジア諸国の権威主義体制が動揺し、民主化が進んだ結果、被害者が名乗り出ることが可能となり、支援運動も活発になりました。それまで封印されていた日本の戦争犯罪問題が浮上したわけです。

しかし、当の日本では、このベクトルは逆方向を向いていました。日本では東西対立時代の終焉は「脱イデオロギー時代」という浅薄な呼号とともに、進歩的リベラル勢力の自己解体という方向で進行しました。社会党・総評ブロックそのものが「五五年体制」と称する旧体制に依存してきたことは事実ですが、そのような社会の変化の中で新しく進歩的勢力を結集する代案を提示することができないまま、すすんで自壊の道を選んだことが致命的でした。小選挙区制を受け入れ、自民党との連立も喜々として受け入れました。一貫して国家主義に抵抗してきた日本教職員組合（日教組）は方針を転換し、学校行事での国旗掲揚、国歌斉唱を容認しました。その際につねに言い交された決まり文句は「時代は変わった。もうイデオロギーの時代ではない」というものでした。進歩勢力がみずから脱イデオロギーと称して理念や理想を捨てていたとき、右派勢力はむしろ国家主義イデオロギーの砦を固めて反攻の機会をうかがっていたということになります。

社会党の村山委員長を首班とする三党連立政権が誕生すると、村山首相は、就任直後の国会演説で、安保条約肯定、原発肯定、自衛隊合憲など、旧来の党路線を全面的に変更することを宣言しました。村山談話を発表した際の記者会見で、記者から天皇の戦争責任について質問されると、「それは、ない」と即答しました。すべて、呆れるほどの軽さだったと言うほかありません。

この結果、社会党の求心力は大きく低下し、一九九六年一月の村山内閣総辞職後、社会党は党名を社会民主党に改称して解体しました。それ以来、日本の進歩的リベラル勢力は政治的受け皿を失って現在に至っています。安保法制でも、原発再稼働でも、世論調査では国民の半数内外が反対の意思をもっているにもかかわらず、その意思を代表する政治勢力が不在のままなのです。

「慰安婦」問題は東西対立時代終焉後の韓国と日本で、このように社会変動のベクトルが逆方向に交差する中で浮上したものといえるでしょう。いうならば、「原則」を守り抜いて民主化を勝ち取った韓国側と、生き残りのために次々と「原則」を放棄しつつあった日本側とが、「慰安婦」問題を間に置いて向かい合うことになったわけです。アジア女性基金構想は一瞬といえるほど短期間、政権与党の一角を占めた社会党勢力が、生き残りのために保守派や官僚との妥協を図りながらみずからの存在理由を辛うじて示そうとしたプロジェクトと見ることができます。それだけに、出発の時点から自己矛盾をはらんだものでありました。

現実主義

このようなアジア女性基金構想に反対する人は、日本でももちろん少なくありませんでした。その一人として、和田先生は、私にとっても思い出深い『世界』元編集長の安江良介氏の名を挙げておられます。

和田先生は、韓国で開かれたシンポジウムで以下のように発言されました（「アジア女性基金問題と知識人の責任」（『東アジア歴史認識論争のメタヒストリー』青弓社、二〇〇八年）。「安江良介ら日本の革新系人士たちは国家補償を求め、アジア女性基金を否定的に見た。しかし、運動しても、政府はもはや新しい措置はとらないだろうというのが、この人々も内心考えていたことであった。日本にいればわかることであった」「意味ある絶対野党主義は、すでに意味を失っていた」。

しかし、私は疑問に思います。「この人々も内心考えていたこと」「日本にいればわかること」と、後日になって、韓国で韓国人に向かって語ることはフェアといえるでしょうか。すでに亡くなった人は反論することができません。私の知る安江良介氏は、そういう考え方をする人ではありませんでした。新しい措置をとらせるためにぎりぎりまで知恵と努力を惜しまない、そういう人でした。

野党的な立場から国家や政府を批判することは「絶対野党主義」であり無意味である、というのでしょうか？ 社会党解体の過程でしきりに唱えられた言葉が「現実主義」であり、「万年野党からの脱却」でした。その勢力が政権内に入り、極右派や保守派と妥協することは正当であるという主張なのでしょうか？ その結果が、前に述べたとおり、原則の放棄と自己崩壊です。和田先生も、この発想を共有されているのでしょうか？

先生はさらに、「アジア女性基金に否定的な人々に政府が国家補償をしないときはどうするのかと問うと〈そうなれば被害者に謝罪して、募金をして、なにがしかのお金を差し出すほかない〉と答えた。となると、アジア女性基金とどのような違いがあるのだろうか」そう述べておられます。

もちろん、はっきりと「違い」はあります。国家に抗して民間人の自発的支援金を差し出すのか、それとも国家とともに、国家責任回避の手段としてそれをするのかは根本的な違いです。そして稀代のロマンチストであると同時に冷徹な現実主義者でもあった安江氏は、この「原則」を指摘していたのではありませんか？

和田先生はこうも発言しておられます。「日本の中の謝罪派の分裂、日韓の対立が日本の右翼の台頭を許した。和解のためにはそれぞれのナショナリズムを尊重し、二国間の連帯をつうじて、国際主義的なものを求めていくことが必要だ。相手が自らに誇りを持ちたいと願っているということを相互に尊重しなければならない。そのことは日本人が韓国に反省と謝罪を表明する場合でも必要である」。

「自らに誇りを持ちたいと願っているということを相互に尊重」すべき、というのは誰のどんな「誇り」を指しているのですか？　自国の歴史的責任を明らかにして新たに更生しようとする人々の人間的な「誇り」は当然に尊敬され、連帯されるでしょう。しかし、自国の歴史的犯罪を隠蔽ないし美化しようとする歴史修正主義的な「誇り」はきびしく拒絶されて当然です。和田先生は「誇り」というあいまいな言葉で、何を指しているのですか？

「謝罪派の分裂が日本右翼の台頭を許した」というなら、その分裂の原因と責任についても踏み込んだ考察が求められるでしょう。私自身は前記したように、初期設定を誤ったまま基金構想を強行しようとした側により重い責任があると考えています。韓国側の知識人や支援団体との連帯を最大限に重んじて、ともに国家に対峙していたとしたら、局面は違っていたのではないでしょうか。すくなくとも、現在のような消耗な対立ではなく、連帯の気風が育っていたでしょう。

これまで述べたようにアジア女性基金の不成功の原因は、その初期設定の誤りにあり、そのことを早期に修正せず事業遂行に固執したことが連帯の条件を大きく損ねたと私は考えます。その意味で和田先生の「現実主義」は、真の目的に照らして「現実的」ですらありませんでした。

当事者のため？

基金の「償い金」支給事業を正当化するときに、よく用いられるレトリックは「被害当事者は高齢化しており残り時間は少ない。せめて償い金を受け取ってもらって心の安らぎを与えたい」というものです。これが、一人の個人の純粋な善意から出た言葉なら、異議を唱える理由はありませんが、この場合、和田先生は「一人の個人」とはいえず、日本政府が行なう基金事業の実行主体なのです。ある時は民間、別の時には国家事業、ある時は個人の善意、別の時は国家意志、このようなあいまいな二面性がアジア女性基金の特徴といえるでしょう。そのため、国家を批判する人は和田先生のような無私で善意の人を非難するのか、という逆批判を浴びることになります。

そのような逆批判を覚悟して言うと、この二面性は相互補完的な構造をなしており、国家責任回避装置であるアジア女性基金に「道徳性」という粉飾をこらす機能を果たしていると私は考えます。和田先生自身にその意図がないとすれば、先生は徹頭徹尾、国家によって利用されたということになるでしょう。

そもそも「被害当事者のため」というレトリックのもつ絶対性を、あらためて虚心に検討してみる必要はないでしょうか？　かりに、当事者が誰も名乗り出ていなかったら、あるいは当事者の全員が「償い金」を受け取ったら、つまり可視的な被害者がいなかったら、この事業の意義はどうなるのでしょう？　この事業は「被害当事者」の存在によって支えられているのですか？

私の考えは違います。この事業は「加害当事者」のためにあるのではないでしょうか？「慰安婦」制度という前代未聞の悪が行なわれたという事実の前に震撼し、被害当事者が見えなくとも、あるいは「赦す」と言ったとしても、自律的な倫理観から行なわれるべき行動ではないでしょうか？

韓国の被害者と支援団体が当初から提示してきた要求は、真相究明、真の謝罪、個人賠償、責任者処罰、正しい歴史教育、追悼碑の建立の六項目です。

和田先生は、「謝罪」については首相の手紙で果たされた、「償い金」は賠償そのものではないが、それと同義のものとみなしうる（そうみなすべきだ）、と主張されます。しかし、被害者に渡される金員は、金額ではなく名分こそが問題なのです。誤解の余地のない明確な補償金でない以上、被害者が真に慰められることはありません。まして、その他の四項目はまったく実行されていないばかりでなく、過去二五年間の反動期を経て、ますます実現が遠のいています。重要な点は、これら六項目はそれぞれ独立してあるのではなく、相互に密接に関連しているということです。真相究明や真の謝罪なしに、処罰も歴史教育も慰霊碑もありえないからです。これら六項目を実現することは、もう一度いうと、被害者のためではなく、加害者のためにこそ必要なのです。被害者の存在が見えない場合でも、それは加害者が自律的に成し遂げられなくてはならないプロジェクトです。被害者はむしろそれを大きな犠牲を払って支援してくれている存在ととらえるべきです。

アジア女性基金事業はオランダとフィリピンでは成功したと和田先生は言われます。しかし、この場合、「成功」とは何でしょうか？「被害者の中でもっとも勇敢に名乗り出て、たゆまず日本の国家のしたことを批判し続けたジャン・ラフ＝オハーンは基金に申請を出すことを拒絶しました」（『解決』）。この一人の女性が存在するという事実だけでも、基金が「成功」したとは言えない、すくなくとも「成功」を自賛すべきではない、なぜなら彼女こそが日本国家がもっとも真摯に赦しを乞うべき相手であり、彼女が赦してこそ赦しを得たといえるのだから、私はそう考えるのです。

フィリピンの場合も、「償い金」受け取りを拒否した人たちがいる一方、マリア・ヘンソンさんをはじめとして、最終的に受け入れた人もいます。ヘンソンさんは「償い金」を受け取った翌年に亡くなりました。戦中に日本軍によって集団レイプされ、ようやく九〇年代になって訴訟を起こしたものの棄却され、国家賠償を受けることもないままに亡くなったのです。徹頭徹尾日本国家に蹂躙されてきたその方が、亡くなる一年前に「償い金」を受け取ったことをもって、「心の安らぎ」を与えることができたというのでしょうか。たとえ貧しさや高齢の故に「償い金」を受け取る人が続出するとしても、かりに韓国を含むすべての地域の被害者が「償い金」を受けとったとしても、国家が明確で誤解の余地のない謝罪と補償を行なわない限り、日本人たちは自らを慰めてはならない、私はそう考えます。

アジア女性基金の活動は、被害者救済のためではなく、まして、日本国家の責任を明らかにして新たな連帯の地平を切り開くためでもなく、日本人が自らの「良心」を慰めるためのものだったのではないのか。それは謙虚の衣をまとった自己中心主義ではないのか、その心性を克服することこそが、問われている課題ではないのか。この心性を克服しない限り、もう金は払ったとか、被害者の目当ては結局は金だとか、日本社会に遍在するそうした最悪の差別意識と闘うことはできません。

「朴裕河《パクユハ》現象」

朴裕河氏の著書『和解のために』（平凡社、二〇〇六年）について私はすでに「和解という名の暴力」という文章で批判しています（「和解という名の暴力」『植民地主義の暴力』〈高文研、二〇一〇年〉所収）ので、ここで詳しく繰り返すことはしません。ただ私を驚かせ、失望させたことは、同書の「日本語版あとがき」に、同書刊行に尽力してくれた人として和田先生の名を見たことでした。そのほかに、上野千鶴子、成田龍一、高崎宗司といった名が挙げられています。先生、これはほんとうでしょうか？

この本の記述は問題だらけですが、ここでは二か所だけあげてみましょう。

《戦後日本の歩みを考慮するなら、小泉首相が過去の植民地化と戦争について「懺悔」し「謝罪」する気持ちをもっていること自体は、信頼してもよいだろう。そのうえで「あのような戦争を二度と起こしてはならない」と言明しているのだから、戦争を「美化」していることにもならないはずである》

和田先生も、朴氏のこの認識を共有されるのですか？

《一九〇五年の条約（「乙巳《いつし》条約」―徐）が「不法」だとする主張（李泰鎮《イテジン》ほか）には、自国が過去に行ってしまったことに対する「責任」意識が欠如しているように、韓日協定の不誠実さを取り上げて再度協定の締結や賠償を要求することは、一方的であり、みずからに対して無責任なことになるだろう。日本の知識人がみずからに対して問うてきた程度の自己批判と責任意識をいまだかつて韓国はもったことがなかった》

この認識にも同意されますか？

私の信じるところでは、これらは和田先生の見解には合致しないはずです。自分の学問的見解に反する書物の刊行に尽力するということは、学者としての良心に背かないのでしょうか。それとも、良心に反してでも推薦したい特別な理由でもあったのでしょうか？

《日本の知識人がみずからに対して問うてきた程度の自己批判と責任意識をいまだかつて韓国はもったことがなかった》

嫌韓論そのものともいうべきこの驚くべき記述に出遭ったとき、先生はそれを否定しようとは思われなかったのでしょうか。それとも（想像したくないことですが）、「そうだ、そのとおり」と満足されたのですか？

この記述は事実として誤っています。一九七〇年代から日韓連帯運動を担い、韓国知識人とも親しく交流してこられた和田先生なら、そんなことはよくご存知のはずだと私は思っておりました。まして、アジア女性基金事業の中で韓国の知識人を相手に困難な対話を続けてきた先生が、一方でこのような認識に同意していたのならば、それは対話の拒絶、相手に対する愚弄を意味しないでしょうか？なによりも、私の心の中にある和田先生は、このような日本人の耳に甘い記述は一目見ただけで厳しく拒絶するはずの方でした。それとも、あの「初心」をもはや棄ててしまわれたのですか？

朴氏の新著『帝国の慰安婦』（朝日新聞出版、二〇一四年）が日本と韓国で騒動を巻き起こしています。この本についても、私はここで詳しく論じる気持ちになれません。多くの論者が指摘しているとおり、この本も論証が不正確かつ恣意的であり、論理の運びに一貫性がなく、批判したところで生産的な議論になるとは期待できないからです。

一例のみを挙げます。「慰安婦」と日本兵士が「同志的関係」にあったと朴氏は主張しますが、「同志的」という言葉をこのように使うことは明らかに間違っています。「同志」という言葉は自発的に志を共にするものの関係を指します。植民地支配そのものが朝鮮民族の「自発的こころざし」に反する支配でした。侵略戦争への動員もしかりです。その支配者側の男性である日本軍兵士と、被支配者側の中でも、貧しく、教育がなく、家父長制の差別を受けている女性という意味でもっとも下層に位置した「慰安婦」とが自発的に志を共にする対等な関係にあったというのは、よほど言葉の使い方を知らないか、植民地支配という現実への根本的無理解としか言えません。せめて、当事者の中には「同志的関係」と思っていたケースもあるとでも書くべきですが、それも論証があってのうえでのことです。かりにそんな例外的ケースがあったとしても全体的な差別構造を否定する論拠にはなりえません。徹頭徹尾自発性を踏みにじられる経験をした元「慰安婦」のみなさんが、このような記述に憤り、自己の人格権を侵害されたと感じたのは当然のことでしょう。

「慰安婦」制度に末端で加担した「業者」にはもちろん応分の加害性と責任があり、その真相究明と責任追及をしなければならないことも自明です。しかし、この点も、私自身を含めて多くの論者がすでに指摘して来たことであり、朴氏が今回初めて指摘したことではありません。

朴裕河氏は前著においても「植民地近代化論」への親和感を隠そうとしていませんが、今回はそのことをさらに明確にしました。もちろん、軍事政権時代にもそうであったように植民地時代にも、それなりに「いい目」を見た特権層は存在したし、そういう人々の視点から見ればあの時代もそれほど悪くはなかったのでしょう。だが、そういう人々には、「慰安婦」被害者であれ、強制連行・強制労働被害者であれ、政治弾圧被害者であれ、筆舌に尽くせぬ苦痛と屈辱を経験した被害者たちを代弁することはできません。

『帝国の慰安婦』には（しばしば互いに矛盾する）いろいろなことが書かれていますが、執拗に繰り返される核心的主張は、「慰安婦」連行の責任主体は「業者」であり「軍」ではない、「軍」の法的な責任は問えない、というものです。これは、日本と世界の多くの研究者によってすでに論破されて久しい主張なので、私がここで屋上屋を架すことはやめておきましょう。

この主張は、実際のところ、長年にわたる日本政府の主張と見事に一致しています。「慰安婦」問題が大きく社会化するきっかけは、一九九〇年の国会で日本政府委員が、「慰安婦」は「民間業者が連れ歩いていた」と答弁し、被害者の憤激を買ったことでした。それ以後の多くの研究が日本政府のこの見解を論破しています。日本政府は「強制連行」という用語の概念を直接的な連行に狭めて解釈し、それを立証する文書資料がないという否定論の陣地に立てこもりながら、同様の主張を繰り返してきました。前述したように、安倍首相が「人身売買の犠牲者」という言葉を使うのも、「業者」に責任転嫁して国家責任を薄めようとする底意を表しています。

嘆かわしいことは、このような朴氏の著書が日本ではいくつかの賞を受賞し、人気を得ている現象です。「なぜ、こういうことが起こるのだろうか？」その理由について、私はかつて「和解という名の暴力」で、私なりの推論を述べました。「朴裕河の言説が日本のリベラル派の秘められた欲求にぴたりと合致するからであろう。／彼らは右派の露骨な国家主義には反対であり、自らを非合理的で狂信的な右派からは区別される理性的な民主主義者であると自任している。しかし、それと同時に、近代史の全過程を通じて北海道、沖縄、台湾、朝鮮、そして満州国と植民地支配を拡大することによって獲得された日本国民の国民的特権を脅かされることに不安を感じているのである。（中略）右派と一線を画す日本リベラル派の多数は理性的な民主主義者を自任する名誉感情と旧宗主国国民としての国民的特権のどちらも手放したくないのだ」。

朴氏の不可解なまでの情熱の源泉は、挺隊協など韓国民主勢力とそれに連帯しようとする日本市民への敵愾心にあることが、今回の本では明白に表明されています。二〇一二年挺隊協シンポジウム資料集に北朝鮮からの「お祝いの言葉」が載っていることをとらえて、朴氏はこう述べます。「冷戦崩壊と、九〇年代後半から韓国で左派政権が一〇年間続いたことによって、〈慰安婦〉問題をめぐる韓国と北朝鮮の交流は深まっていった。それは、朝鮮人〈慰安婦〉問題が最初は〈植民地支配〉による朝鮮民族問題と認識した必然の結果でもあった。しかし、その後運動は、世界との連携の過程で問題を〈普遍的な女性人権問題〉として位置づけ、植民地支配問題としての捉え方を強調しないようになっていった」「韓国の挺隊協や日本の一部の人たちが北朝鮮と連携して、日本の〈軍国主義〉だけを批判してきたのは、運動が〈冷戦の思考〉に囚われていたためである」。

まず、「慰安婦」問題は植民地支配下で起きた戦争犯罪なので、〈植民地支配〉に起因する民族問題であることに間違いありません。しかし、そのことと〈普遍的な女性人権問題〉とは、互いに排除し合う対立的な範疇ではありません。「慰安婦」問題はこの二つの範疇が重なり合う領域の出来事といえます。いいかえれば、「民族解放」と「女性解放」という二重の課題です。〈女性人権問題〉と〈民族問題〉という二つの範疇は、その一方を否定するためにもう一方を用いてはならないのです。私自身を含む多くの論者が、すでに九〇年代半ばから、そのことを指摘してきました（拙稿「〈日本人としての責任〉をめぐって」本書三一三頁参照、『半難民の位置から』〈影書房、二〇〇二年〉所収)。「挺隊協や日本の一部の人たち」にその認識がないと朴氏がいうのは、こうした過去二〇年間の議論の蓄積を無視した根拠のない主張です。

「植民地支配」という南北共通の民族的経験、そして「普遍的な女性人権問題」という共通項、これらを基盤として、「慰安婦」問題という領域において南北に分断されていた者たちが出会う局面が生み出されたのです。九〇年代はじめ、日本と韓国の運動団体の努力の結果、北の「慰安婦」被害者が招かれて来日し、日本の東京で南の被害者と抱き合った場面を、私は感激をもって想起します。冷戦時代の凍りついた壁に小さな穴が開いて光が差し込んだ瞬間でした。それがのちの二〇〇〇年女性国際戦犯法廷へと発展しました。被害者と運動団体が成し遂げた素晴らしい達成です。韓国の「左派政権」の一〇年間に南北の交流が進み、和解的雰囲気が生まれたことは、まさに脱冷戦的な出来事でした。そのことを「北朝鮮」と結びつけて非難することこそ、まさしく〈冷戦の思考〉に囚われたイデオロギー的攻撃というべきでしょう。

朴氏の著作そのものよりも、より深刻な問題は、それが日本でもてはやされている現象です。

この現象は三つのレベルでの反動が重なり合う場で起きたと私はみています。すなわち、韓国でいうと、民主化闘争の達成による金大中・盧武《ノム》弦《ヒョン》政権時代への反動、とくにその過去事清算、親日派清算の動きに対する保守派と植民地近代化論の側からの反動です。前記した朴氏の言説は、この反動の典型的表現といえるでしょう。

日本では、九〇年代以降の長く続く右傾化。これは戦後民主主義（安倍首相のいう「戦後レジーム」）

への大反動であり、これに、嫌韓論・反中論の蔓延といった排外主義の風潮が拍車をかけています。その中で動揺する人々、国家責任を徹底して突き詰めることは回避したいが、同時に自己を道徳的な高みに置いておきたい、そんな矛盾した望みをもつ「国民主義」の人々に、朴氏の言説が歓迎されていると思います。

世界的な規模でいえば、反植民地主義の高揚に対する反動です。二〇〇一年、南アフリカのダーバンで国連主催「人種主義、人種差別、排外主義、および関連する不寛容に反対する国際会議」が開かれました。この会議は、欧米諸国が行なってきた奴隷貿易、奴隷制、植民地支配に「人道に対する罪」という概念を適用する可能性を初めて公的に論じる場所でした。アパルトヘイト体制からの解放を勝ち取った南アフリカでこの会議が開かれたことそのものが希望を象徴する出来事でした。

しかし、会議は「法的責任」を否定する先進諸国（旧植民地宗主国）の頑強な抵抗に遭って難航し、アメリカとイスラエルは退席しました。奴隷制度と奴隷貿易に対する補償要求がカリブ海諸国とアフリカ諸国から提起されると、旧植民地宗主国側はこれに激しく反発し、かろうじて「道義的責任」は認めたものの、「法的責任」は最後まで認めませんでした。その結果、ダーバン会議宣言には奴隷制度と奴隷貿易が「人道に対する罪」であることは明記されたが、これに対する「補償の義務」は盛り込まれませんでした。

このように全世界的な反植民地主義の闘いは、九〇年代に大きく前進しましたが、旧植民地宗主国側からの反動によって停滞を強いられています。

このような三つのレベルにわたる反動の集約的表現として「朴裕河現象」が現れました。

朴氏の著作は、一人の風変わりな人物による非論理的な主張であり、端的に言うと国家責任否定論の一形態にすぎません。しかし、笑って見過ごすにはあまりにも深刻な傷を被害者と運動体に与え、反動の波に乗る日本の歴史修正主義者と韓国の保守派を励ます機能を果たしています。

朴氏を称賛する日本と韓国の知識人たちに私は問うてみたい、この否定論を、あなたは支持するのですか、と。このきびしい反動の時代に、知識人たちに求められていることは、しっかりと覚醒して、誰と連帯し誰と闘うべきかを自らにきびしく問うてみることであるはずです。

「邪悪なる路」

和田先生、以上できる限り正直に、思うところを述べました。私の心の中には、あの暗黒時代に私たち朝鮮民衆の側に立ち、身をもって困難な連帯の可能性を示して下さった先生の記憶が生きています。私自身の肉親も含めて、苦難を嘗めた者たちからみれば、先生は恩人ともいえる存在です。それだけに、このような批判めいたことを書くと「恩知らず」と思われるのではないかと躊躇しましたが、そういう躊躇こそ失礼であろうと思い直しました。歴史学者としての先生は真理にのみ忠実であろうとされるはずです。市民運動家としての先生は、なによりも連帯の意義を自覚しておられるはずです。そうであれば、真理と連帯に照らして、私からのこの手紙も誠実に受け止めて下さると信じるからです。

私は先生の論文「非暴力革命と抑圧民族」(『韓国民衆をみつめること』)によって目を開かれた者の

一人です。日本で生まれ育った私は、無自覚のうちに、自民族の独立運動についての抑圧民族の側の無理解と偏見を内面化していましたが、先生のおかげでその過ちに気づくことができました。三一独立宣言は「勇明、果敢をもって旧き誤りを廓正し、真正なる理解と同情を基本とする友好的新局面を打開することが、彼我の間に禍を遠ざけ、祝福をもたらす捷径であることを明知すべき」と説き、朝鮮の独立をはかろうとするのは朝鮮人のためだけではなく、「日本に対しては、邪悪なる路より出て、東洋の支持者たるの重責をまっとうさせる」ためである、と述べています。このことを私に教えてくれたのは、ほかならぬ和田先生でした。

先生、朝鮮民族の苦闘はまだ続いています。今後も長く続くことを覚悟しなければならないでしょう。ところで日本はもはや「邪悪なる路」を脱け出たでしょうか？

先生が「わずかに開いた裂け目に身体を入れる思い」で、「慰安婦」問題解決のため尽力された、その個人的誠意は疑いを入れないものです。残念なことは、それが空転し、結果的に「連帯」の機運を損ねたことなのです。先生のような方には、被害者救済のために個人としての熱意を注ぐ一方、国家に対してはもっとも原則的な批判の旗を掲げ続けていただきたい。その「原則」、いいかえれば「理想」を共有してこそ、「連帯」が可能となるからです。これは「万年野党」的な無責任を意味するものではありません。それこそが、「彼我の間に禍を遠ざけ、祝福をもたらす捷径」であるからです。

あの険難な七〇年代、暗黒の中に「連帯」の可能性がありました。それこそが、先生ご自身が述べられた「日本人が、この侵略と収奪の歴史を否定して、朝鮮半島の人々との新しい関係を創造していく」可能性であったと思います。銀座通りの人ごみに消えてゆく先生の背中に、私はその可能性を見ました。現在、その可能性がますます遠ざかって見えますが、どうか、あの「初心」に立ち返っていただきたいのです。

最後に、具体的なお願いを申します。

一、先生は「アジア女性基金」が失敗に終わったことを認めておられます。それならば、失敗の原因をたんに運動論の次元にとどまらず、失敗の経験を思想の次元で深く掘り下げていただきたいのです。そのことは、かつて竹内好『現代中国論』に触発された先生が、竹内の思想を受け継ぎ、発展させ、そこに潜在していた限界性をも超えて、日本人とアジア民衆の連帯へと進む思想的作業を意味するでしょう。

二、昨年一二月二八日の「合意」は、先生が事前に示しておられた「被害者が受け入れ、韓国国民が納得できる」という基準に逆行するものであることが明らかです。そうである以上、和田先生として、この「合意」は直ちに撤回されるべきである旨の意思を表明し、合意撤回のために闘っている韓日の市民の側に立つと明らかにして下さい。

三、朴裕河氏が自著で繰り返している見解は、和田先生から見ても同意しがたいものであるはずです。そうであるなら、それを明確に批判しないことは学問的誠実に反するでしょう。また、もし先生として朴氏の見解に同意されるのであれば、現在までのご自身の見解との齟齬について説明されるべきであると思います。朴氏の著作と言動について先生ご自身の見解を明示されることを求めます。

末筆ながら、先生のご健康をお祈り申します。

既成事実による被害者の分断——再び和田春樹先生に問う

和田春樹先生、私の公開書簡「日本知識人の覚醒を促す—和田春樹先生への手紙」（本紙二〇一六年三月一二日付）にご返答「徐京植教授の公開書簡に答える」（以下「反論」本紙三月二六日付）をいただき有難うございました。私としては真理探究と連帯構築のための対話を試みたつもりでしたが、一読して、先生からのご返答が思いがけず怒りを含むものであったことに当惑いたしました。しかし、残念ながら私からの問いに答えていただいていないと思われましたので、ここに重ねてお尋ねすることをお許しください。

私は前記「公開書簡」の末尾に先生への具体的なお願いを三点、挙げました。

一、「アジア女性基金」失敗の原因を、思想の次元で深く掘り下げて考察していただきたい。

二、昨年一二月二八日の日韓合意（「一二・二八合意」）は、直ちに撤回されるべきである旨の意思を表明していただきたい。

三、朴裕河氏の著作と言動について先生ご自身の見解を明示されることを求めたい。

まず、「三」について、先生は「反論」で、とくに理由を示さないまま「いま徐氏と議論する気持ちがない」とだけ記しておられます。しかし、日本に端を発し韓国社会をも巻き込んで展開している「朴裕河現象」は「慰安婦問題」の本質的な評価にかかわると同時に、日韓両社会において運動体や市民相互の分裂・対立状態の原因となっており、今日までの経緯からして先生は決してその部外者ではありえません。日ごろ「責任」を強調される先生が、この問題については口を閉ざされることは納得しがたいことです。改めて、先生のご見解をうかがいたいと思います。

さて、和田先生は、吉見義明先生や私の「一二・二八合意」の白紙化論は「安易である」と一蹴したうえで、安倍首相の謝罪表明がより重要であると強調されました。しかし、「一二・二八合意」の際の安倍首相談話は首相みずからの記者会見や国会などで表明されたものではなく、また、先生ご自身も述べられているとおり、公式な書簡の形で被害者に伝達されたものでもありません。今日までの経緯を顧みると、これは「最終的かつ不可逆的解決」で合意という韓国側の譲歩を引き出すために与えられた口約束と見ることが妥当と思われます。実際に、その後の日本政府の立場は、一〇億円の拠出金は「賠償金ではない」という見解表明や、国連女子差別撤廃委員会における外務審議官の「事実説明」など、一貫した国家責任否定論であることに変わりありません。

被害者を分断するレトリック

先生は二〇一四年六月の第一二回アジア連帯会議の決定を、「日本政府が受け入れうるはずの形を考えて、要求を表現し直した」ものとして重要視され、ご自身も「直ちに日本外務省の局長、課長にも説明し、以来会う人ごとにこの案の意味を説き、文章も書いてきた（『世界』二〇一四年九月号）。二〇一五年四月には東京での〈全国行動〉の集会に尹美香《ユンミヒャン》挺対協代表とともに登壇して、この案を支持する発言をおこない、五月には新書『慰安婦問題の解決のために』を書いて、この案による解決を訴えた」と述べておられます（「反論」）。

しかし、日韓両政府は、和田先生たちの熱意に誠実に答えることなく、当事者にもはからないまま「合意」を公表しました。先生がコンタクトをもった外務省の役人は、先生に今回の合意発表について事前に通告しなかったようです。和田先生の熱意は、国家によって都合よく利用されたのではありませんか？

日本政府はすすんで実行する気持ちのない口約束の代価として「不可逆的最終解決」の合意という外交的成果を得ました。今後日韓両国の権力はこの「合意」をタテに、被害当事者のものも含めて、さまざまな批判を封じ込めようとするでしょう。この「合意」によって失われたものは大きく、真の「解決」の道はさらに遠のきました。

そうであるからこそ、韓国の運動団体はその日のうちに「一二・二八合意」の「白紙撤回」を求め、「日本政府の国家的法的責任履行がかならず実現されるよう」求める立場を明確にしたのでしょう（共同声明「市民団体の立場」）。私が和田先生にお願いしたことは、先生ご自身にもこのような立場に立っていただきたいということです。

しかし、先生はこう述べられます。「日韓両政府の合意を白紙撤回させることはことの経過からして、難しいと言わざるを得ない。（中略）安倍首相にその〈最終的解決〉案を白紙撤回させて、まったく新しい解決案を出させる力は日本の国内にはないのである。だから、慰安婦問題解決を願ってきた日本人としては、このたびの日韓合意の改造、改善の道を進むしかない。むしろそうすることがこれまで運動してきた者の責任だと私は思う」（「反論」）。

この見解は私にはおおいに疑問です。いまさら撤回は難しい、新しい解決案を出させる力は日本にはない、だからこの道を進むしかない、それが「責任」だ、……ここには、失敗に終わった「アジア女性基金」のレトリックがそのまま反復されています。果たしてそれが「責任」でしょうか？　私は、冷徹な批判によって失敗の反復を防ごうとすることこそが責任であると思うのです。

しかも、先生は「反論」にこんなことも書かれました。「運動家であれ、専門家であれ、日韓合意の白紙撤回を主張するなら、このたびの合意を受け入れる被害者ハルモニが出てきたとき、その行動を認めず、その人を非難することになるのである」。

これは、私が「公開書簡」の「亀裂」という章で述べた、「アジア女性基金」が「償い金」支給を強行した際のレトリックの忠実な再現です。前回の歴史的失敗の経験を踏まえた発言とはとても思えません。

「アジア女性基金」の際にも、その発足前から、構想そのものに危惧や批判の声が、韓国のみならず日本の中からも挙げられていたにも関わらず「基金」は強行され、批判者に対しては、「お金を受け取った被害者ハルモニを非難するのか」という筋違いな反論が繰り返されました。今回も、被害当事者や運動団体の意向を無視して両国政府が「合意」を唐突に公表しました。和田先生は、それを批判するものに対して、「被害者ハルモニを非難することになる」という論法で反論しておられます。これは既成事実を作ったうえで、被害者の分断をはかり、その分断された被害者の一方を盾にとって自己正当化をはかろうとするレトリックではないでしょうか。公害問題、基地問題、原発問題等々、国家補償のからむ多くの事例で権力側がとってきた常套的な手法ともいえるでしょう。そうした分断策をこれから実行するという予告とさえ聞こえます。和田先生のような尊敬すべき知識人から、こんな論法を二度にわたって聞くことになったのは残念としかいいようがありません。

「日本政府が差し出す謝罪とそれにともなう措置について、受けるか、受けないかを決めるのは、名乗り出て、告発した被害当事者に権利がある。ここに来て、被害当事者全体の声を確認しないで、〈白紙に戻してもう一度やり直さなければならない〉と断定する権利が吉見義明氏にあるのだろうか」(「反論」)。

そう主張する「権利」は、事実認識を基礎にした理性的な議論である限り、吉見先生はもとより、私にもあるはずです。私は、今後「一二・二八合意」を受け入れるかもしれない一部被害当事者を非難しているのではなく、そのようなやり方は被害者を分断するものであり真の「解決」にはつながらないとして、日本と韓国の政治権力を批判しているのです。これら二つのことを混同して論じることは、「権力批判」を「被害者批判」にすり替えることを意味します。私が前回の公開書簡で、国家責任を否定する国家の立場を個人の道徳論で覆い隠すべきではないと主張したのはこのことです。和田先生にお答えいただきたかったのもこの点でした。

努力の不足ではなく、その方向性が誤り

和田先生は、今回の「反論」で、「一二・二八合意」に至るまでの一九九〇年以来の経過を述べた上で、徐京植は「慰安婦問題の解決を求める運動のこのような厳しく、困難な道程をどれほど理解して、発言しているのだろうか」と述べておられます。

もちろん、不勉強な私でも、先生が近著『慰安婦問題の解決のために』をはじめとして、各所で繰り返してこられた見解をここで繰り返されたことは理解しております。しかし、私がお尋ねしたことは、「アジア女性基金」は「初期設定」が誤っていたのではないか、誤った初期設定を修正しないまま強行したことが「失敗」の原因ではないのか、そうだとすれば過ちが生じた原因をどう考えるべきか、といった原理的な次元での問いでした。そして、それにもかかわらず、今回の「一二・二八合意」において、その過ちが反復されているというのが私の主張の核心です。自分たちは最大限の努力をして来た、自分たちがどれほど苦労してきたか知らないのか、という先生のお叱りは、残念ながら、私の問いに対する答えにはなっておりません。私は先生方の努力が足りなかったと批判しているのではなく、その努力の方向性が誤っているのではないかと尋ねているのです。

和田先生は、アジア女性基金発足時から九五年に至る状況についての私の認識が「現実とひどくずれている」と言われます。日本政府の大原則は「被害者への国家補償はなしえない」というものだっ

た、村山連立政権が生まれると、右派による「終戦五〇周年議員連盟」などの強力な対抗運動が組織され、「日韓の運動勢力の連帯は存在したが、この事態を打破する力はなかった」（「反論」）。

私はこのような日本の右派の頑強な抵抗について無知だったのであればその認識は「ひどくずれている」といえるでしょう。しかし、そうではありません。「第四の好機」という拙稿でも言及したとおり、私はそれ以前から一貫して、日本の右派・保守派の岩盤の厚さを軽視したことはありませんでした。「アジア女性基金」発足の頃、私たち在日朝鮮人の若手研究者による研究会のレセプションで来賓としておいでになった和田先生が発言され、激論が交わされた場面を思い出しました。その時、先生が「基金」構想の必要性の根拠として、このような日本右派の岩盤の厚さを思い知ったと、現在と同じ議論を述べられたとき、失礼ながら、私は内心で、和田先生ほどの人でも自国の政治状況についてそれほど楽観的であったのかと、驚きました。

そんなことはむしろ前提であり、このような右派の頑強な抵抗と闘っていくためにこそ「日本の進歩的市民と韓国の反植民地主義勢力が連帯して、日本政府に対峙することが必要だ」と私は考えていたからです。九〇年代前半に、「慰安婦」問題をはじめとする戦後補償問題、戦争責任問題が浮上してきたことによって、ようやくかすかながら連帯の萌芽が見え始めたのです。「アジア女性基金」構想はこのような連帯に亀裂と対立をもたらし、右派との闘いにおいて不利な条件をつくることになった、というのが私の論点です。

「日韓の運動勢力の連帯は存在したが、この事態を打破する力はなかった」と先生は言われます。もちろん、直ちに事態を打破する力はなかった、と私も思います。しかし、そうであればあるほど、国家責任の追及という原則を高く掲げ、連帯を強固にし、長期的な闘いに備えるべきであったと思います。そうでなければ、いつまでも「事態を打破する」ことはできないでしょう。

事実、あれから四半世紀以上が経過した現在にいたっても、和田先生は繰り返し、「新しい解決案を出させる力は日本の国内にはない」と、同じ論法を繰り返しておられます。そのように「日本はいつまでも変わることができない」という前提に立ち、あまつさえ、その前提を共有するよう被害者側に求める論法には、結局この人は日本を変えるつもりがないのではないかという根本的な疑問を抱かざるを得ません。むしろ、日本社会における保守派の岩盤が強固であればあるほど、被害者側と連帯してそれと闘ってこそ、困難の先に「事態を打破する」希望が見えてくるのではありませんか。「アジア女性基金」発足時に韓国側から投げかけられた批判は、まさしくそういう呼びかけであったと考えます。

私が前回の公開書簡で先生の「初心」についてお尋ねしたのも、この問題意識のためでした。先生は、一九七三年の金大中拉致事件を契機に韓国民主化連帯運動の中に「第三のチャンス」がある、と力説されました。これは「われわれが生まれかわるための連帯である。日本人と朝鮮半島の人々との間の歴史をすべての面で問い直し、根底からつくり直すための連帯である」と。「日本国民はこの〈第三のチャンス〉をつかんだのでしょうか？」という私の問いは、日本国民は「生まれかわった」のか、日朝両民族の歴史を「根底からつくり直す」ことができたのか、という問いでもありました。

もし、それができたのだとすれば、先生はいまに至ってまで「新しい解決案を出させる力は日本の国内にはない」と繰り返す必要はなかったはずです。また、それができなかったのだとすれば、過ぎ去った四半世紀の誤りをきびしく振り返って総括し、いまからでも「初心」に立ち返って「生まれかわる」ための努力をすべきではありませんか。

国家批判と個人批判のすり替え

「アジア女性基金」構想を進めた村山内閣の五十嵐広三官房長官が、『朝日新聞』の「元慰安婦に〈見舞い金〉、民間募金で基金構想、政府は事務費のみ」という記事に反論しなかったことについて、私はこの記事は、「当時の（社会党を含む）政権の意図を正直に伝えている」とみるべきだと主張しました。これについて、和田先生は「これは村山内閣に反感を持つ人の根拠がないきめつけである」と反発しておられます。「反感を持つ人」という言い方は、互いの見解の相違を踏まえて真実に迫ろうとする理性的対話にはなじみません。かりに私が「反感」を抱いたとしても、それは原因ではなく結果でしょう。「反感」のゆえに根拠のない言いがかりをつけているのではなく、実際に行なわれた行為の結果が私になんらかの感情を抱かせたのです。

「五十嵐官房長官も、戦後五〇年問題プロジェクト・チームの社会党委員も、必死で主張したが、被害者への支払いに政府資金をあてることはついに官僚と自民党委員から賛成がえられず、断念されることになった」……そう和田先生は述べておられます。

五十嵐氏はもちろん大いに努力したことでしょう。私はそのことを無視しているのではありません。そのことは、この際の議論のポイントではないと申し上げているのです。五十嵐氏は「官房長官」であり、つまり政府の公式な代弁人なのです。その人の決定や発言は、一義的には政府の意思表示であることを免れません。彼の内心やそこに至るまでの苦労を忖度することと、政策そのものの評価とは別問題です。まして、先生自身が記しておられるとおり、「被害者への支払いに政府資金をあてることはついに官僚と自民党委員から賛成がえられず、断念されることになった」のです。彼は「官僚と自民党委員」の意向を受け入れ、官房長官としてそれを公表しました。これがまさしく、私のいう「(社会党を含む)政権の意図」です。五十嵐氏個人の人柄がどうであるかということとはあくまで別問題です。

このように社会党が、それまでの原則を捨て「官僚と自民党」に妥協して体制内化しました。その結果、社会党は自壊し、日本の進歩的リベラル勢力は無力化しました。「アジア女性基金」構想も、その枠内でつくられたものであるだけに、初期設定の段階から矛盾と限界性を抱え、それを克服できないまま現在に至ったのではないかというのが、私の問題提起でした。その問題提起に対する和田先生の応答は、私の問いには答えず、五十嵐氏や自分たちの苦労を理解すべきだ、という論法の反復です。ここにも、先に述べたと同じ、国家批判と個人批判との(場合によると意図的な)混同が見られます。

このような混同の代表例は、天皇制という国家制度の戦争責任や植民地支配責任を論じようとするときに、(それが事実であろうとなかろうと)「天皇個人は平和志向だった」というような的外れな応答が返って来て議論が深まらない現象です。率直にいうと、先生の応答にはこれと類似したレトリックが頻繁に現れます。

「基本的な欠陥をもっていたにせよ、アジア女性基金は、日本政府がすすめた謝罪と償い（贖罪）の事業であったことは否定できない。これを〈日本政府が公式謝罪と法的賠償を回避する手段〉であったとみるのは正しくない」。先生はこのように書かれていますが、まさしく「アジア女性基金」は「基本的な欠陥」（初期設定の誤り）をもちながら推進された「日本政府の事業」なのであって、そこにおける日本政府の過去二〇年来変わらない方針は、今日ますます明らかなように、国家の法的責任をあくまで否定するということです。

和田先生はその「アジア女性基金」の専務理事を務められました。つまり、たんなる一般市民ではなく、政府の政策意思を実践し体現する位置にみずから立たれたのです。先生個人が善意であったこと、自己犠牲的な努力をされたことは否定しませんが、そのような「個人の道徳性」の次元と国家政策の評価の次元とは冷静に区別されなければなりません。同じように、「アジア女性基金」に拠金した一般市民の善意の次元と、その「基金」が客観的に果たした政治的役割とは、冷静に区別して考察しなければならないでしょう。後者を論じようとするときに前者を強調して、後者への批判が一般市民の善意に対する非難であるかのように語るのは、控えめにいっても「的外れ」であり、あえて言うと拠金した市民の善意すらも国家目的に利用しようとする「すり替え」でしかありません。

自律的倫理規範

アジア女性基金は、フィリピンとオランダでは成功を収めたと評価できると先生が述べられたことについて、「オランダでは、被害者として名乗り出て、日本国家を批判しつづけたジャン・ラフ＝オハーン氏が基金を拒絶した、「この一人の女性が存在するという事実だけでも、基金が〈成功〉したとは言えない」と私は批判しました。この批判に対して先生は、ご自分の著書で、オハーン氏は「日本人が忘れることのできないオランダ人女性です」と強調したのは私であると反論されました。私もそのことは先生の著書を読んで承知しております。

しかし、私には先生のこの言い方にも納得がいきません。オランダで基金が「成功した」という評価と、オハーン氏は「日本人が忘れることのできないオランダ人女性です」という強調とは、どのように両立し、どのように論理的に整合するのでしょうか？　オハーン氏の告発を忘れないのならば「基金」が成功したとは言えないのではないでしょうか？　たとえそのような「忘れられない被害者」がいようとも、受け入れた人の数が多ければ「成功」と評価するのですか？　まして、「基金」受け入れを拒否し続けている被害者が韓国、台湾などに多数存在するだけでなく、そもそも「基金」事業の対象にすらならないままの被害者たちが中国、北朝鮮、東チモールなど各地に現存しているというのに。

ここでもし先生が「オハーン氏のような存在がある以上、基金が成功したとはとうてい言えない」と言っておられたら、私は先生のご苦労に共感し、尊敬の思いを新たにしたことでしょう。私がここで申し上げているのはいわば「自律的倫理規範」とも呼びうる精神的態度のことです。この人々に加えられた（日本国民の立場から言えば自国がこの人々に加えた）筆舌に尽くしがたい残虐・冷酷な行為から見れば、「アジア女性基金」による「謝罪と償い」はとうてい釣り合わないということ、まして真相究明、責任者処罰、歴史教育、記念事業など核心的課題は手つかずのままであることを考慮すれば、被害者たちが「心の安らぎ」を得たかどうかを超えて、加害者側は「成功」などという評価を自らに禁じるべきではないでしょうか。そうであってこそ、オハーン氏のような人も含めた被害者たちからの信頼を徐々に得ることも可能になるでしょう。

フィリピンのロサ・ヘンソンさんについても、私の申したいことは同じです。オハーン氏とは異なり、彼女は死の前年に「償い金」を受け取りました。報道によると、それは貧しいトタン葺きであった自宅の改築費用に充てられたそうです。「貧しいから、高齢だから、〈償い金〉を受け取ったとみるのは、フィリピンの被害者たちに対する偏見ではないか」と和田先生は私を批判されました。しかし、これは私の「偏見」ではなく、否定できない「事実」です。私がそれを言うのは〈償い金〉を受け取った被害者を非難するためではありません。私はただ、無力な被害者たちをこのような限界にまで追い込んだ上で、その人々に強いた屈辱と苦難にまったく釣り合わない「償い金と謝罪」を伝達したことをもって事業の「成功」と称するその精神のありように「自律的倫理規範」の欠如を、さらに言えば、道徳性の名を借りた国家意思の冷血さを感じるばかりです。

しかし、これは「自律的倫理規範」についての話です。もとより誰かに要求されたから実行するたぐいのことではありません。したがって私もまた、この点について、これ以上は言葉を重ねることはやめて、ただ、和田先生と読者のみなさんが静かに自己省察されることをお願いしておきたいと思います。

「アジア女性基金に関わった者の気持ちからすれば、被害者のために何事かをしたい、不十分であれ、日本国家国民の責任を果たしたいと思ったのであって、自分の良心を満足させることだけを考えていたということはありえない。人間の小さな努力に対して超越的な高みから判定を下すようなことはやめてもらいたい」

人をひるませるこの強い言葉に対しても、すでに述べたことが私からの応答になるでしょう。私は「人間の小さな努力」を冷笑しているのではありません。その「人間の小さな努力」が国家によって横領されることを許してはならない、被害者のために何事かをしたいという、それ自身としては立派な個々人の願望を国家の法的責任回避のために利用させてはならない、そう述べているのです。

現在の日本は「反動期」ではないのか

先生は、昭和天皇が死去した一九八九年の一月三一日、鶴見俊輔氏ら知識人とともに声明を発表したことを、今回の「反論」で想起しておられます。「私たちの国家は植民地支配の清算を果たしていない」、植民地支配によって朝鮮民族に「計り知れない苦痛」をあたえたことを謝罪するという国会決議を採択するよう求める内容でした。私もあの時、自分の感じた喜びを改めて思い出しました。それは、昭和天皇の死去を契機に「一億総免責」状態になだれ込もうとする当時の日本社会において、きわめて貴重な抵抗の動きであり、希望の持てる連帯の萌芽であるように見えました。これが、私の言う「韓国民主化闘争の前進に励まされて、韓日民衆間の連帯が急速に進むように見えた瞬間」の一情景であり、和田先生はその中心人物でした。しかし、その希望の瞬間は文字どおり数年のうちに過ぎ去りました。

和田先生は私が昭和天皇の死に際して書いた「第四の好機」を挙げて、次のように書いておられます（「反論」）。「（徐京植は）植民地支配は天皇の名によっておこなわれたのに、天皇が死去した日本は〈天皇の戦争責任を免責することによる日本人全体の『一億総免責』が行われようとし〉ていると述べている。朝日新聞の社説が天皇の責任を免罪し、米国による天皇制温存に感謝していることを怒りをもって論難する。徐氏はこれで日本に絶望したようだ」。

この引用はおおむね私の論旨を掬い取ったものといえます。しかし、不明確なのは、それに対する和田先生自身の見解です。前記のとおり、和田先生らは日本朝鮮植民地支配が未清算であることを問題視し、そのことを「謝罪」する国会決議を求める立場を明らかにされました。私は、先生方が問題視されている未決の課題の中には当然、天皇制および天皇個人の責任という問題も含まれているはずだと考えていました。しかし、この点でもどうやら私はナイーヴだったようです。先生は天皇の戦争責任および植民地支配責任をどのようにお考えですか？　ご自身は当時の朝日新聞社説と同様に、「米国による天皇免責はよかった」と考えておられるのですか？

植民地支配の罪を謝罪するという問題意識と、米国による天皇制温存に感謝するという意識は、どうみても論理的に不整合であると私は思います。それはまさしく、戦後五〇周年の記者会見で、「植民地支配と侵略によって、多くの国々、とりわけアジア諸国の人々に対して多大の損害と苦痛を与えた」と述べた直後に、記者から天皇の戦争責任について質問され、「あ、それはない」と即答した村山首相のスタンスに、その非論理性において合致するものでしょう。つまり、原則を捨てて与党化の道を選び、結局は自壊に至った当時の社会党のスタンスです。

「第四の好機」は生かされなかった、連帯の希望は九〇年代の半ばまでには混迷に陥り、暗転して、日本社会は現在まで続く「長い反動期」に突入した、それが私の認識です。この認識を、和田先生は「現実無視の暴論である」と一刀両断されました。しかし、そうでしょうか？

九〇年には金丸田辺代表団が訪朝し日朝交渉が開始したと言われますが、その後国交交渉は頓挫し、現在、日本と朝鮮民主主義共和国との間は最悪の対立状態にあります。「慰安婦」問題が提起されて九三年には河野談話が出た、九五年には村山談話が出たではないか、と先生は言われます。しかし、その後、「慰安婦」問題は「被害者が納得する解決」に至ることができず、むしろ日本社会では官民挙げての歴史修正主義から攻撃の的にされ続けてきました。九七年には多くの中学校歴史教科書に登場した「慰安婦」に関する記述は、いまではほとんど姿を消しています。国家主義と排外主義が高潮し、巷には嫌韓論とヘイトスピーチが溢れています。教育や報道への国家介入、秘密保護法、安保法制、公然たる改憲の企図……こうした状況を「反動期」と呼ぶことが「現実無視の暴論」でしょうか？　現実主義者の和田先生こそ「現実」が見えていないのではありませんか？

「八九年の氏（徐京植）は二年前の韓国民主革命の勝利も無視している。それが日本に影響して、翌九〇年には、金丸田辺代表団が訪朝し、日朝交渉の開始にいたるのである。慰安婦問題が提起されて、九三年には河野談話が出る。ついには一九九五年の村山談話となるのである。徐京植氏はこの前進を前進とみとめず、九〇年代に入れば、反動一色となるとみてしまう」（「反論」）

まず、言うまでもなく私は「六月抗争」を頂点とする韓国民主革命の勝利を高く評価しています。

私の肉親を含む政治犯たちもこの革命の結果、出獄することができました。その勝利を私が「無視している」という和田先生の解釈はどこから出てきたのでしょうか？　韓国の民主革命を、日本が反動期に入ったという私の議論への反証に持ち出す発想が不可解です。私は「日本の反動期」について議論しているのです。韓国民主革命の勝利は「日本の反動期」についての反証ではなく、むしろ、日本の進歩的リベラル勢力が韓国民主革命の勝利という好条件を生かすことができず、金丸訪朝団から村山談話にいたるわずか五年ほどの「瞬間」の後に、「長い反動期」の到来を許してしまったことへの思想的反省材料であるべきだと私は考えます。

「日本人と朝鮮民族はなお敵同士の関係にとどまるであろう。これが一九八九年の徐京植氏の予言であった」と和田先生は記されましたが、私は「敵同士」という表現はしておりませんし、そういう皮相な認識でもありません。両民族はお互いに「敵同士」であるのではなく、日本国とその国民が植民地支配という過去と継続する植民地主義を克服しない限り、朝鮮民族はいつまでも抵抗をやめることができない、と申したのです。その意味では、一九八九年の私の「予言」は当たりました。残念なことです。

日本人の自律的な力で「自己変革」を

和田先生は「二〇一六年の日本にいて、私は少なくとも日韓両国民の関係は第三のチャンスを生かして変わったと考えている。韓国の国民からの協力を信じて、日本国民の意識を変えるために努力を続けること――それが私たちの進むべき道なのである」と結論されました。

「日本国民の意識を変えるために努力を続けること」は当然のことですが、「韓国の国民からの協力を信じて」とはどういう含意でしょうか？「韓国国民」のみならず、ほとんどの朝鮮民族は、植民地主義と闘い自己変革しようとする「日本人」への協力（むしろ「連帯」）を惜しまないことでしょう。しかし、自己変革の課題に背を向け、国家責任を回避しようとするような「努力」に対しては抵抗を続けることでしょう。「韓国の国民からの協力を信じて」などと言う前に、自分たち自身の力によって、自己変革の闘いに取り組むべきではありませんか？

一九九〇年代の半ばに、日本の思想界に重大な転換が生じました。和田先生に即して私の感じたことをいうと、つじつまの合わない「現実主義」がそれ以前の「初心」にとって代わりました。日本が「変わる」必要を力説していた先生が、「日本は変わらない」と繰り返すようになり、被害者に対してまでそのことを説得しようとするようになりました。この転換は前回の公開書簡で述べたように、東西対立時代の終焉と社会党（進歩派リベラル勢力）の自壊という現象と軌を一にしているようです。ここでなにが起きたのか。そのことは思想的にも、日本近現代史上の重要問題であると私は考えています。この問題に取り組み、解明する努力を尽くさない限り、現状を理解し打破することはできないでしょう。私は、かつて（八〇年代）の和田先生のような知識人たちが現れ、「日本の自己変革」という困難な課題に立ち向かうことを切望しております。しかし、日本知識人の中でこの思想的課題と真剣に格闘している人たちが現在どれほど存在するのかと考えると寂寞の思いを禁じえません。この現状こそが、「慰安婦」問題をはじめとする個別課題を超えて、東アジアの平和構築にとって真に危機的であると考えます。その議論に資すことができればという意識から、私の考えを正直に先生にぶつけてみました。率直なご返答をお待ちいたします。

【参考資料】

安倍首相の謝罪表明が「一二・二八合意」の白紙化より重要
◉和田春樹教授、徐京植教授の公開書簡に答える（上）

徐京植氏が私あての公開書簡をこの春に東京で出る前田朗氏編の論文集に載せるという案内を見た時、私は別に驚かなかった。徐氏が私を批判していることはすでに承知していたからである。しかし、その私にあてた公開書簡をあらかじめ韓国語にして、ハンギョレの紙面で三面連続の大論文として発表したのを知人に知らされて、これは尋常なことではないと思うにいたった。しかも、この論文の最上段には、「初心はどこに行き、なぜ反動の流れに足をひたすのですか」という私に対する非難の問いかけが掲げられている。それで黙ってはおれない気持ちになったのである。

一九五三年高校一年生のとき、久保田代表の発言に韓国代表が怒って、日韓会談が決裂した。そのとき、私は、日本の三六年間の統治は「朝鮮を日本のドレイと化し、あらゆる富を、財をしぼりあげたものであった」、「朝鮮人に対してその母国語を話すことを禁ずるという行為にまで及んだ」のであるから、日本側が「昔のことは、すまなかったという気持」をもつかもたぬかが「日韓会談の基礎であり、根本である」と韓国側が言うのは正しいと考えた。それを初心というなら、私は今日までこの初心を忘れたことはない。その初心を捨てて、植民地支配を正当化する反動の流れに従ったことは一度もない。だから、「初心」云々の非難の問いかけは不当であり、不要である。

そのことを一言述べた上で、徐京植氏のこの大論文に反論しようと思う。この論文の最後の三分の一は朴裕河氏の著書『帝国の慰安婦』の問題にあてられているが、私はその点について、いま徐氏と議論する気持ちがない。だから、反論のため徐氏の論文の三分の二のスペースをあたえてくれるようにハンギョレ新聞にお願いして、承諾してもらった。

慰安婦問題を巡る第三ラウンドの最終局面

徐京植氏はこの論文で、まず、このたびの慰安婦問題での日韓合意についての私の意見があいまいであると批判して、吉見義明氏の白紙撤回論を引用して、それに全的に同意する、和田もこれに同意して、直ちに合意撤回のために闘っている韓日の市民の側に立てと主張している。その意見に私は同意できない。

吉見氏にせよ、徐氏にせよ、日韓合意を批判するのは問題ない。私も批判している。しかし、批判することと白紙撤回を主張することは別である。私たちが前にしているのは、金学順ハルモニの記者会見から二五年がすぎて、日韓両政府が問題解決の最終の形として打ち出した両政府の合意なのである。このたび日韓合意を求めるにあたって、朴槿恵大統領は、五〇人を切った生存被害者ハルモニのことをくりかえし語った。解決合意の内容は第一にこの生存被害者ハルモニたちに向けられている。だから、運動家であれ、専門家であれ、日韓合意の白紙撤回を主張するなら、このたびの合意を受け入れる被害者ハルモニが出てきたとき、その行動を認めず、その人を非難することになるのである。

慰安婦問題は、慰安婦被害者が慰安所で経験させられたことは堪えられないことであったと抗議し、日本国家を告発したことからはじまった。だから、日本政府が差し出す謝罪とそれにともなう措置について、受けるか、受けないかを決めるのは、名乗り出て、告発した被害当事者に権利がある。ここに来て、被害当事者全体の声を確認しないで、「白紙に戻してもう一度やり直さなければならない」と断定する権利が吉見義明氏にあるのだろうか。吉見氏は『世界』の論文で、「被害者たちが韓国社会で孤立した状態ならば、困るが、現在の韓国社会ではそうでないことは幸いである」と書いているが、これは安易にすぎる状況判断である。白紙撤回論への同調を私に求める徐京植氏はそれ以上に安易な判断に立っていると見える。

このたびの日韓合意を検討するためには、この合意を導いた安倍首相と朴槿恵大統領の日韓協議が一九九〇年以来の慰安婦問題解決のための努力の歴史においていかなる位置を占めているかを考えることが必要である。このたびの日韓協議は慰安婦問題をめぐる長い争いの第三ラウンドの最後の局面をなしている。

第一ラウンドは一九九〇年からはじまった。その年韓国女性団体が慰安婦問題六項目の要求を出した。日本政府は九五年にいたり「アジア女性基金」の謝罪と償い（atonement, 贖罪 sokje）の事業をはじめたが、韓国の被害者の多くと運動体、日本の運動体が反対し、受け取りを拒否した。その結果、アジア女性基金は韓国では六〇人に支給しただけに終わった。挺対協は一九九〇年にかかげた六項目要求に責任者処罰などを加えた八項目要求で、法的責任をみとめる解決を主張し続けた。基金は二〇〇七年事業を終了し、解散した。

長く厳しかった苦難の挑戦を知っておられるのか

第二ラウンドは二〇〇九年日本で政権交代がおこっ

たときにはじまった。日本の運動体が「日本軍『慰安婦』問題解決のための全国行動二〇一〇」を組織して、民主党政府に立法解決をもとめる運動を開始した。しかし、政権についた民主党はこの要望に応じず、立法解決の道が閉ざされた。このとき、二〇一一年韓国憲法裁判所が慰安婦問題での韓国政府の不作為を憲法違反だと判決したことは、「天の助け」となった。同年一二月挺対協の水曜デモは一〇〇〇回に達し、日本大使館前に少女像が設置された。その数日後の日韓首脳会談で李明博大統領は野田首相に慰安婦問題の解決をもとめて強硬な申し入れを行った。これをみて、日本の運動団体、「全国行動二〇一〇」は、二〇一二年二月に花房俊雄共同代表の名で、政府間協議での政治決断による解決をもとめる、解決の内容は、⑴被害者の心に響く謝罪、⑵政府資金による「償い金」の支給、⑶人道支援という考えの拒絶、の三項目である、ことを発表した。これは韓国挺対協の同意をえていない案であったが、この花房案が日韓両政府に伝えられ、一二月二八日、斎藤勁官房副長官と李大統領の特使李東官大使との間で解決案が合意された。⑴日韓首脳会談で合意し、合意内容を首脳会談コミュニケで発表する。⑵首相のあたらしい謝罪文では、「道義的」という言葉を冠さず、「責任を認める」と表現する、⑶駐韓大使が首相の謝罪文と国費からの謝罪金を被害者に届ける、⑷第三次日韓歴史共同研究委員会を立ち上げて、そこに慰安婦問題小委員会をつくり、日韓共同で慰安婦問題の真相究明にあたる、というものであった。これを李明博大統領は承認したが、日本の野田首相が承認せず、流れてしまった。

ここで民主党政府が選挙で敗北して、下野し、二〇一二年末に河野談話、村山談話の再検討をめざす歴史修正主義者安倍晋三氏の自民党政権が誕生した。慰安婦問題の解決はとても考えられる状況ではないと見られた。しかし、二〇一三年三月に生まれた朴槿恵大統領は生存者が五〇名を切っている慰安婦被害者のために解決をもとめるとして、安倍政権に挑戦し、日韓首脳会談を拒否して、圧力をかけはじめた。これによって、第三ラウンドがはじまった。日韓関係は険悪となり、日本の右翼的な週刊誌は二〇一三年秋より、朴大統領に対する個人的な誹謗、中傷のキャンペーンをはるにいたった。アメリカの介入があり、ついに二〇一四年三月に安倍首相は河野談話を継承することを議会で明言するにいたった。この時点で、日本の運動団体、「全国行動」と韓国挺対協との協議の結果、慰安婦問題の新しい解決案がまとめられ、六月の第一二回アジア連帯会議の決定となった。その内容は、⑴河野談話の継承発展に基づく解決、⑵日本政府の責任をみとめた謝罪、加害事実の承認（軍の慰安所で意に反して慰安婦・性奴隷にされたなど）、⑶翻すことのできない方法で謝罪を表明すること、⑷謝罪の証としての賠償、⑸真相究明と再発防止、などである。「法的な責任」「責任者の処罰」という言葉はなく、「法的な賠償」、「責任者の処罰」を認めよという要求は消えていた。これは、安倍首相と朴槿恵大統領が交渉によって慰安婦問題の解決を求めるさいにかならず考慮しなければならない解決案だとして、提起されたものであった。運動団体として、生存被害者がおられるいまが問題解決の最後のときだという思いから、日本政府が受け入れうるはずの形を考えて、要求を表現し直したものである。

私は、一四年夏にアジア連帯会議のこの提案を知って以後、この案の重要性を認めて、動いた。直ちに日本外務省の局長、課長にも説明し、以来会う人ごとにこの案の意味を説き、文章も書いてきた（『世界』一四年九月号）。二〇一五年四月には東京での「全国行動」の集会に尹美香挺対協代表とともに登壇して、この案を支持する発言をおこない、五月には新書『慰安婦問題の解決のために』を書いて、この案による解決を訴えた。

安倍首相は、慰安婦問題の解決のためにあらたな措置をとることを長く拒んできた。しかし、ついに二〇一五年四月の訪米のあとから、韓国政府との間で慰安婦問題の解決のための秘密交渉をおこなうようになったと考えられる。そして、同年秋の首脳会談で、早期妥結をめざして交渉を加速することで合意した。朴槿恵大統領は、「被害者が受け入れ、韓国国民が納得できる」解決を求める、年内妥結を望むという意見を表明した。運動団体は日韓両政府の交渉の帰趨を見守っていた。一二月二八日の日韓の合意は以上の流れの帰結として生まれたものである。

慰安婦問題の解決を求める日韓の運動は、立法解決要求が失敗したのち、政府間交渉における政治的決断、妥結をもとめて進んできたことが明らかである。安倍首相の信条は誰の目にも明らかであり、彼が問題解決のためにあらたな措置をとることに抵抗しつづけていたので、その抵抗をやぶる朴槿恵大統領の努力にひとえに期待がかけられていた状態であったのである。

徐京植氏は「金学順さんの記者会見から二五年、いわゆる『慰安婦』問題は、まったく解決しそうもないままに歳月が過ぎました。私はこの間の日本社会と韓国社会の推移を見つめてきたものとして、私見を述べると書いているのだが、慰安婦問題の解決を求める運動のこのような厳しく、困難な道程をどれほど理解して、発言しているのだろうか。

日韓合意が発表されると、日本の運動体は苦しみながら、現実的な態度をとった。日本軍「慰安婦」問題解決全国行動は一二月二九日に声明を出した。まず「日本政府は、ようやく国家の責任を認めた。安倍政権がこれを認めたことは、四半世紀もの間、屈することなくたたかって来た日本軍「慰安婦」被害者と市民運動が勝ち取った成果である」と評価したあと、批判的な論評を加え、「総理大臣のお詫びと反省は、外相が代読、あるいは大統領に電話でお詫びするといった形ではなく、被害者が謝罪と受け止めることができる形で、改めて首相自身が公式に表明すること」を要求した。アクティヴ・ミュージアム「女たちの戦争と平和資料館」も一二月三一日にほぼ同じ基調の声明を出した。

韓国では、挺対協のうけた衝撃が大きかったと思う。すでに一二月二八日のうちに、挺対協を筆頭にした二〇の女性団体に、さらに九四の市民団体が加わって、「市民団体の立場」という共同声明が出た。このたびの合意では、「日本政府が犯罪の主体だという事実と慰安婦犯罪の不法性を明確にしていない」。安倍首相の謝罪は外相による「代読謝罪にすぎず、謝過の対象もあまりに曖昧で、『真心がこもった謝罪』とは到底受け取りがたい」。韓国政府がこの合意を慰安婦問題の「最終的かつ不可逆的な解決」とし、大使館前の「平和碑」問題を云々していることは、「屈辱的」である。このように批判して、二〇一四年のアジア連帯会議の「日本政府への提案、すなわち日本政府の国家的法的責任履行がかならず実現されるよう、われわれはこれからも……正しい問題解決のための努力を一層傾注していくことを明らかにする」と主張している。結論は白紙撤回の要求である。日本の運動団体も韓国の団体のこのような反応を伝えられて、当初の立場を修正している。

だが韓国での怒りと批判の高まりを十分に考慮したとしても、日韓両政府の合意を白紙撤回させることはことの経過からして、難しいと言わざるを得ない。このたびの譲歩で支持者である歴史修正主義派から非難を受けている安倍首相にその「最終的解決」案を白紙撤回させて、まったく新しい解決案を出させる力は日本の国内にはないのである。だから、慰安婦問題解決を願ってきた日本人としては、このたびの日韓合意の改造、改善の道を進むしかない。むしろそうすることがこれまで運動してきた者の責任だと私は思う。

安倍首相の謝罪表明が「一二・二八合意」の白紙化より重要

⦿和田春樹教授、徐京植教授の公開書簡に答える（下）

駐韓日本大使が「安倍書簡」を被害者に伝えねば

いま必要なのは、外相会談合意を実現するつもりなら、安倍首相の謝罪表明を実行せよと主張することである。何よりもまず安倍総理の謝罪が文書化されなければならない。岸田外相の発表の裏には、次のような安倍総理の謝罪文があるはずなのである。

慰安婦問題は、当時の軍の関与の下に、多数の女性の名誉と尊厳を深く傷つけた問題であり、かかる観点から、日本政府は責任を痛感している。

私は、日本国の内閣総理大臣として、改めて慰安婦として数多の苦痛を経験され、心身にわたり癒しがたい傷を負われた全ての方々に対し、心からのおわびと反省の気持ちを表明する。

二〇一五年一二月二八日

日本国内閣総理大臣　　安倍　晋三

この謝罪の言葉を手紙にして、韓国の被害者に伝えることが急務である。駐韓大使が生き残っている韓国人被害者全員のもとを訪問して、手紙をお渡しするのである。そのさいには、日本政府が韓国政府に一〇億円を寄託した趣旨がこの首相の謝罪文にあきらかであることを丁寧に説明しなければならない。

一〇億円は被害者に日本政府の謝罪のこころを伝えるために、一定の金額を送ることに使われるとともに、正しい慰安婦問題の認識を明らかにするための事業にも使われることが望ましい。

徐京植氏はこの論文でアジア女性基金について長く論じている。それは、現在の日韓合意に対する私の姿勢がアジア女性基金に対する私の態度をくりかえすもの、同じ過ちをくりかえすものと見ているためである。そうならば、アジア女性基金について私も論じよう。

徐京植氏はアジア女性基金発足時の状況から論じ始めている。河野談話から細川首相会見まで、日本政府の動きが肯定的に評価され、国際的には、九五年九月の北京世界女性会議で行動綱領（真相究明、加害者処罰、十全な補償）が打ち出された、このまま順調に行けば、局面は違ったであろう、そのためには、日本の進歩的市民と韓国の反植民地主義勢力が連帯して、日本政府に対峙することが必要だったというのだ。

このような認識は現実とひどくずれている。日本政府は、宮沢政権も、細川政権も、日韓条約のさいの請求権協定で請求権に基づく支払いは解決ずみであり、被害者への国家補償はなしえないという原則に従い続けていた。一九九四年六月に村山自社さきがけ連立政権が生まれると、先の大戦は自存自衛、アジア解放の戦争だった、あの戦争について謝罪も反省もしてはならないという「終戦五〇周年議員連盟」が組織され、最終的には自民党議員の三分の二が加わるまでになった。外務省は戦後五〇年記念事業として平和交流事業計画を立案し、これによって慰安婦問題への対処としようとしていた。日韓の運動勢力の連帯は存在したが、この事態を打破する力はなかった。

村山内閣の官房長官五十嵐広三氏は国家補償を主張してきた人であったが、慰安婦問題での立法を断念し、政府資金でうごく財団法人をつくり、政府のカネと国民からの募金を合わせて、被害者に一時金を支払う仕組みをつくることを提案し、河野洋平外務大臣、武村正義大蔵大臣との折衝をつづけていた。この段階で、一九九四年八月一九日に朝日新聞に「元慰安婦に〈見舞い金〉、民間募金で基金構想、政府は事務費のみ」という大見出しの記事が出た。このことが被害者ハルモニの強い反発をよび、運動団体は基金構想絶対反対となったのである。五十嵐官房長官は記者会見を開いて、この記事に反論すべきだった。

ジャン・ラフ=オハーン氏とマリア・ヘンソン氏の場合

私がそう述べていることをとらえて、徐京植氏は、この記事は、「当時の（社会党を含む）政権の意図を正直に伝えている」とみるべきだと主張している。これは村山内閣に反感を持つ人の根拠がないきめつけである。五十嵐官房長官も、戦後五〇年問題プロジェクト・チームの社会党委員も、必死で主張したが、被害者への支払いに政府資金をあてることはついに官僚と自民党委員から賛成がえられず、断念されることになったのだ。そこで、被害者への「償い（atonement, 贖罪 sokje）金」の支払いを国民からの募金でのみ行うという基本コンセプトに立つアジア女性基金の設立に進むことになったのである。

国民からの募金のみによって償い金を払うという基金の基本コンセプトは、韓国では〈民間募金で見舞金（慰労金）〉というイメージをさらに固定させて、政府が責任をとろうとしないという当然の反応をよびおこした。アジア女性基金は拒否されるのである。

私は、そのアジア女性基金の呼びかけ人になるように政府からもとめられて、承諾した。徐京植氏は、私が当時書いた文章をいくつか引用して、私の基金参加の理由説明が筋の通らないものであると批判している。たしかに私は、日本では戦争犯罪に対してドイツのような筋の通った措置がとれない理由をのべて、現状で慰安婦被害者に対する国家補償を行うことができないのだと弁明している。だが、他方で私は、壁が厚いので、「わずかにあいた裂け目にみなが身体を入れ、さらに押し広げて行くべきだ」とか、「厳しい日本の現実の中では、これ以上は遅らせられない、今状況をよい方向に変えることに着手し、（活動を）はじめながら、その先の変化をさらに求めるというふうにしたい」とか述べている。国民からの拠金も、国家予算から出る資金も、変わりがないという基金弁護論に流れた説明もたしかにしているが、私の気持ちは、「ポンプのよび水」論で、国民がまず償いのカネを出すので、つぎには政府がもっと多くのカネをだしてほしいと願うものだった。一九九五年一一月六日の基金批判派との公開討論会で、私は、「償い金」を韓国、フィリピンの被害者に渡していけば、この事業はかならず他の国の被害者にも拡大する、「拡大した場合は、国民から集めたお金では不可能だと思います。……だから日本政府も国民も立ち止まることはできない道に入ってきているのです」と訴えている。私は、アジア女性基金の改良、改善、修正という道をとるほかないと考えていたのだった。

いまになって、調べてみて、私はそのチャンスが基金発足一年後に現れたことを知るにいたった。一九九六年春、償い金の額を決定するための議論が基金内部でおこなわれたとき、集まった募金額では提案された償い金額（三〇〇万円案と二〇〇万円案）が保障されないことが明らかになった。対象被害者はまず韓国台湾フィリピンで三三〇人程度とされていた。とすると、償い金三〇〇万円なら一〇億円、二〇〇万円なら六億六〇〇〇万円が必要になる。募金額は一九九六年四月には三億三〇〇〇万円程度であったので、明らかに不足であった。このとき、基金の運営審議会では、不足分は政府に出してもらおうという意見が圧倒的多数であった。そこで原理事長は二〇〇万円案を採用し、橋本総理とかけあい、不足分は政府が責任をもつという確約をえた。このことが基金に報告され、みなが了解したが、理事会議事録には記載されず、秘密にされたのである。

いまから考えれば、このとき、基金の基本コンセプトは破産することが明らかになっていたのであり、基本コンセプトの修正を正式に議論し、決定すべきであったのである。そうすれば、韓国の慰安婦被害者の批判に応えて、首相が謝罪し、政府と国民が共同で償い金を出すというふうに基金の性格を変えることができたかもしれない。しかし、このチャンスを基金の内部の人間は生かせなかった。私はいまこのことに大きな責任を感じている。

にもかかわらず、基本的な欠陥をもっていたにせよ、アジア女性基金は、日本政府がすすめた謝罪と償い（贖罪）の事業であったことは否定できない。これを「日本政府が公式謝罪と法的賠償を回避する手段」であったとみるのは正しくない。すくなくとも村山政権の中枢部の閣僚たちはそのような考えをもっていなかった。基金に関わった者たちもそのような考えをもっていなかった。募金に応じた多くの市民がいた。最初の四ヶ月で自発的な個人からの拠金は六七〇〇〇万円（一億三〇〇〇万円中の半分）に達した。市民の拠金には日本のもたらした苦痛と損害に対する謝罪の気持ちをのべた言葉が添えられていた。

私は自分の本の中で、次のように書いている。「アジア女性基金は、このような誤りと事業の欠陥の故に、韓国と台湾では、目的を達することができず、国民的和解に貢献できませんでした。しかし、アジア女性基金は、フィリピンとオランダでは、明らかに意味ある事業を実施することができ、成功を収めたと評価できます。アジア女性基金に対する批判は理解できますが、アジア女性基金の事業を受け止めて、心の安らぎをえた被害者がいることを無視して、アジア女性基金を全否定することは正しいことではありません。」

この主張を徐京植氏は批判する。オランダでは、被害者として名乗り出て、日本国家を批判しつづけたジャン・ラフ＝オハーン氏が基金を拒絶した。徐氏は、「この一人の女性が存在するという事実だけでも、基金が『成功』したとは言えない」と言う。しかし、本の中で、「沈黙しているオランダ人被害者に代わって、日本国家の罪を告発した」オハーン氏は「日本人が忘れることのできないオランダ人女性です」と強調したのは、私である。

「第三のチャンス」を生かし変わることができた

フィリピンについては、ヘンソンさんのことを取り上げ、「徹頭徹尾日本国家に蹂躪された」彼女が「亡くなる一年前に『償い金』を受け取ったことをもって、『心の安らぎ』を与えることができたというのでしょうか」と批判する。だが、ヘンソンさんは基金をうけとったとき、「いままで不可能と思っていた夢が実現されました。大変しあわせです」と語ったのだ。徐氏の考え方の問題性は、つづく言葉に現れている。「たとえ貧しさや高齢の故に『償い金』を受け取る人が続出するとしても、かりに韓国を含むすべての地域の被害者が『償い金』を受け取ったとしても、国家が明確で誤解の余地のない謝罪と補償を行わない限り、日本人たちは自らを慰めてはならない」

フィリピンでは、貧しいから、高齢だから、「償い金」を受け取ったとみるのは、フィリピンの被害者たちに対する偏見ではないか。そして、すべての地域の被害者が「償い金」を受け取っても、日本人は自らを慰めてはならないとは、いかなる意味なのか。徐京植氏は、さらにアジア女性基金は「被害者救済」のためでもなく、「日本国家の責任を明らかにして」「連帯の地平を切り開く」ためでもなく、日本人の「良心」を「慰めるためのもの」だったのではないかと、述べているが、これも理解に苦しむ主張である。

アジア女性基金に関わった者の気持ちからすれば、被害者のために何事かをしたい、不十分であれ、日本国家国民の責任を果たしたいと思ったのであって、自分の良心を満足させることだけを考えていたということはありえない。人間の小さな努力に対して超越的な高みから判定を下すようなことはやめてもらいたい。

このたびの論文を読んで、私は徐京植氏の世界と私の世界があまりに遠いことを痛感して、嘆息せざるをえなかった。氏は、この論文の中で、一九八九年の氏の論文「第四の好機―『昭和』の終わりと朝鮮」を取り出して、私につきつけている。この論文は、私が一九七四年に発表した「韓国民衆をみつめること―歴史の中からの反省」(『展望』一二月号)の中で展開した「第三のチャンス」論をふまえて提起されたと説明されている。

私の主張は、日本国民は植民地支配の歴史を否定して、新しい関係を朝鮮半島の人々との間に創造していくチャンスを一九四五年と一九六五年に迎えたのに、それを生かすことができなかった、だが、一九七三年、金大中氏の拉致事件が起こって以来、日韓条約八年目の現実と韓国民衆の闘いに触れて、第三のチャンスが到来したというものであった。日本の市民の日韓連帯運動が国民的に拡大したのは、一九八〇年の全斗煥クーデターによって金大中氏を死刑にする陰謀が進められたときであった。そのときは日本では、国民もメディアも金大中氏への敬意と共感からこの人を殺させてはならないという気持ちになった。政府さえ、同じ気持ちであったと考える。私は第三のチャンスをまさにつかんだ気がした。

八〇年代には、全斗煥大統領の訪日を契機として、私たちは、朝鮮植民地支配反省謝罪の国会決議が必要だという考えをもち、一九八四年から宣伝を開始した。一九八七年韓国民主革命がついに勝利の時を迎えると、八八年には、私は、安江良介氏と組んで、北朝鮮と政府間交渉をもち、「植民地支配の清算」を行うことを求める活動をおこなった。

一九八九年一月、昭和天皇が亡くなった。一月三一日、私は、鶴見俊輔、旗田巍、日高六郎氏らとともに、声明を発表した。「歴史の清算がなされないまま、昭和という時代の幕は下りたのだ」、朝鮮民族に対して、「私たちの国家は植民地支配の清算を果たしていない」と指摘し、植民地支配が軍事力によって強制されたものであると認め、それが朝鮮民族に「計り知れない苦痛」をあたえたことを謝罪するという国会決議を採択するように求めたのである。ハンギョレ新聞は、二月八日の社説「日本国会は植民罪科を謝罪せよ―知識人たちの『謝罪決議』要求は正当だ」で、私たちの呼びかけを支持してくれた。三月一日には、私たちは、「朝鮮植民地支配の謝罪、清算とあたらしい日朝関係を求める三・一宣言集会」を開き、国会決議をもとめる国民署名運動のスタートを宣言するのである。

徐京植氏が「第四の好機」という論文をもって登場してきたのは、まさにこの瞬間であった。その論文は三月八日に店頭で売り出された『世界』四月号に掲載されたのである。「第四の好機」を言い出すということは、「第三の好機」は生かされずに終わったという認識を前提とする。このたびの論文でも、徐氏は、「日本国民はこの『第三のチャンス』をつかんだでしょうか？」と問うて、「韓国民主化闘争の前進に励まされて、韓日民衆間の連帯が急速に進むように見えた瞬間」もあったが、九〇年代から、日本は「長い反動の時代」に入ってしまった、「実に惨憺たる歳月」であったと述べている。

これが現実無視の暴論であることは、先の私の説明から明らかであろう。八九年の氏は二年前の韓国民主革命の勝利も無視している。それが日本に影響して、翌九〇年には、金丸田辺代表団が訪朝し、日朝交渉の開始にいたるのである。慰安婦問題が提起されて、九三年には河野談話が出る。ついには一九九五年の村山談話となるのである。徐京植氏はこの前進を前進とみとめず、九〇年代に入れば、反動一色となるとみてしまうのである。

そういう悲観的な姿勢が生まれた理由が問題の論文

との危機を回避する必要性を痛感するにつけ、そう強く思っている。

「第四の好機」の中に見出される。氏が、「第四の好機」とするのは、天皇の死である。植民地支配は天皇の名によっておこなわれたのに、天皇が死去した日本は「天皇の戦争責任を免責することによる日本人全体の『一億総免責』が行われようとし」ていると述べている。朝日新聞の社説が天皇の責任を免罪し、米国による天皇制温存に感謝していることを怒りをもって論難する。徐氏はこれで日本に絶望したようだ。「第四の好機」もおそらく生かされないだろうとみる。韓国では「民主化と民族統一のための闘い」は確実に前進しつつあるが、それに合わせて、日本人も前進するとみるのは、「おそらくナイーヴにすぎるのだろう」。そこで、徐京植氏は警告する。「侵略と収奪の歴史を自己否定すること」がなければ、「日本人は将来にわたって『抗日闘争』に直面し続けるほかない」と。その言葉がこのたびの論文にも繰り返されている。

日本人と朝鮮民族はなお敵同士の関係にとどまるであろう。これが一九八九年の徐京植氏の予言であった。だが、二〇一六年の日本にいて、私は少なくとも日韓両国民の関係は第三のチャンスを生かして変わったと考えている。韓国の国民からの協力を信じて、日本国民の意識を変えるために努力を続けること――それが私たちの進むべき道なのである。朝鮮民族の残る半分

国家・故郷・家族・個人

——「パトリオティズム」を考える

解題「国家・故郷・家族・個人——〈パトリオティズム〉を考える」

二〇一四年六月一三日、韓国の全南大学湖南学研究院主催による学会「Patriotisms: Love as Political Passion（愛国、政治的情熱としての愛）」での報告全文。本書収録にあたり原題「パトリオティズム再考—ディアスポラの視点から」を改め、若干の字句上の訂正を加え、〈註〉を付した。

あるタクシー運転手との会話

二〇〇六年から二年間、研究休暇を得てソウルに滞在した。日本生まれの在日朝鮮人二世である私には実に得難い体験であった。韓国のタクシーの（日本とは異なる）特徴は、運転手がよく客に話しかけてくることではないだろうか？　ある日の運転手との会話を紹介してみたい。

その運転手は年齢が七〇代後半のように見えた。最初はバックミラーに映る私をチラチラと見ていたが、やがて「日本から来ましたか？」と日本語で私に尋ねた。そういうことはそれまでにもしばしばあった。なにもしゃべらないでも、服装や雰囲気から「こいつは日本人らしい」と見当をつけるのだろう。しかし、私は「日本人」ではないから、こんなとき、いつもどう答えるべきか当惑する。黙っているわけにもいかず、「日本から来た」のは事実なので、朝鮮語で短く「はい」と答えた。

朝鮮語で答えたのに、運転手は私を「日本人」と決めこんだようで、続けて日本語で、こんな話を始めた。

自分は日帝時代、岡山県の田舎で育った。そこで小学校にも通った。美しい風景を憶えている。小学校時代に習った、「故郷」や「赤とんぼ」といった童謡や唱歌をいまでも歌うことができる。……運転手の顔つきは懐かしさにうっとりしているように見えた。今にも「赤とんぼ」〈註1〉の歌を口ずさみかねない様子だった。

こんなとき「日本人」の客なら喜ぶのか、当惑するのか、どんな反応を見せるのだろう？　「ええ、日本の田舎は景色がきれいですよ」とか、「赤とんぼはいい歌だよね」とか、そんなふうに答えるのだろうか？　運転手の側もそういう反応を予測していたのかもしれない。だが、私は「日本人」ではないし、そういう反応はできなかった。

タクシーに乗るたびにいちいちこういう話になるのはちょっと負担だな、と思いながら、私はたどたどしい朝鮮語で伝えた。「私は日本から来ましたけれどね、日本人じゃありません。在日僑胞です。……」

「僑胞」という言葉はふだん使わないのだが、この時は高齢の運転手にも通じるように、そういう言い方をした。

「ああ、僑胞ですか……」。運転手はちょっとがっかりしたような声を発した。私が朝鮮語で答えたのに、「僑胞なのに韓国語がよくできますね……」と彼は日本語で語り続けた。私はすこし意地になって、朝鮮語で続けた。「ええ、年をとってから勉強しました。でも難しくて、まだまだですよ……」。

「大丈夫ですよ……」。運転手は後部座席を振り返った。お願いだから前を向いて安全運転してほしいと思ったが、そのことを口に出す暇はなかった。彼は「大丈夫です、私は日本語ができるから……」と私を慰めるように言った。こうして、彼は日本語、私は朝鮮語の、二人ともにたどたどしい会話が続いた。どうやら、彼は幼いころになじんだ日本語で会話をしたいという潜在的欲求をもっているらしい。私にその相手役を見つけたのだ。

「日本では独島問題を、みんなどう考えていますか？」

試すような口調だった。やはりこの話題か、予想どおりだな、私は慎重に答えた。

「みんなって？」

「日本人たちのことです」

「それはいろいろでしょうが、大多数は日本固有の領土だという政府の言い分を支持していますよ」

と答えたあと、急いで付け加えた。ここで独島問題に関する日本批判を私に向けられてはかなわないと思った。それまでにも在日朝鮮人である私が、日本批判の標的役を務めさせられるという不条理な場面を何回か経験していたからだ。

「もちろん、私は違いますけれどね。私は在日僑胞ですから、日本の植民地支配の被害者ですよ。独島も日本が朝鮮を植民地支配する過程で手に入れたものでしょ。それを認めることはできないじゃないですか……」

運転手は沈黙していた。私を「日本人」に分類すべきか、「韓国人」に分類すべきか、しばらく考えていたようだ。

「でも、日本はよくなったでしょう？　まだ差別がありますか？」

「もちろん、ありますね。韓国人は出て行けとか、朝鮮人を殺せとか、公然と叫ぶ連中までいますから……」

「そうですか……」。運転手の語調がここで変わった。「日本人」相手なら言わない話をしてもよいと判断したらしい。

「実はね、さっき岡山県の田舎で育ったと言ったでしょ。その時、ひどい苦労をしました。私たちの家族は貧しくて、乱雑な朝鮮人部落に住んでいたんです。そこの住民だというだけで周囲の日本人たちからは白眼視され、子どもたちにいじめられました。チョーセン、チョーセンってね。もう、そんなことは昔のことで、いまはなくなったと思っていたのですが……」

「昔のまま、ということはありませんが、形を変えて続いていると思いますよ。そもそも政府がきちんと反省や謝罪をせず、学校でも歴史の事実を教えないので、これでは日本人たちがほんとうに変わることもできないのではないですか」

「私が子どもだった頃は、大東亜戦争の真最中で、日本の子どもたちはみんな、自分も立派な兵隊さんになるんだと言っていました。でも、朝鮮人は……」

ここで運転手は「朝鮮人」という日本語を使った。それが「韓国人」という韓国語よりも正直に彼の記憶を表しているからであろう。

「朝鮮人は終戦間際まで徴兵の対象ではなかったから、国民の務めを果たせない劣った連中だということで、よけいにいじめられたんですよ。それがいやで、自分も一人前の男だ、自分も徴兵してほしいと思ったものです」

運転手は話しているうちに、封印していたさまざまな記憶をよみがえらせたようだった。私は思い切って、心に浮かんだ疑問を切り出してみた。

「でも、さっきは故郷が懐かしいと言っていましたよね？」

「それは懐かしいよ……」。運転手の声は感情的な高ぶりを帯びた。

「やっぱり懐かしいんですよ。ちょっと歩けばきれいな水の流れる小川があって、その岸辺でよく遊びました。山にかかる夕日を眺め〈赤とんぼ〉を歌いながら家に帰った。時々、母が〈うどん〉をつくってくれた。日本風のダシの〈うどん〉です。それが美味かった。いまでも懐かしい……」

「差別に苦しめられたのでしょ?」

「そうですよ！ ひどかった。その村のもっとも貧しい日本人たちですら、私たちを平気で見下げていましたからね。……」

「では、八・一五解放をどういう気持ちで迎えましたか?」

「嬉しかったですね。これで独立国の国民になれる。今までのようにバカにされることもない、と思ったものです。父が家族を連れて帰国するというので、私は初めて見る祖国に胸を膨らませて上陸しました」

「それから……」

運転手はまたしばらく黙りこんでから、次の信号待ちの時にやっと口を開いた。

「……それからの苦労は話にもなりませんよ。日本にいた時よりもひどかった……」

今度はこちらが黙り込む番だ。

「数年のうちに朝鮮戦争が始まって、一八歳になっていた私も国軍に召集されたのです。戦争そのものも悲惨だったが、軍隊で……」

「軍隊で?……」

「上官や古参兵に、ずいぶん殴られました。倭奴《ウェノム》みたいだとか、愛国精神が足りないとかいってね……」

「倭奴、ですか？」

「私は日本育ちだから国語がほとんどできなかった。一生懸命に習っても発音は日本式でたどたどしい。上官や同僚の話していることがわからないこともある。座り方や食事の仕方など、身のこなしもどこか日本式だし、食べ物も辛い物が苦手で日本式の薄味を好んだりするから……」

「……」

「そんな時、自分の育った岡山が懐かしくて、隠れて泣いたこともありましたよ……」

もうすこし話を聞きたいと思い始めた時にタクシーは目的地に着いてしまった。

この老運転手の中で、「故郷」とは幼い頃に身に沁みついた郷愁の対象である。だが、その郷愁と植民地臣民としての被差別体験の記憶とがいまも激しく葛藤しているのである。彼にとって故郷とは分裂し矛盾したイメージでしかない。

まして、その矛盾した「故郷」から帰還してみると、「祖国」は二つに分裂して相克していたのだ。彼は事情もわからないうちに、自らの意思とは無関係に、その一方に帰属することを強要され、「愛国精神」が不足していると虐待されたのである。故郷への愛着（愛郷心）と国家への愛着（愛国心）を等式で結ぶ常套的な語りがここではまったく成立しない。老運転手が懐かしんでいる対象は幼いころの風景、言葉、音楽、味覚、母の記憶などであり、それは本来「日本」という国家への愛着とは別物だ。だが、その感情を「愛郷心」と名づけた瞬間、それは「愛国心」に連結されてしまい、韓国の「愛国者」から「愛国精神」が欠如していると非難されるのである。

ただし、確認しておきたいことは、この老運転手が、非正常な、憐れむべき存在だということではない。むしろその逆に、多くの人々が内面化させている愛郷心と愛国心を等式で結ぶイデオロギーの虚構性を彼の経験こそが暴露してくれる、ということだ。

人がその「故郷」を愛するのは当然のことだろうか？　そうでない例はいくらでも挙げることができる。「故郷」の中にも身分、階級、ジェンダー、民族その他の分断線は縦横に走っている。「故郷」という狭い共同体の内部に閉じ込められた弱者は逃れることもできないまま抑圧を受け続けてきたともいえる。たとえば長子相続制の時代の次男三男は「故郷」を出るか、あるいは生涯、「故郷」での不遇な暮らしを甘受しなければならなかった。口に糊する手立てもないまま小作や使用人として暮らす人々にとっては、なおさらである。そういう者たちにとって「故郷」とは牢獄の別名でもあるだろう。「棄郷」（故郷を捨てる）、「出郷」（故郷から逃れる）、という感情の方向性も近代以降の人々のあいだに普遍的に存在することは否定できないのである。

「故郷」への愛着を「国家」への愛へと繋げるのは、とんでもない飛躍である。ある人が日本岡山県の山村に生まれたからといってその村を愛さなければならないとは限らない。また、その村を愛しているとしても、それが自動的に日本国への愛に読みかえられなければならない理由はない。またある人が朝鮮半島南西部湖南地方の農村に生まれたからといって、その人が自動的にその村を、さらに「大韓民国」を愛さなければならない理由もない。それなのに、日本でも韓国でも、多くの人々がこの非論理的な連続性を疑おうとしないのである。

在日朝鮮人にとって「故郷」と「国家」は一致しないし、「国家」はつねにみずからの経験の外部にあって、即自的な愛着の対象ではありえない。タクシーの老運転手は在日朝鮮人ではないが、彼の経験には在日朝鮮人一般の経験と共通するものがある。いや、そのことは植民地時代も朝鮮半島に残っていた多くの朝鮮人たちにとっても同様であることは、李相和《イサンファ》の詩「奪われた野にも春は来るか」を想起しただけでも、明らかであろう。植民地主義が人々から故郷を引き剥がす過程（土地や資源の強奪）、あるいは人々を故郷から引き剥がす過程（強制動員や移住）で暴力が発動された。そのように引き剥がされた人々を再び「国家」の枠にはめ込もうとする過程で愛国主義という暴力が発動されたのだ。静かに考えてみればわかるはずだが、この老運転手の経験、彼の自己分裂の様相は、私たち朝鮮民族の全員にとってけっして例外的なものではなく、むしろ一般的なものなのである。

郷愁と国家主義

「がんばれ、日本」――二〇一一年三月一一日の東日本大震災以後、テレビでは公共コマーシャルというものが繰り返し流された。スポーツ選手やロック歌手が登場して、「日本は強い国だ」「がんばれ、日本」などと呼びかけるのである。このコマーシャルを目にするたびに、私は不吉な思いにかられる。そこに「自衛隊員のみなさんに感謝しよう」などという声が重なると、なおさらである。

震災で被害にあったのは「日本人」だけではないし、がんばっているのは「日本人」だけではない。こうした一括りのレトリックによって国民的団結を鼓舞し、困難を乗り越えようとするのだろうが、その団結のためには「国民の敵」が必要とされるのは理の当然だ。今後、困難が長期化し、支配層に対する人びとの不満が鬱積してくれば、かならず「敵」を作り出そうとするだろう。それに反対する国民は「非国民」ということになる。それが古今の権力の常套手段である。その時、「敵」にされてしまう可能性の高い存在が、在日朝鮮人である。

いまから三年前、震災の直後に、私はこのように不吉な予感を記した。その後、現在までの日本社会の推移は、残念ながらこの予感が的中したというほかない状況である。日本政府は中国、韓国、北朝鮮など周辺国家との対立を煽りながら、再軍備、武器輸出、原発輸出という方向へと突き進んでいる。街頭では在日朝鮮人を敵視する極右勢力の示威運動が繰り返されている。震災以後、日本社会において国家主義の傾向が確実に強まり、いまや危険水位を越えようとしている。

気になることは、一般の日本国民の間で、「郷愁」という感情が過度に強調され、共有されている現象である。「故郷」は小学校で教える唱歌で、日本国民の誰もが知っている歌だ。

その一番の歌詞は以下のとおり。

兎追いしかの山
小鮒釣りしかの川
夢は今もめぐりて
忘れがたき故郷

震災以後この歌が「第二国歌」と呼ばれるようになり、ことあるごとに合唱されている。官の側から奨励しているだけでなく、むしろ民の側から「自発的に」起きている動きである。震災の被災地だけではない。私自身が経験したことだが、あるイタリアン・レストランでのコンサート付の食事会に出かけた際、参加者たちがコンサート終了時に自発的に起立して、感情たっぷりにこの歌を合唱する場面を目撃した。ちなみにその場の参加者はほとんど東京近郊居住者で、直接の被災者ではない。

言うまでもなく、被害に遭ったのは日本国民だけではないし、福島原発事故の放射線を浴びているのは日本国民だけではない。むしろ日本は、自国が国策として推進した原発の事故によって全世界の環境と人類に害を与え続けている加害者なのである。しかし、日本国民の多くが「自分たち日本国民が受けた災難と苦難」という側面にしか目を向けず、被害者意識を共有して感傷的な共同体感情を強化しているようだ。

一九二三年九月一日の関東大震災の際、六〇〇〇人以上の朝鮮人、二〇〇人以上の中国人、無政府主義者など数十人の日本人が虐殺された。この虐殺は、「朝鮮人が放火している」「井戸に毒を投げ入れている」といった流言に始まり、それが官憲やメディアによって増幅されたために起こった。そういう出来事が再現されるのではないかという不安と緊張は、「故郷」の優しいメロディに多数の日本国民が唱和している姿を見るたびに、私の胸にせりあがってくる。〈註2〉

このような「郷愁」と国家主義（愛郷心と愛国心）の危険な関係について、政治思想学者の中野敏男が最近、優れた論考を発表した（『詩歌と戦争』ＮＨＫ出版、二〇一二年）。

中野によれば、一九一四年六月に『尋常小学唱歌第六学年用』が刊行され、その際に出された教師向けの指導書には次の記述がある。

「郷土を愛するの念は、これ国家を愛するの念なり。（中略）郷土を離れたものの愛郷の情を想像させることは訓育上知育上、恰好の材料ではあるまいか」

この『第六学年用』教科書には、第一曲「明治天皇御製」に始まり、第一八曲「天照大神」を経て終曲「卒業の歌」に至るよう一九曲が配列されている。これが「天皇を中心として愛国を上から説く官製の国家主義の表現」（中野）であることは明らかだが、第五曲「故郷」は「我は海の子」と「出征兵士」の間におかれている。「我は海の子」の歌詞第七番はこのようにうたう。

いで大船を乗出して
我は拾わん海の富
いで軍艦に乗り組みて
我は護らん海の国

「出征兵士」の歌詞は「老いたる父母」の願いとして、「義勇の務め御国に尽くし、孝子の誉れわが家にあげよ」「いくさに行かばからだをいとへ、弾丸に死すとも病に死すな」とうたう。

このように「帝国」のために献身する国民の義務を教え込む文脈の中で、「故郷」は「郷愁」を媒介に愛郷心と愛国心を結びつける役割を担っていたのである。

このような「上から」の官製愛国主義とは別に、近代日本の代表的詩人である北原白秋は「下から」の「自由主義」的な童話運動を起こした。国家が「上から」注ぎ込む郷愁とは異なり、子どもの「童心」にはもともと人間の「本然」として「生みの母へ思慕」の感情があり、これと大人のもつ

「郷愁」とは同型であると主張するものだ。この「童心主義」は「郷愁という感情を本然的なものと認めることで、それを課題とするのではなく内在する前提に」している。明治期の国家主義においては「国民にする」という訓育が課題であったが、この大正期の「自由主義」では「国民である」ことがすでに前提になっている。ここで「自由主義」とは実はこの「国民」の自由を指している。つまり、このような「郷愁」を前提として共有しないものは「国民ではないもの」（非国民）として排斥されることになるのである。

大正期の「自由主義」童謡運動の中心人物であった北原白秋は関東大震災（一九二三年）の二年半後には、その年の紀元節に挙行された「建国祭」のため「建国歌」をつくった。震災後に高まった愛国主義を背景に右翼団体が企画したもので、東京では約三万人が祝賀行進をしたという。北原白秋は満州事変（一九三一年）の頃から愛国歌謡、戦争詩歌を量産し、率先して戦争体制に協力した（以上、中野前掲書を参考にした）。

一九二三年の関東大震災以後、混乱の中で多数の朝鮮人や中国人、日本人無政府主義者、労働運動家などが虐殺されただけではなく、「帝都復興」の呼び声とともに軍国主義が台頭し、国民の人権が抑圧され、やがて日本は満州事変を経て大戦争へと至る道をたどった。その過程で「郷愁」という感情が果たした役割を軽視してよい理由はない。東日本大震災後の今日においては、なおさらである。

朝鮮民族の立場から付言すれば、日帝時代の音楽教育において唱歌や童謡の形で埋め込まれた「郷愁」が旧世代だけではなく、解放後の世代にまで目に見えない形で生き延びているのではないだろうか？　私は韓国で、あの老タクシー運転手だけでなく、日本の唱歌や童謡への懐かしさや憧れの感情を隠さない多くの人々に出会い、すくなからず当惑させられた。歌詞が強調する献身の対象を「日本」から「韓国」に代えるだけでは、郷愁と国家主義を結ぶ鎖が断ち切れるとは思えない。むしろ懐かしい音楽の姿をとって、どんなイデオロギーが自分たちの内面に浸透しているのかを正直に見つめることが必要であろう。

家族愛と愛国心

ここまで郷土愛と国家主義を等式で結ぶことの危険性について述べてきた。だが、北原白秋のいう「童心」（母親への愛）はどうであろうか？「母への愛」は万人にとって疑うことのできない絶対的な真実であるのか。それは「家族愛」と同義であろうか。また、家族愛は郷土愛へと無条件につながるのか。つまり、親への愛＝家族愛＝愛郷心＝愛国心という等式はほんとうに成り立つのか？

まず、私の疑問から述べれば、こうした等式を強調する人々はなぜ「愛国心」のところでこの等式を止めるのか、ということだ。この等式の先に「人類愛」とか「世界愛」とか、「平和」といった価値を想定しないのはなぜなのか？　私の推論では、その理由は、こうした等式を強調する人々が、個人↓家族↓郷土↓国家（↓世界）という方向で一つ一つの等式が成立するかどうかを吟味しながら思考しているのではなく、国家から出発して、国家↓郷土↓家族↓個人という逆方向で「愛国心」を理由づけしようとしているためである。

九〇年代後半、もと日本軍「慰安婦」をはじめとするアジアの戦争被害者たちが可視化され、日本の戦争責任がきびしく問われるようになった頃、漫画家の小林よしのりなど右派人士はさかんに家族の比喩を用いた。小林は、いま非難にさらされているもと日本軍兵士は自分たちの「じっちゃん（祖父）」であると述べ、現代の若者は祖国と郷土のために戦った祖父の世代に精神的に一体化すべきだ、と主張した。このような主張は、日本社会で意外なほど拡散し、現在まで増殖し続けている。問題は小林のような見えやすい右派だけにあるのではない。むしろ、「リベラル」を自任する中間層までも、ひろくこのような情緒を共有している点こそ問題である。〈註3〉

「靖国派」（国粋主義者）とは一線を画しているとして「リベラル」を自称する評論家・加藤典洋は『敗戦後論』（一九九五年）というトリッキーな著書を出して、広く日本中間層に人気を博した。この本は韓国にも翻訳紹介され、いまも加藤を日本の良心的リベラル人士であると誤って評価する韓国の人々も少なくない。しかし、加藤の議論の要点は、靖国派の国家主義への「情動の根」が断ち切られないのは護憲派（戦後平和主義者）が日本軍の死者を「打ちすて」ているためである、アジアの死者（戦争犠牲者）に先立って自国の死者を弔う作業を通じて国民的統合を実現しなければならない、そうでなければアジアの犠牲者への謝罪もできない、というものである。この議論自体、事実に反する部分や論理的に破綻している部分もあるが、いまここでの主題ではないのでこれ以上は述べない。

ただ、加藤の次のような言い方は、ここでの主題に照らして、参考になるだろう。

「侵略された国々の人民にとって悪辣な侵略者にほかならない自国の死者を、この（外向きの）正史は〈見殺し〉にするので、この打ちすてられた侵略者である死者を〈引きとり〉、その死者とともに侵略者の烙印を国際社会の中で受けることが（中略）責任を引き受けることだ」（加藤典洋『敗戦後論』）

この引用中の〈引きとり〉は初出の雑誌では〈かばい〉となっていた。「烙印」とは意に反して外部から強いられたもののたとえであろう。日本が侵略者であったことは歴史的真実であって、意に反して押し付けられる「烙印」ではないであろう。加藤自身が明確に日本の戦争を侵略戦争と認識していたとしたら、こういう表現は出てこないはずだ。ここで言われていることは、「意に反して侵略者と〈烙印〉された民族」という被害者意識と共犯意識を形成し、それに包み込んで「罪ある者」を「かばう」ということなのである。

加藤はある対談で「よごれた戦争の死者といえども父は父だ」とも述べている。加藤のいう「よごれ」は「敗戦の屈辱」と同義である。敗戦が「よごれ」なのか？　そうではなく侵略こそが「よごれ」であろう。かりに日本が勝っていたら、その「よごれ」はもっと救いようのないものであった。どの個人にとってももちろん「父は父」だ。その父が悪を行なった時、個人はきびしい倫理的判断を迫られることになる。その結果、個人によっては父のなした悪を否定しつつも、同時にその父をかばうこともあるだろう。愛は善悪とは別次元のことだからだ。だが、父は父だが、父＝「自国の死者」ではない。

戦争加害者の世代全体を「父」と比喩することで、「父」と表象される観念の内部に戦争指導者から戦争犯罪者、消極的な協力者、無力ゆえにやむをえず戦場に送られて命を落とした下級兵士、自国の戦争に抵抗した反戦主義者までがまるごと包み込まれてしまい、その個々人の責任は雲散霧消させられる。「東条英機はあなたの父なのか？」と単純な質問を投げかけさえすれば、加藤の議論の破綻は明白になる。個々人が自分の父を悼むことはありうることだが、なぜ「父」という表象に包み込まれた戦争指導者や戦争犯罪人を悼まなければならないのか。「父は父だ」というこの比喩に、諸個人の家族感情を国家主義へと誘導する罠が潜んでいるのである。

「リベラル」を自任する彼が、小林などの国粋主義者と「情動の根」を共有していることがわかる。しかし、こうした加藤の言説は九〇年代後半の日本社会で「自分は右派ではない」と自任する人々にまで大きな影響力を発揮し、日本の戦争責任を明らかにしようとする少数の人々をさらに孤立させることに貢献したのである。

人間が家族を愛するのは当たり前だ、したがって家族のための自己犠牲は当たり前だ、と、家族愛を本質化してとらえる情緒は、愛郷心や愛国心をも同じように本質化してとらえることになりやすい。もちろん家族愛と愛郷心や愛国心とが衝突し相克する局面もあり、家族が国家への抵抗の足場になる場合もあるのだが、愛郷心や愛国心を客観的にとらえるためには、家族愛を客観的にとらえなければならないだろう。

人間にはたとえ自分の親兄弟であろうと状況によってはその人を愛さない自由がある。実際にそういう例は多く、古今の文学の重要なテーマがこの肉親愛の葛藤にあることは言をまたない。

誤解のないように言うと、私は家族相互間の「愛」を否定しているのではない。「生まれる」という言葉を英語で I was born と受動態で表現するように、人間は誰しも自分の意思でこの世に生まれてくるのではない。子どもは（つまり人間は誰もが）自らの自発的意思によってではなく、家族という社会に組み入れられるのだ。そんな不条理によって与えられた自己の生を意味あるものととらえ、家族を愛することができるようになることは、親や家族を「愛さなければならない」というイデオロギーや強圧によってでなく、家族がその構成員にとって心地よいものであるよう努力することを通じてでなければならない。その意味で、家族は最小の単位ではあるが、国家と同じように社会的組織なのである。成人し自立することが可能となった子どもは、あらためて自らの自発的意思で家族という社会の成員にとどまるかどうかを判断し、場合によってはその家族から脱退することを権利として保障されてよい。では、なぜ国家への犠牲がつねに家族へのそれに比喩され、その比喩が広く人々に浸透するのだろうか？

I was born と述べたように、生まれた子どもは絶対的に無防備な状態にあり、父母や家族（広くいって大人）の庇護なしには生き延びることができない。逆に言うと、子どもをつくるという行為には、（必ずしもその直接の父母という意味に限定せず）子どもを保護する大人の義務や責任がともなうということだ。これは「愛」という言葉で表象されるが、実は「家族」という社会的単位を構成するものとしての社会的責任であるとみることもできるだろう。実際の血縁関係があろうとなかろうと、大人たちに子どもを保護する責任があるのは、それが人類社会を維持していくために必要だからだ。

しかし、子どもは無防備であるため（ある時代、ある状況では女性や老人も同じだが）、成人するまでは大人に依存せざるを得ない。そこに権力関係が生じる。本来はその社会的単位の構成員全員にとっての必要から生じたはずの家族的紐帯が、権力関係という形をとって現れる。子ども、老人、女性など家族内の弱者にとって、家族という関係は離脱することがきわめて困難な拘束である。逆にいえば、一家の「家長」にとって家族とは自分が確実に支配することのできる集団なのである。家庭内暴力や児童虐待の事例はこのことの端的な表れであるといえよう。

以上の理由で、「国民はひとつの家族」とか「血を分け合った私たち」というように、国家と国民の関係を家族関係や血縁関係にたとえることとは、成員各人の自発的参加を前提としているはずの社会組織をあたかも「運命共同体」であるかのように描き出し、その成員を権力関係に縛りつける危険性を帯びている。その危険を避けるためには家族といえども各個人によって構成される社会的単位であるということをあらためて認識しなければならない。

成人した子が自らの判断で、自らの属する（家族という）社会の他の成員のために自己を犠牲にすることと、「孝」という道徳律に隠された権力関係に強いられた結果として自己を犠牲にすることとでは、外見は似ていても中身はまったく異なる。ここでいう「孝」を「忠」（主君への忠義、国家への忠誠）に置き換えてみれば、同じ構造が見えてくるであろう。国家への「忠」を要求する人々が家族への「孝」を本質化するのである。韓国では「忠孝」というスローガンは維新独裁時代に強調され、当時は全国の刑務所に「忠孝碑」が建てられていた。

「パトリオティズム」という用語

この学会のテーマは「パトリオティズム—政治的情熱」というものだが、私はここまで「パトリオティズム」という用語をあえて使わないようにし、「愛国心」ないし「国家主義」という用語を用いて議論を進めてきた。その理由は、まず用語の中身、その含意に関する深い合意がない中でこうした議論をすることへの危惧があるからだ。そして、用語の解釈が食い違ったままメタレベルで議論をすることは不毛なばかりか、時として危険でもあると思うからである。つねに、その用語を実際の状況や文脈の中において具体的に検討することが求められると信じる。いいかえれば用語から現実を規定するのではなく、現実から出発して用語を繰り返し検討することが必要なのだ。

たとえば「パトリオティズム」という用語は日本では「愛国心」とも「愛郷心」とも訳される。後者の訳は、いわゆる国家主義と区別したいという気持ちの表れであろう。「愛国心」は危険だが、「愛郷心」なら自然なものであり肯定できる、といった含意が感じられる。だが、ここまで述べたように「愛国心」と「愛郷心」は別のものだが互いに繋がっている。「ナショナリズム」という用語もまた、民族主義、国家主義、国民主義その他さまざまに訳され、含意が混乱したままに流通している。このような概念整理を慎重に行なわないまま、「ナショナリズム」という用語だけを「パトリオティズム」に代えてみたところで、生産的な思考が可能になるとは思えない。

この問題を検討する際に参考になるのは米国プリンストン大学教授（政治学）であるマウリッツィオ・ヴィローリの論考である（Maurizio Viroli, *"For love of the Country: An Essay on Pariotism and Nationalism",* Oxford University Press, 1995. 日本語訳『パトリオティズムとナショナリズム』日本経済評論社、二〇〇七年）。

ヴィローリはその著書を、「〈祖国愛〉love of country と〈国家への忠誠〉loyalty to the nation、及びパトリオティズムとナショナリズムは、学術論文や一般的な言葉において同義語として使われている」と書き始め、しかしこの両者は「区別することが可能であり、また区別されねばならない」と説く。「パトリオティズムという言葉は何世紀にもわたり、一つの集団 people の共同の自由を支える政治制度と生活様式への愛、つまりは共和政体への愛を強めたり喚起したりする目的で使われてきた。これに対してナショナリズムという言葉は、一八世紀後期のヨーロッパにおいて、一つの国民の文化的、言語的、民族的統一性と同質性を擁護したり強化したりする目的で創り出された。共和主義パトリオティズムの敵が暴政や独裁政治、抑圧や腐敗であるのに対して、ナショナリズムの敵は異文化による文化の汚染、異種雑交、人種的不純、そして社会的、政治的、知的な不統一である」

このような問題意識に立ってヴィローリは、ヨーロッパ思想史においてパトリオティズムという言葉がどのような意味を込めて用いられてきたかを豊富な例証を引きながら、パトリオティズムは共和政体とそれが認める自由な生き方を志向するものであり、人間に対して慈悲深く、寛大な愛情を強めていく、ナショナリズムではなくパトリオティズムが、あるいはナショナリズムを抜きにしたパトリオティズムこそが現代において必要である、と主張する。

排他的ナショナリズムに対する批判という動機から出ているこの主張は傾聴に値するし、学ぶべき点も少なくない。だが、このようにナショナリズムとパトリオティズムを区別して、前者から後者を救うことが可能なのか、また、そのことに実践的にどれほど意味があるのか、疑問なしとしない。

パトリオティズムは血縁的または文化的同質性を強調するナショナリズムとは異なるというが、「公共善への自己犠牲」や「政治共同体への愛」という行為がパトリオティズムという呼称で形式化され、イデオロギー化されると、それはすぐさま排他的自己中心主義へと変容しうる。政治権力はつねにそのことを狙っているし、歴史的に見て実際にそうしてきた。私たちは、たとえば、アメリカ合衆国の「共和主義パトリオティズム」がどのように機能してきたのかを見た。近い過去には、ジョージ・W・ブッシュ大統領による対イラク開戦を合衆国市民の八〇パーセント以上が支持して、大義のない戦争が強行されるのを目撃したばかりだ。ナショナリズムは悪でパトリオティズムは善だと観念的に分類してみることよりも、この両者のイデオロギーが現実の状況や文脈の中で、どのように否定的に、あるいは肯定的に機能するのかを具体的に検証することのほうが有意義ではないだろうか〈註4〉。

家族愛＝愛郷心＝（ナショナリズムであれパトリオティズムであれ）愛国心、という常套句的等式が示された時には、それぞれの項目間の等式がほんとうに成り立つのかを熟考しなければならない。私の考えでは、あくまでも個人から出発し、その個人の自発的判断によって、家族へ、郷土へ、国家へ、さらには世界へ、人類へと思考を進めていくべきである〈註5〉。

その進行の各段階では個々人の「分離の自由」が制度的に保障されるべきだ。「分離の自由」とは夫婦の場合は「離婚の自由」に該当し、国家との関係では兵役や納税といった国家が課す義務を拒否する権利を含意する。分離の自由が保障されている条件の上での結合こそが自由で自発的なものであり、自発的な発露としての「愛」こそがほんとうの愛なのである。

この考えに対して、そうなると個々人はすべて利己主義に陥り「公共善」にために自己を犠牲に供する人はいなくなり社会が維持できない、という反論が予想される。この反論への再反論は簡単ではない。人間には他者のために自己を犠牲に供する「善性」があるはずだという啓蒙主義的仮説は、たとえば「アウシュヴィッツ」で崩壊した。人間の大多数は他者の運命に無関心か無慈悲であるという事実を認めなければならない。だが、それでも人間たちの中に（厳密にいうと人間の中の少数の者には）、自己の信じる「善」のために自己犠牲をいとわない人がつねにいることも事実だ。一つだけ例を挙げてみよう。

一九四三年九月二六日、ローマのユダヤ人街で、イタリア北半部を事実上占領していたドイツ軍によるユダヤ人一斉逮捕が始まった。この時拘束された者の数は一〇二二名。その中に、自分が保護していた身体が不自由なユダヤ人孤児と運命をともにした非ユダヤ人女性一名が含まれていた。これらの虜囚は家畜用の貨車に積み込まれ、アウシュヴィッツに向かって移送された。水も食べ物も与えられないまま移送の過程で少なからぬ者が死亡し、その亡骸は途中の停車場で次々に落とされた。この一〇二二名のうち、戦後に生還した者はわずか一五名であるという。非ユダヤ人であることを申し出さえすれば逮捕を免れることのできたこの女性は、自分の血縁でもなく、同じ宗教でもなく、身体が不自由なので実利的な見返りも期待できない子どもと非業の運命をともにした。その行為はイタリアという国家への愛国心による、国家の敵との闘いでもなかった。彼女は自らの判断で、自分にとってもっとも「人間らしい」と思える行為を選択したのである。

これがなんらかの「崇高な理念」にもとづく自己犠牲的行為なのか、それともたんなる「もののはずみ」なのか、わからない。彼女はアウシュヴィッツで自らの決断（あるいは自分はユダヤ人ではないと申し出なかった不決断）を後悔したかもしれない。だが、すくなくとも言えることは、人間の中のある者は（決して全員ではないし多数でもないが）、ある状況のもとで、こういう行為を実際に行なうということである。それは権力が「上から」命じる自己犠牲とは根本的に異なる。

個々人による自発的な他者への献身に期待してよいと断言できる根拠は、私にはない。個々人の自発性に委ねておけば自然に世界はよりよくなってゆくだろうと楽観する根拠もない。だが、それを

「上から」のイデオロギーや規範に定めた瞬間、個人の自発的な行為は権力によって横領され利用されるということだけは確言できる。その危険性に最大限敏感であろうとすることだけが、国家主義に抵抗する道である。

人類史の現段階において、私たちはまだ国家と縁を切ることはできそうもない。国家は当分の間、私たちの世界に存在し続けるだろう。それでも、国家の専横と暴走を食い止め、人間社会をより良いものに変えていくには、個々人の尊厳を最大限に尊重しつつ、その多様な個々人の自発的な連帯によって国家を牽制していく以外にないのである。

【註】

〈1〉「赤とんぼ」は日本の代表的童謡の一つ。三木露風が一九二一年に、故郷である兵庫県揖保《いぼ》郡龍野《たつの》町で過ごした幼年期の郷愁をうたう。一九二七年に山田耕筰が曲をつけた。歌詞中の「姐や」は姉の意ではなく、子守女中のこと。その背中に背負われて赤とんぼを見た追想である。歌詞は以下。

夕焼小焼の、赤とんぼ
負われて見たのは、いつの日か
山の畑の、桑《くわ》の実を
小籠《こかご》に摘んだは、まぼろしか
十五で姐《ねえ》やは、嫁に行き
お里のたよりも、絶えはてた
夕焼小焼の、赤とんぼ
とまっているよ、竿《さお》の先

〈2〉二〇一一年三月の東日本大震災の直後にも、また二〇一四年八月の広島市の豪雨土砂崩れ災害の際にも、「被災地で外国人窃盗団が窃盗を繰り返している」といった悪意の流言飛語がインターネットで拡散され、警察当局が鎮静につとめるという出来事があった。

〈3〉一例として、二〇一三年一二月に公開され大ヒットを記録した、百田尚樹原作の映画「永遠の0」を挙げることができる。この映画は、現代の若い世代が特攻隊員だった祖父の知られざる足跡をたどる物語である。この作品を肯定する意見には、「あの時代の若いパイロットたちは、日本を、日本人を守りたいという一心で、命懸けで戦っていた。その思いだけは語り伝えたい」とか、「〈家族のために必ず生きて帰る。それこそが愛ではないか〉現代を生きる私たちにも通ずる、そんな主人公の姿に非常に大きな感動を得た」といったものがある。この作品が若い世代を含む日本の観客に好まれた背景には、震災によって受けた被害感情と自信喪失から抜け出したいという集団的心理があると推察することができる。しかし、いうまでもなく戦争は自然災害ではなく、実際には日本国自身が引き起こし遂行した侵略戦争であった。日本軍兵士は他者に対する加害者であったし、別の側面でみれば自国によって死や苦難を強いられた被害者でもある。この作品は、そうした戦争の本質から目をそらし、日本国を侵略者ではなく被害者として描写しながら、「国家と家族のため」と自らに言い聞かせて犠牲を甘受した者たちを感傷的に美化している。「祖父」の世代を美化することによって「孫」の世代にあたる自己を肯定したいという集団的心理に貫かれた作品といえる。

〈4〉「共和主義パトリオティズム」の具体的な実践例として、フランスの歴史学者マルク・ブロック(Marc Léopold Benjamin Bloch、一八八六年七月六日―一九四四年六月一六日)の場合を挙げることができる。その代表的な著作に、『奇妙な敗北』、『歴史のための弁明』、『封建社会』、『王の奇跡』などがある。高名な中世史研究者でありソルボンヌ大学教授だったブロックは、第二次大戦勃発に際し、すでに五〇代の高齢だったにもかかわらずフランス軍に志願して前線に立ち、ナチス・ドイツのフランス占領後にはレジスタンス運動に参加し、ドイツ軍によって銃殺された。その行為は多くの人を感動させる。だが、そのことと、彼を「共和主義パトリオティズム」の代表例とみて「共和主義パトリオティズム」そのものを善とみなすこととは区別されなければならないと考える。「共和主義パトリオティズム」にはジョージ・W・ブッシュもマルク・ブロックも含まれる。私たちが重要視すべきなのは、「共和主義パトリオティズム」と「ナショナリズム」を分ける線ではなく、ブッシュとブロックを分ける線であろう。

マルク・ブロックはリヨン生まれだが、その家系はアルザス地方に長く続くユダヤ系である（ブロック自身はユダヤ教徒ではない）。一九〇四年に高等師範学校に入学した彼は、在学中に歩兵連隊に志願して兵役に就き、以後、第一次世界大戦、第二次世界大戦と、数次にわたって軍務に服した。一九二〇年に、祖先の出身地であるアルザス地方のストラスブール大学に職を得、二九年には同僚リュシアン・フェーヴルとともに『社会経済誌年報』（「アナール」）を創刊した。一九三六年、ソルボンヌ大学に移り、パリに移住した。一九三九年に第二次大戦が勃発すると軍務に服して前線に立ったが、四〇年のナチス・ドイツのフランス占領を前に、ユダヤ系であることから彼の家族は南部フランスに避難し、留守宅は蔵書や資料まで含めて、ナチス・ドイツによって「ユダヤ系資産」として接収された。対ドイツ戦で手痛い敗北を嘗めたブロックはダンケルクからイギリスに撤退したのち、ふたたびフランスに戻って戦いを続けたが、パリ陥落とフランス降伏の後、軍を離脱して占領地区から脱出し、南フランスの家族と合流した。この過程で執筆された記録が『奇妙な敗北』である。

独仏が休戦し、ヴィシーに傀儡政権が誕生した後、ブロックはソルボンヌ大学に復帰しようとするが、ユダヤ系であるため断念せざるを得なかった。そこで、クレルモン＝フェランに撤収していたストラスブール大学への復職を申請し認められたが、発令直前にヴィシー政権もナチに倣って「ユダヤ人公職追放令」を発布したため、復職は壁に突き当たった。ブロックは周囲の勧めもあって、フランス国家への例外的な奉仕の実績が考慮されるという同「追放令」第八条の規定に基づく適用免除申請を行なった。この申請は受理されて復職が実現したが、ブロックは自分が、不当な運命を強要される多くの仲間とは異なる特権者となったことに重い心の負担を負い続けた。この時期、ブロックはアメリカ合衆国への脱出も考えたが、成人に達していた二人の子どもと八二歳の母親の移住ヴィザが認められなかったために断念することになった。その後、母は心臓発作で死亡し、妻は肋膜炎で倒れるなど苦境が続いたが、その苦境の中で『歴史のための弁明』を執筆した。妻の健康を考え、地中海沿いのモンペリエ大学に移ったが、「自由地区」にあったモンペリエも四二年一一月にはドイツ占領下に組み入れられたためブロックは休職を命じられ、四三年二月に教授資格を停止されてしまった。

このような状況の中で、ブロックはレジスタンスの地下組織に加わることを決意し、組織内で重要な役割を果たしたが、一九四四年三月八日、ゲシュタポによって逮捕された。同年六月六日、敗色が濃くなったドイツ軍は各地に拘束していた捕虜を処刑し始めた。六月一六日、リヨン郊外の監獄に囚われていたブロックは、仲間たちとともに、リヨン市北郊で銃殺された。

『歴史のための弁明』(日本版、岩波書店、一九五六年)の末尾に訳者・讃井鉄男の「マルク・ブロックについて」という一文が付されているが、その冒頭はこう書き起こされている。

「一九四四年六月一六日、二七人のフランスの愛国者たちは、モンリュックの監房から引き出されて、リヨンの北方五〇キロ、トレヴーよりサン・ディディエ・ド・フォルマにいたる道路上にある通称レ・ルシィユの野原に連行された。一行の中には、すでに灰色になった髪と、生き生きとした鋭いまなざしを持った一人の老人がいた。彼のそばには、一六歳の一人の少年が震えながら立っている。〈あれは痛いでしょうか。〉老人は愛情をこめて少年の手をとり、〈そんなことはないよ、痛くなどあるものか。〉と答える。そしてこの老人は最初に〈フランス万歳〉を叫びながら倒れた。/これが対独レジスタンス運動のかどでドイツ軍の手によって銃殺されたフランスの最も誇りとする偉大な歴史家マルク・ブロックの最後の一瞬である」

終戦から一〇年ほどしか経っていない時期、歴史家マルク・ブロックの死がどのように受け止められたのか、「愛国者」「フランスの誇りとする歴史家」といった言葉が、訳者の感動を伝えている。筆者もそのような感動を分かち合った一人だが、現在の時点では、ここにはもうすこし冷静に考えてみるべき問題が横たわっている。

なるほどマルク・ブロックは自他とも許す「共和主義者」の信奉者であった。だが、彼が命を賭して護ろうとした価値とは何かについて、それを「祖国」という言葉で簡単に片付けるわけにはいかない。それをすると、ブロックとブッシュの間に引かれているはずの線が消されてしまうからだ。

ブロックに「私はなぜ共和主義者であるのか」という文章がある。秘密出版されていたレジスタンス組織の機関誌『カイエ・ポリティーク（政治手帖）』第二号（一九四三年七月）に寄せたものだ。その冒頭から引用する（二宮宏之『マルク・ブロックを読む』〈岩波書店、二〇〇五年〉より）。

「私になぜ共和主義者なのかを尋ねること自体が、すでにして共和主義的なことではないでしょうか。実際そのような問いを発するのは、以下に述べる事柄をあらかじめ認めることになると思われるからです。すなわち権力の形態は市民の立場からする熟考のうえでの選択の対象となりうること。共同体なるものは個々の人間に押しつけられるものではないこと。（中略）社会は個々の人間のためにつくられ、各人が目的を達成できるよう奉仕すべきものであるから、自分が属している集団のあり方を批判的に検討するのは冒涜ではないこと。（中略）個々人に奉仕する国家は、かれらを強制してはならないし、かれらをいいなりになる道具として利用し、彼ら自身が関知していない目的のために駆り立てたりしてはならないのです」

この記述を受けて歴史学者の二宮宏之は、「ブロックにとって共同体や社会や国家は個々の人間に先立って存在し個々人を外から拘束するものではなく、一人ひとりが自らの決断により相互に結びあうことによってかたちづくられるものだということになる」と指摘している。ブロックの「祖国愛」が含意する「祖国」とは、「フランスならばどんな国でもよいというわけ」ではなく、彼が「理念として追い求めてきた共和主義の国家、市民たちが自らの決断によって選びとった結合体」にほかならない（二宮前掲書）。

つまりブロックが犠牲をいとわず献身した対象は「祖国フランス」ではなく、「市民の自発的結合体という理念」であったというべきであろう。ナチス・ドイツとの比較では、フランスがこのような「理念」の体現者であったことは論をまたないだろう。ナチスと闘ってフランスを守ることは、その限りにおいて善である。だが、現実のフランスが過去も現在も、そのような理念をどこまで実現しているかは疑わしい。とくに、この時点でブロックの視野に入っていないことは、植民地主義の問題である。フランス共和制は同時に、一九世紀以来、北アフリカやインドシナで非人道的かつ苛酷な植民地支配を実行してきた。それが大きな思想的問題としてフランス知識人たちの前に立ち現れるのは、第二次大戦後のアルジェリア独立戦争、ベトナム解放闘争以降のことである。そのことを押さえた上で、筆者はそれでも、ブロックの生きた時代、その文脈の中で、彼の実践に尊敬の念を抱く。というのも、ブロックが自らを賭けた「理念」は、その延長線上に植民地解放という課題との結合を想定することができるが、そのような「理念」を欠いた「愛国主義」の延長線上には自己中心主義や排外主義しか見出せないからだ。ブロックの「理念」を継承し発展させる仕事、それをたんなる「愛国主義」に回収させない仕事は、後の世代に託された課題である。

ブロックはユダヤ系であるために、身をもって「祖国への忠誠」を証明せよという有形無形の強迫にさらされた、という問題。また、彼の家系が歴史を通じて独仏の間で争奪が繰り返されたアルザス地方の出自であることが、そのアイデンティティに複雑な影を落としたという問題。いずれもたいへん興味深く、核心的重要さをもつ問題だが、それをここに詳述する紙幅は残されていない。一言だけ添えておくと、そうした出自の「複雑さ」(「複数性」)こそが、「国家」への一元的な拘束から「個人」を解放しようとする理念を産み育てる原動力になるという点である。

以上の項目を記すにあたり、二宮宏之前掲書を参考にした。記して感謝する。より詳しくは同書を参照願いたい。

〈5〉本稿脱稿後、「あくまでも個人から出発」するというが、その出発点である「個人」はあらかじめ存在しているのか、という問いが筆者に寄せられた。これは重要な、そしてある意味で正当な疑問であると考える。一般に、ここで言う「個人」の概念が成立するのは近代以降(フランス革命以降)のことといえるだろう。いまもそのような「個人」概念は全世界で共有されているとは言えない。朝鮮の場合、前近代社会において国家、村落、血縁など、さまざまな集団的規範に包摂されていた人々にこうした「個人」概念が存在していたと前提することはできないし、植民地時代と分断時代を通じて、「個人」

概念の成熟が阻まれたまま現在にいたったともいえよう。その意味で、ここでの筆者の記述はいささか図式的との批判を免れないことを認める。一方で、筆者の意図は、「いささか図式的」であれこうした思考の段階を再確認して、現在なおさまざまな集団的規範に包摂され、そこに埋没している「個人」概念を浮かび上がらせることが、「集団」から「個人」を解放するために必要であることを明確にすることにあった。いいかえれば、個人から出発し、家族↓郷土↓国家へと思考を進める思考の経路は、国家、郷土、家族などの集団的規範から「個人」を解放するという未完のプロジェクトを完遂するために必要なのである。現実には、世界のどこででも、このような思考経路と不断の闘争によって「個人」概念が育ってきたのであり、それが「あらかじめ存在」していたのではない。前項で述べたマルク・ブロックの場合は、そうした闘争の一例である。

のちの時代の人々に

——再び在日朝鮮人の進む道について

解題「のちの時代の人々に――再び在日朝鮮人の進む道について」

二〇一四年五月三〇日、コリアNGOセンター主催の講演会（ネット・カンファレンス新大阪にて）における講演全文。同センター刊『NEWSLETTER』三九号（二〇一五年七月三一日発刊）に講演要旨掲載。

コリアNGOセンターは二〇〇四年の設立以来、「人権」「平和」「共生」「自立した市民」という理念のもとに在日コリアンを中心として活動する特定非営利活動法人（同センターホームページ http://korea-ngo.org/index.html）。

国家の嘘の共犯者は誰か?

私は京都で生まれ育ちましたので、両親の墓は京都にあります。こうして大阪へ来る機会ができたので、今朝早めに家を出て墓参りをしてきました。母親が亡くなってから三五年、父が亡くなって三三年。気がつくと日本による朝鮮植民地支配の時代と同じくらいの時がたちました。この植民地時代の時間をどう考えるか。長いのか、短いのか……。私にとって親の死は昨日のことのようです。そういう意味で短い時間ですが、このわずか三十数年間の植民地支配が、幾世代にも渡って私たちに回復しがたいほどの歪みと傷を与えていることを考えると、とても短いとは言えません。まして幾世代にもわたって植民地支配を受けた、あるいは今も支配を受けている、全世界の人たちの痛みや苦しみはいかほどのものか、あらためてそんなことを思います。

京都朝鮮学校に対する在特会の襲撃があった二〇〇九年に、ある在日朝鮮人女性からメールを貰いました。「なぜこんなことがいつまでも続いているのですか」と。それは私には、痛切な叱責に聞こえました。その女性の年齢である二〇代の頃、私も全く同じように考えていました。なぜ日本のマジョリティは、こんなに観客席から高みの見物ばかりしているのか……。それから四〇年間、私なりに努力をしてきたつもりです。私は人前で話す、ものを書く、ということをしていますが、大学でも一九九一年から現在まで年間三〇〇人から四〇〇人の学生を教え続けているのですから、あわせると相当な数になります。ですが、「それでもなぜ世の中は変わらないのですか」と尋ねられると、答える言葉が無いのです。

私は子どもの頃からずっと「もの書き」になりたいと思っていました。文化・芸術と人権・民族問題は決して無関係ではありませんが、本心では文化・芸術方面のことにもっと力と時間を割きたいと思ってきました。しかし、いまも政治的社会的な発言をやめることができません。状況がそれを許さないのです。それはとても精神を蝕む作業です。当たり前のことを繰り返し言わなければならないからです。なぜ日本に来たのか、嫌なら帰ったら、と言われた時に、それに答えることを強いられることが、どれほど精神を蝕むことか。考えてみると、そういうことをものごころがついて以後ずっとやってきたことになります。

私は人前で話をするようになったのは三〇歳くらいの時です。ご存知の方もいらっしゃると思いますが、私の兄二人が韓国で政治犯として投獄されて、その救援運動のためいろいろな人の前に立つことになりました。ただ単に韓国の政治問題だけでなく、在日朝鮮人全般の問題、歴史問題を話すことを求められ、話してきました。当時の聴衆の主な反応は「知らなかった」というものです。泣く人もいました。当時は同和教育や在日朝鮮人教育も盛んで、そういった研修会や研究会に講師として行っても、聴衆自身が自己批判めいた口調で「日本人は知らなさ過ぎる」と私に言うことが多々ありました。この反応はどこか変だと思いながらも、こうして知る人が増えていけば状況は変わる、知らせることに私の役割がある、当時はそう思っていました。

現在は「知らなかった、申し訳なかった」という人はほとんどいません。知らなくてどこが悪い、という反応です。それどころか歴史修正主義の立場から細かな知識を驚くほど知っている人もいる。

その情報源はいわゆる嫌韓本とインターネットです。こういう時代になったのだと愕然とさせられます。

状況を知れば変わるのではないか、私はそういう自分のナイーヴな考えをどこかで自己批判的に見てきました。知らなくていい、ということではなく、もっともっと奥深い病巣に切り込んで闘わなければなりません。病巣とは、植民地主義的な心性といえると思います。比喩的に言うと、安倍晋三首相が「福島原発事故は完全にアンダーコントロール」であるとオリンピック招致演説で公言し、多くの日本人が拍手喝采しました。あれは嘘でしょう。あれが嘘だと日本人の皆さん知らないのですか? 知っていますよ。福島現地の人たちはもちろん日本の大多数の人も。知らされていないのではなく、だまされたのでもなく、自ら進んで虚言を歓迎したのです。嘘でもそれに流されたほうが、一日一日を楽に生きられる、あるいは景気が良くなって自分の生活がよくなる、そういった動機から。だから大半のマジョリティは国家の嘘の共犯者なのです。

以前の日本も狂信的な軍部に引きずられて望まない戦争に引っ張られた、といわれてきました。だが、その当時も、侵略戦争だということは知っていたでしょう。知っていたけれども、自分たちの暮らし向きが良くなる、世界の一等国になれる、そんな浮ついたノリと傲慢さで、虚言を歓迎したのです。そして敗戦した時には、「だまされていた」と主張して、一部軍部に責任を転嫁し、自分たちを免罪した。現代もその心性は少しも変わっていないのではないでしょうか。

こうした、少しも変わっていない心性と闘わなければ、本当の意味で新しい時代を創ることは出来ない。それなのに、新しい時代を創る端緒を開けないまま、後の時代を生きる人の前に立つことに、私はいま、とても重大な責任を痛感しています。

韓龍雲「あなたを見ました」

韓龍雲《ハンヨンウン》に「あなたを見ました」という詩があります。（第二連抜粋）

私は家もなく、他の理由もあって　民籍がありません
「民籍のない者は人権がない　人権のないおまえに何の貞操か」と　凌辱しようとする将軍がいました
かれに抵抗したあと　他人にたいする憤りがみずからの悲しみに変わる刹那に　あなたを見ました

「民籍」というのは日本が朝鮮を植民地支配するために統監府時代につくった、現在の戸籍にあたるものです。それに抵抗していた人たちは民籍に載りません。民籍に載らないと人権がない。でも民籍に載ると人権があるかというとそうではない。日本帝国の枠内で二流市民としての権利しかないのだけど、民籍に載らないとそれすらもないのです。この韓龍雲の詩はそういった併合前夜の朝鮮人の心をうたったものです。

これはヘイトスピーチが横行する現在を生きる私たちの心とつながっています。いま私たちが生き

ているのは、「朝鮮の女はレイプしていいのだ」と叫ぶ人間たちが平気で闊歩している社会です。韓龍雲の時代から現在まで、私たちはそういう状況を生きているのです。

韓龍雲は後に獄中生活をし、解放を見ることなく死にました。李相和《イサンファ》という詩人は、大邱《テグ》の地主の息子で、日本に留学し、朝鮮に帰り一九二〇年代に「奪われた野にも春は来るか」という詩をうたいました。しかし彼も解放の日を見ることなく死にました。「ツバメの群、はるか飛び来るを待つ」と歌った李陸史《イユクサ》という詩人は、中国大陸で抗日独立運動に従事し、日本の領事館警察に捕まって、獄死しました。尹東柱《ユンドンジュ》は有名ですが、同志社大学で学んでいた時に「朝鮮独立企図」のゆえに治安維持法によって検挙され、解放半年前に福岡刑務所で獄死しました。彼は必ずしも政治的スローガンを直接に訴えた人ではありませんが、日帝はそれすら許さなかった。

いま挙げたこの詩人たちは氷山の一角であり、かろうじて詩という形で私たちにメッセージを残した人たちです。言葉を発することも出来ず死んだ人たちがどれほどいるでしょうか。

日本の人たちの中で尹東柱の詩を自分たちの良心に刺さる、と読む人は、多くではないけれど存在します。しかし尹東柱に対する犯罪を明らかにして、責任をとると言っている人はほとんどいません。

朝鮮併合からわずか一〇〇年余、解放からわずか七〇年ですよ。私から見れば昨日のことだ。それなのに、こういうことを言う私のような人間は過去にとらわれている、未来志向ではないと、日本では大合唱し、韓国の支配層もそれに声を合わせる、という現実になっている。私たちは、発話すらも抑圧されながら生きてきたのではないでしょうか。

いま私が言っていることは当然のことです。この当然のことを四〇年間述べてきて、なお繰り返し述べなければならない。それはとても心を蝕む、辛い仕事ですけれど日本社会がこうである限り辞めさせてもらえないのです。だから私たちの側は逆に、こういった詩人たちの悲しみや苦悩、闘いに、それは現在の私たちの闘いであると、五〇年、一〇〇年の時間をさかのぼって思いを馳せなければならないのだと思います。

植民地主義という病理

在日朝鮮人にとって何が幸せでしょうか。私はいま食べるのに困っていませんし、職業もあり、住むところもある。幸いこうして皆さんと話す機会も与えられ、本も書け、読まれもします。でも私は自分が幸福だとは思いません。

たしかに私は幸運だとはいえるでしょう。もし一〇年早く生まれていたら、あるいは一〇年遅かったらまた違っていたでしょう。例えば解放直後、私の祖父は朝鮮に帰国、父は生活を支えるために日本に残り、私は日本で生まれた。でも祖父と一緒に帰国していれば朝鮮戦争に遭い、生きていたかどうかわかりません。私とさほど歳が離れていない叔父は朝鮮に帰り、物乞いをするほどの苦労をして、再び兄（私の父）が住む日本に密航船で戻ってきました。偽の外国人登録証で一生を暮らし、五〇歳を過ぎて自殺しました。その叔父の運命が私のものであったとしても何の不思議もありません。

私は在日朝鮮人の多くは幸福ではないとみています。自分が幸福でないと認めることは負担なことです。日本社会では、幸福ではないのはその当人が悪い、努力が足りない、恨みがましい、物事をポジティヴに見ろという言い方が横行している。しかし、この時代、こういう状況のなかで生きている私たちのような存在が幸福でないのは当たり前だと私は思う。同世代の在日朝鮮人の先輩、同輩のうち、熱意や才能をもった少なからぬ人たちがアルコール中毒や精神疾患に苛まれ、自殺した人も少なくありません。そうでなくとも、きわめて虚無的、刹那的な生に埋没しています。

一〇〇年以上前から植民地支配され、支配した側は責任を認めず補償もしない。国が分断され、家族も分断されている。分断された国家体制のもとで戦争すら起きかねない。しかも植民地支配した者たちの社会に私たちは生まれ育った。その国でヘイトスピーチがおおっぴらに語られ、大多数のマジョリティはそれについて無関心である、という状態。こういった状況で幸福であることが出来ますか。私は幸福でないという方が正直だと思います。

物事には臨床的側面と病理的側面がある。つまり今、自分は熱が高くてしんどいとか、腹が痛くてしょうがないという時に、解熱剤や鎮痛剤を飲む、これは臨床的対応です。どうしてこんなことが起きるのか、どうすれば根本的に解決できるのかを考える、これは病理的側面です。病理的側面において何も解決してないのですから、一人一人が幸福でないのは当たり前なのです。だから私は、若い人たち、特に若い在日朝鮮人たちに話をするとき、「皆さんは心の持ちようでは幸福になれる」などということは決して言いません。それは嘘だから。皆さんは不幸で当たり前なのです。その不幸の病理的側面を見よう、構造的原因を見つめよう、そう呼びかけたいのです。継続する植民地主義が私たちの不幸の要素であるならば、そのことを真っ直ぐに見る勇気を持たなければならない。空疎な希望にすがろうとするのは、むしろ心が弱いからだと私は思います。

荒涼たる風景

立命館大学と広島大学で在日朝鮮人の講師の授業について学生からツイッターなどで「反日教育をやっている」等というデマが流されて、自民党の議員がこれを取り上げて大学に圧力をかける、という事件が起きました。これはデマを流したネトウヨの問題というより、それを拾い上げる自民党の議員や産経新聞など右派メディアの問題です。ですから「カウンター」の効果で在特会などの勢力が減ってきた、ということかりに事実であったとしても、私は少しも楽観していません。政府自体が植民地主義イデオロギーの信奉者なのですから。

自民党の改憲案を見ると憲法三六条の「拷問、残虐な刑罰を絶対にこれを禁ずる」の「絶対に」という文言を削除しようとしています。場合によっては拷問する、というわけです。この国の国会議員の多数を占めている与党がそんなことを公言しているのに、そのことに気付かず、無関心で問題にもせず、批判する場合でも私たち在日朝鮮人などマイノリティを表に立たせ、植民地支配の事実を知らされると、「教えてもらわなかった、知らなかった」という。そんなことを四〇年、五〇年と続けている社会です。希望を持てといわれても難しいと思います。

日本社会が、どうしてこんなことになったのか？　そのことを考えるには、長期的、中期的、短期的の、三つの視点に立ってその原因を考察することが求められます。長期的というのは明治維新以後の近代、中期的というのは一九四五年の日本の敗戦以後、短期的というのは過去二五年ほどの期間。この期間の特徴は、ひとつはベルリンの壁が崩壊して、いわゆる東西冷戦構造が崩壊したこと。日本国で言うと昭和天皇が死んだ日以降の四半世紀です。ここでは三番目の短期的視点についてのみ、個人的な意見を述べます。

この時期はいわゆる「五五年体制」が崩れた後ですね。日教組といった社会党を支えていた労働組合が、これを境に崩壊ないし弱体化しました。私自身が若かったころの記憶ですが、そのとき住んでいたのは京都ですから、学校の先生方は口々に革新的なことを言っていました。天皇のことを「あの老人が死んだら世の中よくなる」なんて話もしばしば。その後も息子があとを継ぐでしょうと聞いたら「いやいや、日本人もそこまでアホではない」と。私と同年齢以上の人たちは同じような記憶があるはずですね。

その先生たちは善人ですが、実は組合という場所に守られてそう言っていた。組合が弱体化し、自分ひとりになったら誰もそんなこと言わなくなった。六〇年安保のあと、日本の保守派は、国労解体などを行なうとともに、教職員の待遇を上げろと命令しました。教員の給料を増やし、特権的な職業にした。それが功を奏し、組合の組織率が下がりました。でも私は、自分自身の生活さえよくなればという考え以外に、倫理意識が利害の上位にあり、それがまだ機能していると思っていた。しかし土台が崩れたらそれも機能しなくなった。九〇年代になって日教組も、学校現場の日の丸・君が代について、今までのような反対運動はやめろと指示を出したのです。私の連れ合いは二〇年間、卒業式のときに起立を拒否していたのに、起立せよという指示が組合からきた。そんなこと出来ない、今まで生徒たちに言ってきたことにどうやってスジを通すのだと。それで組合を辞めました。すると組合新聞の永年勤続者名簿からも名前を除かれた。その人たちによって、私たちが見ていた戦後の平和的民主的日本が幻想だったことを知らされました。それが現在崩れていることは不思議ではない。もともとあった地金が出ただけだと私は思います。

天皇の戦争責任について明言した長崎市の本島市長（当時）が右翼に銃撃された事件。本島さんは最近までご存命で、平和運動に献身して世を去られましたが、公人として昭和天皇に戦争責任があると明言したほとんど唯一の人です。彼はいわゆる左翼ではなく、自民党の党員でした。五島列島出身でキリシタンの末裔、兵隊に行った経験から、天皇に責任がないわけがないということを、信念を持って語った。だから右翼に撃たれたのです。でもこの事件を日本のマスコミは言論の自由に対する許されない攻撃だといった。これは嘘じゃないけれど、どこか空虚でしょう。「言論の自由」が撃たれたのではなく、「天皇に戦争責任があるという主体的な確信」が撃たれたのです。だから言論の自由という空虚なものよりも、その主張を擁護しなければならないはずでした。

九〇年代に入って韓国の「ナヌムの家」に暮らす元「慰安婦」をテーマにしたドキュメンタリー映画が日本でも公開されました。それが中野の映画館で上映されたときに右翼が妨害し、スクリーンに消火剤を撒いたのです。こういうことがあってはならないというので記者会見が開かれました。いろいろな人たちがコメントを述べるのだけど、ほとんどが芸術表現の自由、言論の自由に対する暴挙だとしか言わない。その映画の内容、日本国の植民地支配責任と女性に対する人権侵害という主張が攻撃されたのだと、その核心を言わない。言論の自由と題目だけを言っている人たちは本当に空虚な主体です。その主体の空虚さが現在のような状況を招き寄せたと思います。

この空虚さを乗り越えないと、私たちは誰と何のために連帯していいのかわからない。言論の自由のために戦いましょう、という。確かにそうですよ。しかし、その人が自分の国の植民地主義と闘わなきゃいけないのです。そうであって初めて私たちと連帯できるのです。

「慰安婦」問題の議論でもそうです。多くの日本知識人が、これは民族的な問題ではなく、女性の人権に対する問題である、と強調した。その点についての認識が足りない朝鮮人がいることも事実ですが、女性の人権に対する問題であることは当たり前です。しかしそう言ったからといって、日本政府と国民の民族的責任、植民地支配の責任が帳消しになったり減るわけではない。民族か女性かという二項対立で問題を出すな、これはそれらが重なり合った問題なのだ、と私や少数の朝鮮人たちが主張したのですが、なかなか受け入れられない。民族問題を抑えて、女性問題として主張する方が日本人たちに受け入れられやすい、とか言う。受け入れやすいように原則、本質を変えますか。私はそうじゃないと思う。

第四の好機

昭和天皇が死んだ時、兄二人は獄中にいましたが、私は京都にいて途方にくれた無職の人間でした。昭和天皇の死に際して日本のマジョリティ、マスコミはどういうことを言うのか私は見守っていたのですが、誰も何も言わない。朝鮮の欠落、いやもっと意図的な黙殺です。それで、「第四の好機」と題する文章をひとつ書いて岩波の雑誌『世界』に載せてもらいました。ここで言いたかったのは、昭和天皇の死と朝鮮植民地支配との関係です。朝鮮植民地支配は、天皇に直隷する朝鮮総督がやったことですから、その責任は天皇と無関係ではあり得ない。平和を愛好する、生物学が好きな人物という、昭和天皇のつくられたイメージとは合わない。だから徹底的に朝鮮を黙殺した。朝鮮人や被害者からの指摘に対しては、ひがんでいるとか、自国のナショナリズムを掻き立てて政権維持のために利用しているといったレトリックを動員して何とか乗り越えようとする。現在では日本社会に溢れかえっているこのレトリックを、すでにこの時から行使しているわけです。

日本の自民党とか保守、右派がそういうふうに言うことはあらためて驚くようなことではない。しかし朝日新聞もそうだった。それには驚きました。朝日新聞はいわゆるリベラル派の新聞ですが、天皇が死んだとき大見出しに「崩御」という用語を使ったのです。私が学校で教わった先生は皆、戦後日本では身分制ではないから、誰でも平等であり、元号もおかしいし崩御なんていう用語は使うべきではないと教えていました。でもその時、全新聞が「崩御」です。しかもその社説の中で彼らが書いたことは——。

天皇はもともと「自由主義的気質、国際協調主義的志向」を持ち、「平和」を強く望んでいたが、「〈立憲君主制〉の制約」のため「軍国主義の急流」を阻むことができなかった。

つまり立憲君主制で天皇は周りの大臣たちの進言を承認する立場だから、それ以上口出しできず軍国主義を斥けることができなかったと書いてある。次に、「洵《まこと》に已《や》むを得ざるものあり、豈《あに》朕が志ならむや」（宣戦の詔書）というお言葉が添えられているとはいえ、天皇の名の下に始められた太平洋戦争は、無数の人たちから生命、財産、幸福を奪い、その運命を大きく曲げることになった。それは天皇にとっても「五内《ごだい》為に裂く」（終戦の詔書）つらいご体験であったが、同時に、犠牲を強いられた国民や近隣諸国の人たちにもいやし難い傷跡を残した。敗戦直後、内外から「天皇の戦争責任」を問う声が出たのは不思議ではない。

これが戦争責任について反省している言葉でしょうか？　第一に、ここで「宣戦の詔書」を使っているのが見えすいた詐欺ですね。なぜならば宣戦の詔書というのはアメリカ、イギリスに対して戦争をするための理由を述べているものです。その理由として挙げているのは中国が抵抗をやめないから、というものなのです。蒋介石政権が帝国の真意を理解せず抵抗するので、やむを得ず戦争する、と書いている。お前たちが抵抗したからやむを得ず戦争した、というのです。天皇もそういう戦争はしたくなかったのだ、というのだけれど、それは平和主義者だからではない。中国が早く降伏しないからだと言っている。だけどその文脈を伏せたまま天皇は平和主義志向だったという嘘をついている。それが、中国人に対する説明になりますか？　これが朝日新聞の天皇が死んだ時の最初の社説です。こうやってリベラル派によって嘘が作られた。それだけではなく、敗戦後、米国が「日本再建に役立たせよう」として天皇制を擁護したが、この考え方はよい結果を生んだ。もしも天皇制廃止ということになっていたら、敗戦の混乱は加速され、復興は遅れていたに違いない。

と、この社説は言っています。私は唖然としましたが、多くの日本人は唖然としなかったのでしょうか。天皇制を残したことは良かった、ということにこの時多くの日本人が合意したのです。残すべきではなかったという人もこの時まではいましたが、口先だけだったのでしょうか。

その理由が「復興」であるという。日本が復興するために天皇制を残した。これはフクシマと同じレトリックです。「日本人は復興できる」「頑張れニッポン」といって、被害者を黙らせる。文句を言い続ける人を国策に反する人間として冷たい目で見る、そのメンタリティがここにあります。そのもとになるのは復興神話です。

復興とはなんでしたか。例えば日本の戦後憲法は、在日朝鮮人や台湾人、旧植民地出身者の、制限的にであれそれまで持っていた参政権を否定し、国籍を否定し、基本的人権の枠から追放することによって、本来すべきだった補償をしないことで成り立った。しかも朝鮮戦争、ベトナム戦争での特需で日本経済が潤った。それが「良かった」というのです。それには問題があったとか、それで犠牲になった人がいることをなぜ書けないのか。これは全体主義的なメンタリティです。いわば復興全体主義。

二五年前に私が書いた「第四の好機」という文章。和田春樹先生が一九八一年に出された本で、これまで日本には敗戦と、日韓条約締結、そして金大中拉致事件という三つの好機があったがそれを日本人は逃したと指摘されました。そして日本人と韓国民主化運動との連帯が芽生え、日本人に朝鮮が見え始めた、これは「われわれが生まれかわるための連帯である。日本人と朝鮮半島の人々との間の歴史をすべての面で問い直し、根底からつくり直すための連帯である」と述べられました（『韓国民衆をみつめること』創樹社）。

一九八一年は韓国で光州事件があった翌年です。朴正熙独裁政権が韓国市民の犠牲を問わない民主化闘争の結果、側近に射殺されて倒れました。しかし全斗煥《チョンドゥファン》という後継者が現れて、光州で血の弾圧を行ない、それでも韓国の人たちは戦い続けているという時に、和田先生が自分たちはそれと連帯して、根底から生まれ変わらなければならない、と言ったのです。私はそれに教えと励ましを受け、昭和天皇の死を第四の好機とすべきだと述べたのです。その第四の好機を、日本マジョリティは認識していない。しかしこの好機をのがせば、日本人は今後もずっと抗日闘争に出会い続けるだろうと私は書きました。残念ながら、現実はまさにそうなりました。現在の日本国が直面しているのは中国、韓国・朝鮮による抗日闘争です。つまり、天皇制と植民地主義に対する抵抗です。そこを克服しない限り、この抵抗が終わることはありません。

さてその和田先生が九〇年代に入って、アジア女性基金をきっかけに残念ながら迷走しました。戦後五〇年を迎えたちょうどその時、自民党長期政権が下野し、社会党をも与党の一員とする政権が誕生しました。それ以前から土井たか子社会党党首を中心として朝鮮植民地支配に対する謝罪決議をすべきだとする意見があり、和田先生はその立案者でした。野党のままなら実現性はなかったのが、与党になり突然具体性を帯びてきたのです。しかし、自民党は大変巧妙に、社会党との政策協定では実行するといいながら、実際にはやらなかった。野党ブレーンだった和田先生は与党のブレーンになってしまい、なんとかそれを実現しなければならない立場で、私から見れば間違った熱意を発揮したと言えます。

和田先生の持論ですが、日本とドイツは違う。ドイツはナチスについて自らも裁き、ヒトラーは自殺し、戦犯たちは処刑されるという形で過去にけじめをつけた。日本はそうじゃない。それはその通りです。だから日本にドイツがしたようなことを求めることは間違いだと和田先生は言います。果たしてそうでしょうか。私は違うと思います。日本とドイツは違う、それを理解しない君たちが悪い、力を貸さない君たちが悪いという論理は、被害者に対して通用しない論理です。しかもそれをアジア女性基金出発の時から、韓国人に向かって言うのです。あなた方はわかっていない。日本はあなた方がいくら要求してもそれは出来ないことを理解しないあなた方が悪い。自分たちはあなた方が力を貸してくれなければ闘えない、そのことを理解しろと。

私は和田先生を尊敬しています。なぜならば八〇年代の日本のほとんどの人たちは、韓国の民主化運動に関心がありませんでした。私の兄が獄中にいた時、何人かのキリスト教や市民運動の人たちが中心となってきわめて地道に救援運動を行なってくれました。和田先生もその人たちの一人です。今でも思い出すのが日暮れの数寄屋橋で偶然見かけた和田先生が「いまから定例デモなんだよ」と歩き去られた後姿です。私は思わずその後姿に頭を下げました。純粋に誠意のある人です。その誠意がどうして誤った方向に向かってしまうのか。近代日本の深い闇のようなものを見る思いです。

「日本の保守派・右翼的ナショナリストが日韓の和解を妨げていることはいうまでもない。……他方で、日本の左翼は日本の国家と国民を批判して、韓国の日本批判に同調し、批判的な日韓連帯を作り出そうとしている。……しかし、このような日韓連帯から日韓の和解を作り出すことは難しい」

これが和田先生の認識です（和田春樹「アジア女性基金問題と知識人の責任」『東アジア歴史認識論争のメタヒストリー』〈青弓社、二〇〇八年〉所収）。現状分析はこのとおりでしょう。しかし、ならば批判的な連帯は無理である。それを諦めろと言うのでしょうか。批判的な連帯をしなければ、誰と闘って誰に打ち勝つのでしょうか。そこが本当にわからない。

その時に、例えば岩波書店『世界』の編集長だった安江良介さん、あるいは日本キリスト教協議会（ＮＣＣ）の総幹事だった東海林勤さん。この人たちは女性基金に反対していました。安江さんは残念ながら亡くなりました。その人たちに対して和田さんは、韓国でこういうことを言っています。それは一種の「絶対野党主義」である。「（アジア女性基金に否定的な人々に政府が国家補償をしないときはどうするのかと問うと）〈そうなれば被害者に謝罪して、募金をして、なにがしかのお金を差し出すほかない〉と答えた。となると、アジア女性基金とどのような違いがあるのだろうか」と。

実際には大きな違いがあるではないですか。民間事業としての装いに固執するのは、日本政府が法的責任をあくまで回避するための方便であることは明白でした。被害者が求めているのはお金ではなく、国家による責任の承認と謝罪でした。それを国家があくまで拒否する中で、国家でも民間でもない玉虫色の方便として民間基金が出発した。民間基金発足にこぎつけたことを、これは「惨勝」であると和田先生も言っていますが、基金が発足してすぐに村山内閣は退陣して、また保守政権に戻りました。だから枠組みだけはあるけれど中身も魂もないものとなりました。かえって日本国家の責任はアイマイにされ、現在に至る歴史修正主義の温床になりました。そういう国家にとっての隠れ蓑と、国家が責任を認めるまで民間が自発的に支援金を出すという真の民間基金とは根本的に違います。真の民間基金は国家を批判する立場から民間が自発的に行なうものであり、たとえ力は弱くとも、これが「批判的連帯」を可能にする道でした。

そして和田先生は朴裕河《パクユハ》の『和解のために』(平凡社、二〇〇六年)を推奨しています。ようやく自分を理解してくれる韓国人が現れたということでしょう。この本について私は論文「和解という名の暴力」(『植民地主義の暴力』〈高文研、二〇一〇年〉所収)で批判しました。この人は最近も『帝国の慰安婦』という、輪をかけてひどい本を書きました。しかしこれを評価する人もいる。やっと自分たちと対話が対等に出来るカウンターパートが現れた、韓国人の中にもナショナリストを批判する人たちがいることは喜ばしい、といった様に。このような状態を指して、私は日本リベラル派に内在する植民地主義的心性である、と呼んでいるのです。

いま述べたことは和田先生個人に対する批判ではありません。和田先生は日本リベラル派のなかでも朝鮮人と連帯し、朝鮮を理解し、そしてバッシングの対象である北朝鮮を何回も訪問するという、まれに良心的な人です。その人ですらこうだということを厳しい現実だけれど私たちは自覚しなければならない。私たちの反植民地闘争、植民地主義的心性に対する闘争というのは、それくらい複雑で、尺度が長く、多様だということ。そういうことを述べるために、和田先生の例を出したということをご理解ください。

「在日朝鮮人の進む道」再考

ちょうどその頃、つまり冷戦構造が崩壊した後の一九九〇年代に、在日朝鮮人社会にも複雑な議論があらわれました。それは「在日論」というものです。私たち在日朝鮮人は日本にいるという既成事実を受け入れて、日本社会との共生をはかっていくべきだ、という議論です。それが現実であるということについては私も認めます。しかし、この現実はもはや不変であり、在日朝鮮人の幸福追求の道がそこにしかないように描くことが問題だと私は異論を述べたことがあります（「エスニック・マイノリティかネイションか」『半難民の位置から』〈影書房、二〇〇二年〉所収）。

その時「在日論」を主張した人たちは、在日朝鮮人社会の世代交代が進んで、朝鮮語も朝鮮文化も知らないし、歴史知識もない、そんな人たちが在日朝鮮人の多数を占めることになると前提していました。それは事実です。総連を初めとする民族団体の同胞掌握力が低下したのも事実です。それから例えば国際結婚、日本人との結婚に現れるように、家族構成も変化した。それも事実です。こういう様々な事実と、日本社会における市民社会とダブルイメージして、そして日本社会もこれからどんどん市民社会化が進んでいくだろうと。在日朝鮮人もそのような市民主義というものが進んでいくだろうと述べています。

私は、これは単純すぎる議論だと批判しました。在日朝鮮人が、そういう意味で様々な社会的状況の変化にさらされてきたことは事実だけど、在日朝鮮人は様々な選択肢を奪われた上でそういう狭い片隅に追い込まれているのですね。

本国が南北分断されている。しかもただ分断されているのではなくて、いつ戦争が起こるかもしれない緊張状態にある。日本と北朝鮮との間も断絶している。それで日本社会と本国の南（韓国）との通路は後になってひらいたが、北との通路は拉致問題以降ほとんどなくなっている。つまり在日朝鮮人にとっての出入り口は限られており、いわば日本社会に閉じ込められた状態にある。しかもその日本社会において在日朝鮮人は権利を圧迫され、日常的な差別にさらされている。このような状態を固定的に捉え、それを前提にして「共生」だという話は果たして合理的なのか。

もしも本国が分断していなければ、南北が平和的な関係を築き盛んに交流するような状況であったら、その南北と日本との間に太い通路が通っていて在日朝鮮人が自由に往来することができていたら、条件は全部違うじゃないか、ということです。このような諸条件が改善されたときに、私たちが進む道についての議論がようやく出来るはずなのに、今までは祖国志向だったけどこれからは在日志向だ、という議論はあまりにも皮相で硬直した議論だということです。ある論者（文京洙《ムンギョンス》氏）は祖国とか統一とかというのは抽象的な大義であり当為論だと言う。しかしそれは大義とか当為ではなく、実際に統一すれば、すくなくともそれを阻んでいる諸要因が克服されていけば、私たちの生活条件も変化するのです。私たちが身を置いている日本社会という条件、時の経過という条件を不変のものと前提するのではなく、私たちの働きかけ次第によって変化するコンテクストととらえるべきです。

そう考えると、在日朝鮮人が朝鮮人であり続けようとする意識、広い意味での民族的アイデンティティは、たとえ言語を失おうと、歴史知識を持てなかろうと、今後も簡単になくなるものではありません。

日本社会という限定された条件の中でだけ、在日朝鮮人の未来を語ることはとても偏っているといえます。でもそれも無理ない面はある。なぜなら私たちはそういう場所に閉じ込められているので、広い視野で他の変数を見ることはなかなか難しいからです。けれども、せめて自ら知識人と自任するような人はそういう努力をしなければならないし、そういう発信をしなければならないと思うのです。

以上は、一五年前に私が述べたことですが、その後現在までにどういうことが起きたか。二〇〇〇年に南北首脳会談が実現したとき、ちょっと希望が持てる時期がありました。しかし現在、希望は遠のきました。韓国が大統領選挙の在外投票権を、韓国籍に限るけれども、在日朝鮮人に認めたことは半歩前進だと私は思っています。私たち在日朝鮮人は現代世界でもまれなほど政治参加が出来ない状態で、過去七〇年間も暮らしてきたのです。そういう人々に政治的主体性を持てとか、政治的意識を持てというのはある意味で無理難題でしょう。だから、在外投票権という通路がわずかに開いたのは前進だと思う。だけど、それは韓国という国家が在日朝鮮人という人々を国民化するための手段にもなる。だから一面的に賞賛するわけにはいかない。重要なことは在日朝鮮人の側が、この権利をどのように、何を目指して、活用していくかということでしょう。

このように、在日朝鮮人の政治的無権利状態が韓国側の努力で少しは変わった。韓国の民主勢力の努力で、金大中、盧武鉉政権という民主政権が誕生したからです。韓国は定住外国人の地方参政権も認めました。これも前進ですね。韓国という国が少数者にとっても住みやすい場所になることと、日本がそうなってくれること、その両方があいまって在日朝鮮人はより暮らしやすくなるのですから。その意味では韓国が先んじて少し頑張った。では、日本は何が前進したでしょうか。外国人地方参政権は雲散霧消しましたね。朝鮮学校の無償化問題もむしろ逆行しています。つまり、私たち在日朝鮮人がよりよく生きること、より幸せに生きること、せめて継続する植民地主義に起因する不幸を免れること、それを阻んでいる最大の要因は、日本だということがわかります。

以下の詩はドイツの詩人ベルトルト・ブレヒトがナチスの圧迫から逃れ、一九三八年に亡命地で書いた詩です。「後の時代の人々に」と題されています（野村修訳）。

きみたち、ぼくらが沈没し去る潮流から
いつかうかびあがってくるきみたち、
思え
ぼくらの弱さを言うときに
この時代の暗さをも、
きみらの免れえた暗さをも。
事実ぼくらは、靴をよりもしばしば土地をはきかえて
絶望的に、階級間の戦いをくぐっていったのだ、

不正のみ行われ、反抗が影を没していたときに。
とはいえ、無論ぼくらは知っている、
憎悪は、下劣に対する憎悪すら
顔をゆがめることを、
憤怒は、不正に対する憤怒すら
声をきたなくすることを。ああ、ぼくたちは
友愛の地を準備しようとしたぼくたち自身は
友愛にのみ生きることは不可能だった。
だがきみたち、いつの日かついに
ひととひととがみな手をさしのべあうときに
思え、ぼくたちを
ひろいこころで。

この話の初めに韓龍雲の詩を紹介しました。それから一〇〇年以上たった現在、私の心境をもっともよく表してくれる詩だと思って、若い世代を念頭においてブレヒトのこの詩を紹介してみました。私たちの時代は暗い、それは私たち自身の責任ではない。けれども、私たちはその暗さを見つめなければならない。そのためにあらゆる場所で闘い続ける。私はコリアNGOセンターやその周辺の人た

ちが、野卑なヘイトスピーチが横行するこの日本の大阪という場所で、自分がコリアンであるということを明らかにしながら活動を続けているだけでも、十分に尊敬すべき不服従の抵抗だと思っています。

私の頭のなかにある暗い予感は、朝鮮で近い将来いわゆる「有事」事態が起きたら日本がアメリカと一緒になって自衛隊を出す。そうすると再び朝鮮半島に日本軍が入ってくることになります。在日朝鮮人の社会や、あるいは朝鮮人と日本人の間でどんなことが起こるかは明らかです。アメリカでアフリカ系市民が警察に撃ち殺されて抗議デモが起こりましたが、あのようなことは日本でもいつでも起こりうる。今まで起こらなかったことが不思議なくらいです。怒りに駆られて、あるいはやり場のない思いにとらわれた在日朝鮮人の若者が暴発をする。その暴発を捉えて今度は逆に日本官民が在日朝鮮人を叩きまくる、ということが起きるだろうと思います。その時に日本社会は、私たちを切り捨てる方向へと一気に全体主義が発動するでしょう。日本社会のマジョリティは、マスメディアも含めて健全な制動力を発揮することなく、このような全体主義に流されていくことでしょう。いま在特会がやっていることはその予行演習だと思ってもいい。そのことを知りつつ、私たちは、それでも可能な抵抗、不服従を続けていきましょう。これは、私たちの生存と尊厳のための抵抗なのです。

II

植民地主義的心性

本書第Ⅱ部には著者・徐京植の既発表論考のうち、本書の主題に関係の深いものを七篇選んで再録した。それらのうち最初のものは昭和天皇死去にあたっての所感であり、最後のものは小泉首相訪朝と日朝ピョンヤン宣言発表時のものである。時期は一九八九年から二〇〇二年に及ぶ。

九〇年代は、本書で繰り返し述べているとおり、日本社会が現在まで続く反動化へと大きく転回した時代であった。その要因として私は、いわゆる「リベラル派」の思想的頽落（とくに継続する植民地主義的心性）という批判点を本書で提示したが、この論点はすでに一九八九年以来私が一貫して提起してきたものであることが、第Ⅱ部の各論考からご理解いただけると思う。

顧みれば私は三〇年近くにわたってこの問題提起を続けてきたわけだが、第Ⅱ部はその前史に相当し、議論の前提でもあるといえる。私が望むことは、日本社会にとって決定的ともいえる九〇年代以降現在までの「長く続く反動期」を、よりきびしい目で、より深く考察することであり、そのことを通じて「更生」への端緒を探ることである。私という一人の人間が折々に書き残してきたことが、わずかにでも参考になるとすれば幸いである。

ここに収めた過去の文章には、なんといっても「若書き」の感の拭えぬものもあり、さらにこの間の状況変化や研究の進展を考慮すれば補筆すべき箇所もなくはないが、あえて初出時の原文のまま収録することにした。ある意味で時代の証言であるといえ、欠点や弱点を含めて資料として読者に供するべきであるという気持ちからである。

以下に第Ⅱ部所収論考の一覧を付しておく。

1．第四の好機―昭和の終わりと朝鮮（『世界』岩波書店、一九八九年四月号。のちに徐京植『分断を生きる』影書房、一九九七年五月）

2．もはや黙っているべきではない（『あごら』二二七号、BOC出版部、一九九七年三月。のちに前記『分断を生きる』）

3．母を辱めるな（『ナショナル・ヒストリーを超えて』東京大学出版会、一九九八年五月。のちに徐京植『半難民の位置から―戦後責任論争と在日朝鮮人』影書房、二〇〇二年三月）

4．「日本人としての責任」をめぐって（『ナショナリズムと「慰安婦」問題』青木書店、一九九八年九月。のちに前記『半難民の位置から』）

5．「日本人としての責任」再考（『日本軍性奴隷制を裁く―二〇〇〇年女性戦犯国際法廷の記録第二巻　加害の精神構造と戦後責任』緑風出版、二〇〇〇年七月。のちに前記『半難民の位置から』）

6．あなたはどの場所に座っているのか？（『みすず』四六一号、一九九九年八月号、みすず書房。のちに前記『半難民の位置から』）

7．秤にかけてはならない―日本人と朝鮮人へのメッセージ（『現代思想』二〇〇二年一一月臨時増刊号〈日朝関係〉。のちに『秤にかけてはならない―日朝問題を考える座標軸』影書房、二〇〇三年九月）

第四の好機

――「昭和」の終わりと朝鮮

1

「在日朝鮮人の『昭和史』」という副題をもつ原稿を書き上げようと苦吟していた最中に、「昭和」天皇の死が報じられ、たちまち私は執筆を中途で放り出して天皇報道に釘づけになってしまった。この日の報道が「昭和史」のなかの「朝鮮」をどう扱うか。そこに在日朝鮮人の（また、朝鮮民族総体の）視点はどう反映されるか。私の関心はそういうあたりにあったのだが、結果として、私の不満と憂鬱はつのるばかりだった。

翌一月八日以降、「外国の反響」という形で、韓国の新聞の論調なども少しずつ報じられはじめたが、外国ではこう言っている、と没主体的に紹介するのがせいぜいで、日本人が「朝鮮」を自己の歴史像にかかわる内在的な問題として捉えた論調は現在にいたるまでほとんどあらわれていない。

私はかつて、この種の現象を「朝鮮の欠落」という言葉で呼ぼうと思ったことがあった。マスコミをはじめ日本人の大部分において、「朝鮮」に関する知識なり認識なりがスッポリと抜け落ちている、というほどの意味だ。しかし、このところ私は考えを変えつつある。これは、「欠落」ではなく「黙殺」ではないのか、と。

前述の原稿（『皇民化政策から指紋押捺まで』岩波ブックレット）で私が取り上げた数字に次のようなものがある。

日中戦争と太平洋戦争の期間中、労務者として日本に強制連行され、炭鉱、金属鉱山、軍事土木工事現場などで奴隷的に酷使された朝鮮人の数は、厚生省労務局によるもっとも控え目な数字でも、六十六万七六八四人。実数は百万人以上と推計されている。このうち、苛酷な労働条件や虐待のため一九四〇年から四五年までに死傷した者、三十万人。うち死者、六万人。

日本敗戦時、軍人ないし軍属として日本軍籍にあった朝鮮人は、厚生省によると、三十六万四一八六人。この時点までに戦没するか帰還した者を加えると、日本軍国主義によって直接戦場にかり出された朝鮮人は五十万人にものぼるとみられる。このうち死亡者は、厚生省によると、二万二一八二人。しかし、二十万人もの朝鮮人軍人・軍属が現在なお生死不明のままである。

日本敗戦後、連合国によって戦犯として裁かれ有罪を宣告された朝鮮人軍属、一四八名。このうち、二十三名が死刑を執行された。

「女子挺身隊」の名のもとに労務動員された朝鮮人女性、約二十万人。五万ないし七万人の女性が「従軍慰安婦」として戦場に送られ、日本敗戦後は戦場に遺棄された。

広島と長崎で被爆させられた朝鮮人は、あわせて十万人。このうち二万人が現在も韓国に生存中。

一九二六年（昭和元年）の在日朝鮮人数、十四万八五〇三人。一九四五年（日本敗戦時）の在日朝鮮人数、二三六万五二六三名。「昭和」前半の二十年間に、二百万人をこえる朝鮮人が日本の植民地支配と侵略戦争の結果、故郷を離れ日本に住むことを余儀なくされた。現在の在日朝鮮人約七十万人は、その後裔である。

日本の朝鮮植民地化の過程は、すべて統治権の総攬者たる天皇の「裁可」を得て進められた。朝鮮総督は、法的にも、天皇に「直隷」する、天皇の代理人であった。朝鮮の独立を求める一切の心的傾向は「民族主義的偏見」であり、独立を求める一切の行為は「国体の変革」にあたるとされ、残忍に弾圧された。朝鮮総督府の資料によっても、いわゆる十五年戦争期に相当する一九三一年から一九四四年上半期までの期間に、二万六千人以上の「思想犯」（民族主義者、共産主義者、宗教家などを含む）が朝鮮で検挙された。

朝鮮民族からみれば天皇といえども一人の異国人にすぎないのに、その人の「赤子」になれと、神社参拝が強要され、抵抗したキリスト教徒二千人が投獄され、五十人あまりが獄死した。ことば（朝鮮語）が奪われ、名まで奪われた（「創氏改名」）。朝鮮内や「満州」における独立運動鎮圧ないし「討伐」の過程で、まさに無数の朝鮮人が殺害された。

これらすべてのことは、先日死去したその人の名において行なわれたのである。しかも、今日にいたるまで何らの公式な謝罪も補償もなされていない。

「昭和」という時代は、日本人にとってどうあれ、朝鮮人にとっては未曾有の災厄以外のなにものでもなかった。しかし、「昭和」の終わりにあたって、この否定しようのない事実を想起する日本人は、まことにわずかでしかない。大多数の日本人は、この歴史的事実を知らないのか、あるいは忘れてしまったのか。そうではあるまい。彼らは知らないのではなく、黙殺しているのである。なぜなら、「朝鮮」を直視することは、彼らの自己肯定、自己賛美の欲求と相容れないから。

しかし、考えてみるまでもなく、侵略と収奪の歴史を自己否定することは、日本人自身の道徳的更生と永続的な平和の確保のためにこそ必要なのである。そうでなければ、日本人は将来にわたって「抗日闘争」に直面し続けるほかない。

2

「昭和」天皇の死去にあたって竹下首相が発表した「謹話」に、次のくだりがあった。

この間、大行天皇には、世界の平和と国民の幸福とをひたすら御祈念され、日々実践躬行《きゅうこう》してこられました。お心ならずも勃発した先の大戦において、戦禍に苦しむ国民の姿を見るに忍びずとの御決意から、御一身を顧みることなく戦争終結の御英断を下され……

この「心ならずも」のくだりが、天皇の戦争責任をアイマイにする意図のものであるとして、韓国、朝鮮民主主義人民共和国、中国などからただちに反発の声があがったのは当然だった。

しかし、竹下首相は二月十四日、衆議院本会議での答弁で、依然として、次のように言いつづけている。アジア諸民族の反発は必至であろう。

「謹話」は先の大戦が悲しむべきものであって残念の極みであるという趣旨を述べたもので、戦争責任の問題を念頭に置いたものではない。大戦の宣戦布告は国務大臣の輔弼によって行なわれた。侵略戦争であったかどうかは、後世の史家が評価すべき問題だ。

竹下首相「謹話」にあらためて驚かなかった私も、マスコミの論調には、正直いって少々驚きもし、不気味にも感じた。政治権力の独善や暴走をチェックすべき言論であるのに、その論理からレトリックにいたるまで「謹話」とそっくり同じなのである。

「朝日新聞」の一月七日夕刊は、「『昭和』を送る」と題する社説を掲げている。「昭和」天皇の死後最初の社説だから、この日に備えて練り上げられた社論といってもいいであろう。そのかぎりでは、日本人のかなりの部分の思考方式を反映していると見ていいかもしれない。いずれにせよ、「後世の史家」が、「昭和」の終りを日本人がどう受けとめたかを研究する上で重要な資料となるはずのものである。

この社説は前半で、天皇はもともと「自由主義的気質、国際協調主義的志向」を持ち「平和」を強く望んでいたが、「『立憲君主制』の制約」のため「軍国主義の急流」を阻むことができなかった、天皇は国政を動かした「非論理的・神がかり的な人」とは対照的に、「科学者らしく、冷静に、合理的にものを考える力」を持っていた、と述べたのち、次のように続ける。

「……洵（まこと）ニ已ムヲ得サルモノアリ豈（あに）朕カ志ナラムヤ」（宣戦の詔書）というお言葉が添えられているとはいえ、天皇の名の下に始められた太平洋戦争は、無数の人たちから生命、財産、幸福を奪い、その運命を大きく曲げることになった。それは天皇にとっても「五内（ごだい）為ニ裂ク」（終戦の詔書）つらいご体験であったが、同時に、犠牲を強いられた国民や近隣諸国の人たちにも、いやし難い傷跡を残した。敗戦直後、内外から「天皇の戦争責任」を問う声が出たのは不思議ではない。

言うまでもないだろうが、この引用部分は「近隣諸国の人たち」の心情を慮《おもんぱか》って、この機会に「天皇の戦争責任」を明らかにしようと述べているのではない。その逆である。「宣戦の詔書」の引用は、文脈上、「平和」を愛好した天皇が、「非論理・神がかり」の人びとに抗しきれず戦争を始めることは自己の「志」に反する、と言ったかのような印象を与える。「謹話」の「心ならずも」と同じ効果である。しかし、「宣戦の詔書」は、本当は何と言っているのか。

「宣戦詔書」は、こう言っている。「東亜ノ安定ヲ確保シ以テ世界ノ平和ニ寄与スル」という「帝国ノ真意」を理解しない「中華民国政府」が「濫ニ事ヲ構ヘテ東亜ノ平和ヲ攪乱シ遂ニ帝国ヲシテ干戈ヲ執ルニ至ラシメ」た。すなわち、日中戦争開戦の責任は中国にある。「重慶ニ残存スル政権」(中華民国蒋介石政権)は米英両国と結び合って「東亜ノ禍乱ヲ助長シ平和ノ美名ニ匿レテ東洋制覇ノ非望」をたくましくしようとしている。その上、日本周辺で武力を増強し、経済断交するなど「帝国ノ生存」を脅かしている。このままでは「東亜安定ニ関スル帝国積年ノ努力」も水の泡となる。……

ここにいう「東亜ノ安定」とは何か。それは、台湾・朝鮮・「満州国」に対する植民地支配の安定であり、中国大陸侵略の安定である。それを「東亜新秩序」などとも称した。自己の植民地支配と侵略が抵抗をうけることなく進行すればよかったのだが、中国が抵抗し、これに米英が協力している、だから心ならずも米英と戦争するのだ、と「宣戦詔書」は言っている。

「宣戦詔書」の文脈では、天皇の「志」にそぐわなかったのは、自国の軍国主義者ではなく、侵略される側の抵抗とそれへの米英の協力なのである。こういう「志」、すなわち侵略される側の無抵抗を期待する心を、「平和」愛好とか「国際協調」とかと呼ぶわけにはいかない。

「宣戦詔書」は「東亜永遠ノ平和ヲ確立シ以テ帝国ノ栄光ヲ保全セムコトヲ期ス」と結ばれている。ここでいう「平和」は、私たちが普通に抱く平和の概念とは正反対のものである。それは、アジアにおける日本の覇権の確立、すなわち「支配者の平和」であり、「被支配民族の災厄」を意味した。日本にとっての「栄光」は、アジア被支配民族にとっての暗黒にほかならなかった。

問題の「社説」は、天皇を平和愛好者として印象づけるため、「宣戦詔書」まで持ち出した。（もっとも、およそあらゆる戦争宣言は「心ならずも戦争する」と宣言するためのものだ）。しかし、「宣戦詔書」の論理では、天皇をその「志」に反して戦争に追いやったのは中国と米英両国なのだから、太平洋戦争開戦の責任は中米英三国の側にあるということになる。「朝日新聞」の「社説」が、そこまで言うつもりかどうかは分らないが、論理はそうなってしまう。

「天皇の名の下に始められた太平洋戦争」という表現は、それ故、何気ないようでいてその実、考えぬかれたものであることがわかる。ふつう「名の下に」というのは「権限」や「責任」の所在をあらわす意味があるが、ここではその逆に、天皇の名前が不本意に用いられた、という含みを持たせてある。戦争が「始められた」と受身形にして、「誰が」という主語を隠してあるのも同じ意図である。

「終戦詔書」では、天皇は「帝国臣民ニシテ」戦死、殉職した者やその遺族を思うと「五内為ニ裂ク」と言っている。しかし、言うまでもなく、犠牲を強いた側と強いられた側、侵略した側とされた側の「つらさ」を同列に並べることはできない。

ちなみに、「終戦詔書」には「他国ノ主権ヲ排シ領土ヲ侵スカ如キハ固ヨリ朕カ志ニアラス」と、また「志」が出てくる。この白々しい自己弁護に接すると、かえってこちらが当惑させられてしまう。すでにして日本がその「主権ヲ排シ領土ヲ侵」し終えていた台湾・朝鮮・「満州」のことはどうなっているのだろう。忘れてしまったのだろうか。実際は、朝鮮・台湾を正当に「他国」とみなすことすらもできなかったのである。

「宣戦詔書」といい、「終戦詔書」といい、これらは日本帝国主義のアジア侵略の全面的な肯定と美化のために独善的な「大義名分」を述べたてたものにすぎない。

開戦一カ月前の一九四一年十一月二日、天皇は東条英機首相に「(開戦の)大義名分を如何に考えうるや」と下問し、東条は「目下研究中でありまして何れ奏上致します」と答えたという(『杉山メモ・上』)。初めに侵略と戦争があり、名分は後から付けられたものにすぎない。

このような「大義名分」は、日本敗戦とともに徹底的に否定されるべきものであった。あの戦争には、いかなる大義も名分もなかったということが確認されなければならなかった。戦後日本の平和と繁栄は、戦前の「東亜永遠ノ平和」や「帝国ノ栄光」の継承によってではなく、その拒絶によってのみ達成されうるはずであった。

この「社説」は、あたかも「近隣諸国の人たち」の「傷跡」に思いをはせているかのように装っている。しかし、その実、侵略戦争の責任をぼかすためにレトリックを弄んでいるにすぎない。その思考方式と精神性《メンタリティー》は「近隣諸国」の民衆の心とは恐ろしいまでにかけ離れている。ほんとうに「近隣諸国」の民衆との和解を願うなら、最低限、「宣戦詔書」など持ち出してはならなかった。

3

この「社説」は、前に引用した部分以下で、戦後米国が「日本再建に役立たせようと」して天皇制を擁護したが、「この考え方はよい結果を生んだ。もしも天皇制廃止ということになっていたら、敗戦の混乱は加速され、復興は遅れていたに違いない」と断言している。

ほんとうにこう断言してよいのか。かりに経済的な「復興」が遅れることがあっても、なすべきよりかけがえのないことがあったのではないか。それを深く内省した上での言葉ではない。

極東国際軍事裁判では、連合国側十二ヵ国に対する日本の戦争犯罪が裁かれたが、日本の朝鮮に対する犯罪は裁きの対象にはされなかった。朝鮮はただ、朝鮮人BC級戦犯が被告席に立たされるというアイロニーによってのみ、この裁判にかかわったのである。

極東国際軍事裁判を「勝者の裁き」と呼び、その不当さや欠陥を言いたてる人びとが日本にいる。私は、日本の犯罪行為そのものを相対化し免責しようとするその人びとの底意には賛成しない。しかし、その人びととは逆の意味で、極東裁判は真に裁くべきものを裁かなかった欠陥裁判であったことを認める。極東裁判では、朝鮮民族に対して日本が犯した「平和に対する罪」「人道に対する罪」は一切不問のままに放置された。したがって、日本は戦争中いろいろ酷いこともしたがそれはすべて極東裁判でケリがついた、と済ますことは許されない。ケリはついていないのである。

朝鮮民族の代表は、サンフランシスコ講和会議にも加わることがなかった。米国は当初、韓国代表を加えるつもりがあったが、日本が反対したのである。田中宏氏によると、ダレス第三次来日（一九五一年四月）の際の日本側（吉田首相、井口外務次官、西村条約局長）との会談内容を伝える次のような米国務省の記録がある。（「不条理な在日朝鮮人政策の出立」「季刊三千里」第八号）

ダレス特使は韓国が条約の署名国になることに日本政府が反対であることを理解すると述べた。吉田氏はその理解に間違いないと答え、さらに日本政府の見解を記した文書を提出した。ダレス特使は、大部分が共産主義者である在日朝鮮人は条約による特権を有するべきでないという日本政府の論拠が説得力を有することを認めると述べた。ダレス氏は、降伏時点における交戦国である連合国に、これらの特権を限定するという形で、その問題を考慮してもよいと示唆した。……

こうして、「日本と戦争関係になかった」という口実で、朝鮮代表は講和会議から排除されたのである。

戦後処理の過程は、「朝鮮」不在に終始した。いや、それは、米国と日本による「朝鮮」黙殺というべきである。日本は、朝鮮に対する自己の犯罪の責任追及を免れるため、米国は自己の利益に沿う極東の戦後秩序を造り出すために、「朝鮮」を黙殺したのである。

オーストラリアなどの反対を押しきって、米国が天皇の戦争責任を不問に付したのも、同じ戦略から生じたことである。この点に関し、韓国の「東亜日報《トンアイルボ》」も、一月九日付の社説で、天皇の戦争責任が問われなかったことは、「天皇制を戦後日本支配の道具に利用した米国の責任」と指摘している。

米国の極東戦略によって、日本敗戦後も、朝鮮の南北分断は言うに及ばず、アジアの民衆は苦難を強いられ続けた。米国基地として長く占領下に置かれた沖縄を思ってみるだけでもよい。天皇みずからが、米国の沖縄占領継続を積極的に認めたことは、先頃公表された入江侍従長の日記でも裏付けられた。朝鮮戦争とベトナム戦争に、日本は米軍への基地提供、便宜の供与、軍需の分担という形で、実態上参戦したも同様のかかわりを持った。しかも、特需景気によって「復興」への足がかりを得て、日本財界は「神風が吹いた」とうけに入ったのだった。

これらすべてのことに思いをいたし、その上でなお、日本人は、米国の戦後処理、なかんずく天皇制擁護が「よい結果を生んだ」と断言するのだろうか。

4

朝鮮民族は、南、北、在日を問わず、こぞって日本の朝鮮侵略と植民地支配の歴史的責任を問うている。

一例をあげれば、一月九日の「東亜日報」の社説は、こう書いている。

……いかに否認しようとも、全ての宣戦布告が彼の名によってなされたという事実までも否認することはできない。「アジア」諸国に対する日本の支配が「天皇」の名によってほしいままにされたということも、また厳然たる事実だ。

その暗黒の暴風の中で、この地の同胞は生命と言語と文字と姓名を失った。子どものころから「皇国臣民の誓詞」を暗唱させられ、徴兵と徴用、それと挺身隊の屈辱を忘れることはできない。彼らが残した軍国主義と官僚主義はもちろん、いまだ三十五年間教えこまれた「日本色」の残滓を全て清算するにはほど遠い。「昭和時代」の傷跡はそれほどまでに深いものだ。

それにもかかわらず「アジア」と太平洋を踏みにじった彼の戦争責任は峻厳に問われなかった。植民地時代のさまざまな暴政についても「遺憾」だけを明らかにしただけで公式の謝罪は表明されていない。


いたずらに死者を鞭打てと騒いでいるのではない。朝鮮と日本が災厄の「昭和」を過去のものとし、真に和解するためには、歴史の真実を直視することが是非とも必要なのである。

これに対して、この間日本のマスコミ紙上にあらわれた「戦争責任」論議は、二重に矮小化されているようにみえる。

一つには、議論を一九四一年十二月の対米英開戦の責任論に局限していくこと（これは対照的に、「終戦」の「ご聖断」を美化・強調する作用を伴う）。いま一つには、道義的、政治的責任論を回避したまま、いわゆる天皇の法的責任論の形式論理へと矮小化していくこと（もちろん、天皇が法的にも責任を免れないことは明白である。「すべては究極的に、天皇の命令だった。しかし、天皇に責任はない。なぜなら、自分たちの法律では、彼は神聖不可侵だったから」――このような理屈が通用するわけもない。しかし、この点を詳しく述べることは本稿の目的ではない）。

対米英開戦の責任のみが問題だとする人には、それでは朝鮮・台湾・「満州」の植民地を保持し収奪を継続しつつ太平洋戦争だけを回避することができればよかったのか、と反問しなければならない。負けさえしなければ、侵略は正当化されるのか、と。

歴史的にみると、すでに日清戦争が中国侵略であり、朝鮮の民族自主権に対する干渉戦争だった。日露戦争は、中国東北地方の「権益」と朝鮮半島の支配権をめぐる帝国主義戦争であった。日露開戦詔勅は「韓国ノ存亡ハ実ニ帝国安危ノ繫ル所」と「大義名分」を述べている。これら、日本にとっての「勝ち戦《いくさ》」の集積の末に、「満州事変」があり「日中戦争」があり、太平洋戦争という「負け戦《いくさ》」があった。それらは一つながりの必然性の上の出来事だったのであり、日本にとって都合のいいところで勝手に止まるわけにはいかない。なぜなら、侵略される側が、決して侵略されたままに甘んじてはいないからだ。日本に「負け戦《いくさ》」をもたらした最大の原因は、奪われても殺されても抵抗をやめることのなかった被支配諸民族の力なのである。

戦後歴代の日本支配層が、朝鮮植民地支配の歴史的責任を認めたことはただの一度もない。

第三次日韓会議の久保田貫一郎代表は、「日本の朝鮮統治は朝鮮人に恩恵を与えた」と発言し、第七次日韓会談の高杉晋一代表も「日本は朝鮮に工場や家屋、山林などをみなおいてきた。創氏改名もよかった」と発言した。椎名悦三郎は「台湾を経営し、朝鮮を合邦し、満州に五族共和の夢を託したことが日本帝国主義というなら、それは栄光の帝国主義」と言った。

一九六五年の日韓条約の第二条は、かつて両国間で締結された旧条約・協定は「もはや無効である」と記している。しかし、日本政府は、一九一〇年の「日韓併合条約」は一九六五年の時点まで有効だったとし、朝鮮植民地支配は合法的だったとの立場をとり続けている。これは、一九八六年の藤尾正行文相の「日韓併合は韓国側にも責任がある」という植民地支配肯定発言へとつながっている。

一九八二年の教科書検定において、文部省は「侵略」を「進出」と書きかえることを要求した。朝鮮人強制連行については、「当時朝鮮は日本の領土で日本人として取り扱われており、（中国人とは異なり）朝鮮人の場合は強制的とはいえない」という検定意見をつけた。また、三・一独立運動に関する記述の「日本による朝鮮支配……」という文章に、文部省の検定官は「朝鮮を支配したのは朝鮮総督府であるから、日本という表現を朝鮮総督府と改めていただきたい」と要求したが、その趣旨は「朝鮮総督府には日本人ばかりでなく、朝鮮人もまた参加していました」というものであったという（栗原純「日本の植民地支配と教科書」「季刊三千里」第四十五号）。

これはもはや、論理とはいえない。論理の荒廃は言うまでもない。この異様な厚顔さ。自己の歴史的犯罪の責任を、いかなる強弁を用いてもうやむやにしてしまおうとする倒錯した情熱。それが日本の教育界をおおっている。それが、いま、「君が代」と「日の丸」を義務化し、東郷平八郎を教室に登場させるのだという。

三・一独立運動は、天皇に直隷する朝鮮総督長谷川好道の指揮によって、きわめて残忍に弾圧された。日本側による控え目な資料によっても、一九一九年三月一日から五月末までに、七五〇九人が殺害され、一万五九六一人が負傷させられ、四万六九四八人が検挙された。いまさら言うまでもなく、それは、日本による朝鮮民族への隠しようもない犯罪である。

このような、日本支配層のなりふりかまわぬ自己肯定が改められていない以上、一九八四年に「昭和」の天皇が全斗煥《チョンドゥファン》韓国大統領に対して述べた「今世紀の一時期において両国の間に不幸な過去が存在したことは誠に遺憾」との、主語も目的語もない「お言葉」が誠意あるものと受けとられなかったことは当然である。また、全斗煥には、南、北、在日をふくむ朝鮮民族の総体はもちろん、韓国国民を代表する資格も正統性もなかった。天皇と全斗煥の会見は、日韓両政府が準備した、虚構の和解劇にすぎなかったのである。

5

かつて、歴史学者の和田春樹氏は、日本人がみずから「侵略と収奪の歴史を否定して、朝鮮半島の人々との新しい関係を創造していく」好機は、日本敗戦時と、日韓条約締結時の二度あったが、これら二度の好機を日本人は逸した、と指摘した。和田氏はさらに、一九七三年の金大中《キムデジュン》拉致事件をきっかけに第三の好機が訪れた、日本人と韓国民主化運動との連帯が芽生え、日本人に朝鮮人が見えはじめた、これは「われわれ（日本人）が生まれかわるための連帯である。日本人と朝鮮半島の人々との間の歴史をすべての面で問い直し、根底からつくり直すための連帯である」と述べた（『韓国民衆をみつめること』創樹社）。

この指摘から十五年が経過した。いまや、天皇死去を「好機」として、天皇の戦争責任を免責することによる日本人全体の「一億総免責」が行なわれようとし、戦後の「復興」や「繁栄」の手ばなしの自己賛美、「侵略と収奪の歴史」の自己肯定が巨大な力で進められている。

この十五年間、韓国では試練が続いた。しかし、ここに詳しくは述べないが、長い試練の末に、韓国で民主主義と民族の統一を求める人びとは確実な前進を勝ち取りつつある。朝鮮民族の側からみると、日韓条約を強行した朴正熙《パクチョンヒ》にせよ、天皇との虚構の和解劇を演じた全斗煥にせよ、民族の総意を代表する資格のない権力が、日本の朝鮮支配を正しく清算するという全民族的な課題を今日まで歪曲してきたといえるのである。もちろん真の民主化も南北の統一も、それが本当に実現するためには、まだまだ数多くの試練を経なければならないであろう。「ハンギョレ新聞」が一月十五日の「死んでいない裕仁」という社説で指摘したように、「外勢への隷属を断とうとする徹底した民族の自主化努力」に逆行し、天皇を美化し、日本の朝鮮支配時代を懐かしんだり、あるいは、日本の軍事力強化を支持したりする一群の人びとが、いまなお韓国の権力内部やその周辺に存在している。この人びとは「侵略と収奪の歴史」を否定することによって達成さるべき日本と朝鮮両民族の真の和解を、朝鮮民族の側から妨げている要因である。このような要因は、依然として頑強であると言わざるをえない。

しかし、確実にいえることは、韓国では、おそろしい犠牲をいとわず闘い続ける人びとによって、このような要因は除去されつつあるということである。言いかえれば、韓国の民主化と民族統一のためのたたかいは、植民地支配からの「解放」後四十四年を経て、ようやくにして、日本と朝鮮両民族の真の和解のための条件を、朝鮮民族の側において用意しつつある。「大喪の礼」に姜英勲《カンヨンフン》首相を送る人びとではなく、そのことに反対している人びとこそが、朝鮮民族側の真の和解の当事者なのである。

日本人の側がこれにどう応えるかが問われている。

「昭和」天皇の死去が、日本人にとって自己の歴史を批判的に再検証する好機を提供し、日本人が朝鮮をはじめアジア諸民族との真の友情をつくり出す第一歩を踏み出す好機を提供するかもしれない、という私の考えは、おそらく、ナイーヴすぎるのだろう。日本人は、この「第四の好機」も、みすみす逸し去ろうとするのだろうか。

「大喪の礼」を目前に、日本人たちは、侵略と植民地支配の自己否定どころか、政教分離や思想・信条の自由、表現の自由など彼らの宝までも、すすんで手放しつつあるように私には見える。その宝を得るために、日本人自身が払わされた犠牲すら忘却して。

もはや黙っているべきではない

——なぜ私は、「憂慮する在日朝鮮人アピール」への賛同を呼びかけるのか

《一つのセクトが、極めて小さなセクトだとはいえ、執拗なまでに、あらゆる努力を傾注し、あらゆる手段――ビラ、作り話、漫画、自称するところによれば学術的かつ批判的な研究、専門雑誌――を利用して真理をではなく――真理は打ち砕きえないものである――真理に対する自覚を打ち砕こうとしているのである。（中略）記憶の暗殺者たちは自分たちの目標をちゃんと選んだのだ。ある共同体は何千という、今もなお苦しみ抜いている人々をかかえ、そのことによって自分自身の過去と結ばれているわけだが、彼らはそうした人々の神経を逆撫でにしてやりたいと思っているのである。そのような共同体に対して包括的に嘘つきだ、詐欺師だと言って告発しているのである。私もこの共同体の一員である。

P・ヴィダル＝ナケ『記憶の暗殺者たち』石田靖夫訳より》

最初に聞くに耐えない言葉を書き写すことから、この文章を始めなければならない。まったく胸のわるくなるような言葉だが、私たちには耳新しいものではない。それどころか、これと同じようなひそひそ話や床屋談義は、今までも、学校、職場、地域……日本社会のあらゆる場所で囁かれてきたし、いやでも私たちの耳に入ってきていた。

しかし、今回のものは、もはやひそひそ話ではないのだ。

慰安婦のことなら私はこの欄に一、二度書いている。戦後五十年のうち、四十なん年だまっていてにわかに騒ぎだしたのは首相や大臣が侵略云々と謝罪したのがきっかけで、謝罪するなら補償せよと言いだしたのである。／これよりさき「どうしてそんなに謝るの」と私は聞いてみたが頷かないものはない。教科書問題は一言で尽きる。日本の悪口を書いた教科書を日本の中学生に与えるわけにはいかぬと一蹴すればいいのである。今ごろ騒ぎだしたのは「金ほしさ」のためだといえばこれも誰もうなずく。

引用したのは山本夏彦が「週刊新潮」（一九九六年十二月十九日号）に書いたコラムの一節である。同じ頁に「新しい歴史教科書をつくる会」の発足記者会見（十二月二日）の模様を伝える写真が大きく載っている。山本夏彦は発起人席の右端に座っている。その隣は「自由主義史観研究会」の藤岡信勝、中央は西尾幹二、見慣れぬ人物二人を置いて左端は漫画家の小林よしのり、である。

もと「慰安婦」（本来なら日本軍「性奴隷」と呼ぶべきである）だったと名乗り出ている女性の数は現在、韓国で一六四人、朝鮮民主主義人民共和国で約二六〇人、在日朝鮮人の一人、ほかに中国、フィリピン、マレーシア、インドネシアなどを併せて、合計二万三千人近くにのぼるという（「戦後補償実現市民基金」による）。

「新しい歴史教科書をつくる会」発起人の山本夏彦はこの人々に対して包括的に、嘘つきだと断言しているのである。

——ほんとうなのか？

出来ることなら私は、彼ら一人一人の目を見つめて問うてみたい。上記の四人以外の発起人、阿川佐和子、坂本多加雄、高橋史朗、林真理子、深田佑介にも、賛同人として名を連ねた言論界と経済界の七十八人にも、問うてみたい。

――ほんとうか？　ほんとうに、あなた方は日本の侵略戦争と植民地支配の犠牲者たちが「騒ぎだしたのは『金ほしさ』のためだ」と、互いに頷き合っているのか？

もと「慰安婦」たちは、自分たちが求めているのは真実と正義、責任者の謝罪であると繰り返し主張しているではないか。当事者のこのような言葉が嘘であると、あなた方がそんなにも自信満々に決めつけるのはなぜなのか？　朝鮮人をはじめ貧乏なアジア人は金のためならどんな嘘でも平気でつく、という確信の故なのか？

こうした確信こそは、他民族蔑視と女性蔑視の土壌にしか生育しない毒草である。

謝罪に補償が伴わなければならないのは理の当然である。アジアの戦争犠牲者たちが加害責任者である日本国にそれを要求することは正当な権利だ。また、差別と貧困の中で刻々と年老いていく彼女らのなかに、かりに早急な金銭的援助を渇望している人が一部いたとしても、それを「金ほしさ」などという野卑な言葉で侮辱することが許されるのか。

実際には彼女たちの多くは、日本の国家責任を曖昧にしようとするものだとして、いわゆる「国民基金」の給付金を受け取ることを拒絶している。貧しく年老いた彼女たちが目の前にブラ下げられた金を拒絶し、現実には勝訴を期待することが困難な訴訟を闘っているのは正義の実現を求めているからこそである。にもかかわらず、日本人のある者は名分の通らぬ金を何とかして握らせようと彼女たちを掻き口説き、別の日本人は「金ほしさ」の嘘つきであると大声で罵っているのだ。こんな理不尽があるだろうか。

他者を嘘つきと決めつけて互いに頷き合っている「新しい歴史教科書をつくる会」の人々よ。優越感と自己中心主義の毒に酩酊した自らの顔を鏡に映してもみよ。

もちろん、このように言ったところで、おそらく彼らの誰も恥じ入ったりはしないだろう。その鈍感さと厚顔さを前にして、まことに顚倒した構図だが、問うているこちらが顔を赤らめる結果になるだろう。

だから私は、この人々に次のように言うことにする。

これ以上、私の母を辱めるな。

実際の私の母は、もと「慰安婦」ではない。彼女たちとまったく同世代である母は、祖国朝鮮が日本に植民地支配されていた一九二八年、まだ幼い身で日本に渡ってきた。子守奉公や西陣織工場の女工をはじめ底辺の労働に明け暮れた。「慰安婦」にはされずにすんだが、そのことはちょっとした偶然にすぎない。あの時代の朝鮮人、とりわけ貧しく何の後ろ盾もない女性たちを襲った植民地支配の暴風が、たまたま私の母をこちらに撥き飛ばし、他の女性たちをむこうに撥き飛ばしたにすぎないのだ。

かつて日本軍に「性奴隷」の生活を強いられ、その挙げ句に戦場に遺棄された彼女たちは、戦後は男性中心社会（この点については、私自身を含む朝鮮人男性も無実ではない）の圧力の下で四十年以上も泣き寝入りさせられてきた。そして今また、「金ほしさ」の嘘つきであると辱められている。

彼女たちの運命は私の母のものだったかもしれないのだ。それは、大いにありえたことだ。彼女たちは、私の母なのである。

もうこれ以上、私の母を辱めるな。私たち朝鮮人を辱めるな。

＊

「新しい歴史教科書をつくる会」とは、そもそも何か。昨年（一九九六年）十二月二日に発表されたその「声明」から抜粋してみよう。

（前略）この度検定を通過した中学七社の教科書の近現代史の記述は、日清・日露戦争をまで単なるアジア侵略戦争として位置づけている。それぱかりか、明治国家そのものを悪とし、日本の近現代史全体を、犯罪の歴史として断罪して筆を進めている。例えば、証拠不十分のまま「従軍慰安婦」強制連行説をいっせいに採用したことも、こうした安易な自己悪逆史観のたどりついた一つの帰結であろう。（中略）幼いナショナリズムを卒業しているわが国と、いま丁度初期ナショナリズムの爆発期を迎えている近隣アジア諸国とが歴史認識で相互に歩み寄るとしたら、わが国の屈服という結果をもたらすほかはないだろう。（中略）われわれはここに戦後五十年間の発想を改め、「歴史とは何か？」の本義に立ち還り、どの民族もが例外なく持っている自国の正史を回復すべく努力する必要を各界につよく訴えたい。（以下略）

「暗黒・反日・自虐史観」などというのはこれまでも聞き慣れた悪罵だが、今度は「自己悪逆史観」などという、さらに品のない造語まで登場した。

こういう低劣な罵声が聞こえてくる度に、当たり前すぎることを繰り返さなければならないのは、まったく消耗である。うんざりさせられる。しかし、それでも私はもう一度言わねばならないだろう。もちろん、日清・日露戦争は「アジア侵略戦争」であった。その結果、朝鮮は日本に外交自主権を奪われ、次いで植民地支配されたのだ。

ここでは差し当り朝鮮についてだけ言うが、日本の近現代史は「犯罪の歴史」である。朝鮮半島の土地と資源の収奪、民族差別賃金での酷使、民族運動に対する残忍な弾圧、日本語強要・神社参拝強要・「創氏改名」などの皇民化政策、軍人・軍属・「慰安婦」としての侵略戦争への動員、工場・鉱山・炭鉱などへの強制連行と強制労働、等々、どれ一つとして犯罪でないものはない。こうした犯罪がなければ、在日朝鮮人という存在自体もなかった。七十万人在日朝鮮人が、これらの犯罪の生き証人である。

敗戦後も日本は国家としてこれらの事実を認めようとせず、責任を明らかにせず、まともな謝罪も補償もしようとしてこなかった。そのツケがいま噴き出しているのだ。

「新しい歴史教科書をつくる会」の主張とは逆に、来年度採用予定の歴史教科書においても、こうした日本の加害と犯罪にかかわる記述は不十分であり通り一遍であると言わざるをえない。「従軍慰安婦」という言葉だけを持ち出すのではなく、日本軍の「性奴隷」と明確に位置づけ、証人の証言を詳細に引用するなど手厚い記述が必要である。しかし、私の眼にはまったく不十分な、こうしたささやかな変化の芽すら「新しい教科書をつくる会」の類の人々には許しがたいものであるようだ。

「声明」を一読すれば明白であるように、彼らのいう「ナショナリズム」は国家主義そのものである。しかし、実際には民衆の利益は国家の利益と同じではないし、被圧迫民族のナショナリズムと帝国主義国家の国家主義とは同じではない。彼らはそのことを理解できないか、あるいは意図的に歪曲している。

アジア諸民族と同じ意味においてではないが、日本民衆の多くもまた日本国の侵略政策の犠牲者であった。にもかかわらず、日本国民の多くは「国家」から自立した自己を思い描くことも出来ないほど自己と「国家」とが癒着してしまっているため、「国益」という呪文を唱えられると、中身を検証することもないまま一も二もなくひれ伏してしまう。彼らはそのことを熟知しているのである。

「新しい歴史教科書をつくる会」とその仲間たちは、日本「国家」の歴史的犯罪行為を否認するために強弁を重ねる一方で、アジアの国家主義対日本の国家主義という対立構図を誇張し煽りたてている。かりに自分たちが「犯罪」を犯したのだとしても「国益」と「国益」が衝突したのだからお互いさまだ、強いもの勝ちではないか、というわけである。だから彼らによれば、戦争に勝った日清・日露戦争の指導者たちは正しかったことになり、悪かったのは太平洋戦争に敗北した「無謀な軍部」だということになる。

こうした国家主義のレトリックは稚拙きわまる紋切型にすぎないが、大学講師として日本の若者たちに向かい合っている私の実感からいうと、このレトリックに幻惑される者は年々増えているようだ。自分は「国家」などには何のリアリティーも感じない、自分はそんなものとは無関係な「個人」であると広言している若者たちですら、そうである。その理由は、彼らが「国家から与えられる豊かさ」という幻想に骨がらみにされており、現在の「豊かさ」を失いたくなければアジア人からの「金ほしさ」の攻勢に屈してはならないという強迫観念にかられて、無意識のうちに日本国民という「特権」にしがみつこうとしているからだ。それはつまり、国家主義の自覚すら欠いた「経済大国ナショナリズム」にほかならない。したがって、日本はお金持ちなのだから可哀相なアジア人に多少の金を払ってことを穏便に済ませればよいのだという日本国民の多数派の意識は、状況の推移によっては、つまり「お金持ち」であることが脅かされると感じたときには、容易に国家主義に回収されうるだろう。

またしても分かり切ったことを言うのは気が重いが、言っておかねばならない。

この問題の本質は、アジア諸国の国家主義対日本の国家主義の対立ではない。被害者対加害者、真実対虚偽、正義対不正の対立なのである。

国家主義のレトリックに呑み込まれようとしている日本人たち——とくに若者たちに、私はこう言おう。君たちは加害・虚偽・不正の側に立って新たな罪を犯してはならない。他者を踏みにじって平然と居直ることをよしとする国家の「正史」などに、本来君たち一人一人のものである歴史をゆだねてはならない。その道の先は破局だ。その道は、踏みにじられた側の者が生き続けているかぎり、終わりのない闘争へと通じている。

加害の自覚、被害者への共感、何より真実と正義の追求において、私たちと君たちとは連帯することができる。それが、君たちのほんとうの豊かさと、何よりも平和を保障する唯一の道なのである。

*

「新しい歴史教科書をつくる会」の主張そのものには、何の目新しいものもない。こうした主張は日本保守層の有力な一部でずっと以前から繰り返されてきたものだ。しかし、今回の動きには新しい要素があると私は考える。

その要素とは、従来からのウルトラ保守派と、藤岡信勝（東大教授・教育学）が主宰する「自由主義史観研究会」のようなネオ・リベラリズムもどきの日本版リヴィジョニスト（歴史修正主義派）とが合流したことである。

『近現代史』の授業改革」という雑誌の執筆グループとして九五年九月に発足した「自由主義史観研究会」は、①健康なナショナリズム、②リアリズム、③脱イデオロギー、④官僚主義批判の四点を自らの特徴と標榜している。そして、「自国の生存権や国益追求の権利をハッキリ認め」「自国の歴史に誇り」をもつ歴史教育を目指す、と主張する。

彼らの主張のひとつに日露戦争肯定論がある。日露戦争は日本の「国益」にとって必要な「正しい戦争」だったとし、それを勝利に導いた明治国家の指導者たちを賛美するものだ。この戦争を契機に朝鮮は日本に植民地化されたのだが、朝鮮人の視点は彼らの眼中にない。日本がやらなければロシアが朝鮮を勢力圏にしただろう、だから日本のやったことは不可避だっただけでなく正しかった、というのである。

この論法に、私たち朝鮮人は飽き飽きしている。お前の家に強盗に入ったのは、そうしなければ他のより悪い強盗（誰がそれを知る?）が入ったに違いないからだ、だから有難く思え、ということだ。そして日本人に向かっては、強盗を働いて家を大きくした先祖をもっと誇りにしよう、と呼びかけているのである。

後はいちいち書き上げるにたえない。彼らの「史観」に貫かれているのは徹底的な他者の否定であり、猥褻きわまる自己中心主義である。それは帝国主義者・植民者のメンタリティーそのものだ。隣人から奪い、隣人を殺す、そのことを肯定・賛美することによって成り立つ「健康なナショナリズム」とは何なのか。そんなもののどこが「健康」なのか。その内実は、「国益」幻想を基盤とする典型的な国家主義である。「脱イデオロギー」が聞いて呆れる。

こうした国家主義イデオロギーが「正史」となって、多くの日本人がそれを受け容れるとき、日本社会に私たち在日朝鮮人が生きていく空間はなくなる。そして、そんな「正史」は私たちには到底受け容れられないと主張したとき、彼らの口からは長い間喉に引っかかっていた台詞が飛び出してくるだろう。それは今までも私たちが折りに触れて耳にした、あの台詞だ。——「ここは日本だ。いやなら出ていけ」。

当初は価値中立的な姿勢を装っていた「自由主義史観研究会」の化けの皮は、ウルトラ保守派と完全に野合して「新しい歴史教科書をつくる会」結成に至ったことにより、今ではすっかり剥げ落ちた。それにもかかわらずというべきか、それだからこそというべきか、藤岡信勝はテレビ等のマスコミや「諸君」「SAPIO」等の雑誌に頻繁に登場し、あたかも「時の人」のようにもてはやされている。「自由主義史観研究会」による『教科書が教えない歴史』なる書物は、発行元の広告によれば今年（一九九七年）初めの時点で四十万部売れたという。同書の続刊をはじめ、類書の刊行が相次いでおり、ひとつのブームと呼びうる事態が現出している。小林よしのりもこのブームに合流し、自分の描く漫画でだけでなく、テレビなどにもしばしば登場して暴言を繰り返している。

産経新聞（九六年十二月三日）は「新しい歴史教科書をつくる会」の発足を、こともあろうに一面トップで伝えた。さらに同紙（九六年十二月二十九日）は、中学歴史教科書が「従軍慰安婦」に関する記述を削除しなかったという同紙のアンケート調査結果を、これも一面トップと社会面トップで報じ、『「従軍慰安婦」『南京事件』など際立った偏向記述は改められず、子供たちは依然、『反日教科書』による学習を強いられることになる」と刺激的な表現で国家主義を煽りたてている。日本の主要日刊新聞の一紙が事実上、ウルトラ保守派とリヴィジョニストとの同盟の機関紙の役割を果たしているのだ。

こうして、自分自身の眼で真実を見つめ、自分自身の頭で判断を下すことのできない日本の人々——とくに、決して無視できない数の若い教師や学生に、彼らの影響が浸透している。

昨年十二月十九日には、岡山県議会が「慰安婦」と「三光作戦」関連の記述を教科書から削除するよう求める政府への陳情書を採択した。

加えて、教科書の版元である出版社に右翼団体が執拗ないやがらせを重ねているという、憂慮にたえない消息も聞こえてくる。

こんなのは一過性のブームにすぎない、という見方がある。そうだろうか？

たしかに大衆は飽きっぽい。商業マスコミは売れるネタを求めて絶えず視線を動かしていく。この騒ぎも遅かれ早かれ過ぎて行くかもしれない。しかし、彼らが撒き散らす偏見と虚偽にみちた言説が日本の大衆のなかに澱のように積もり、こびりついて、不景気や失業、朝鮮半島情勢の緊張、日中両国家間の摩擦激化、その他何らかの条件の下で、取り返しのつかない排外主義の狂風となって噴出するかもしれない。

そんなことはついに起こらないかもしれないが、明日起こるかもしれないのである。彼らの説は学問的には取るに足りないものだ、相手にするだけ消耗だ、という意見を述べる識者も多い。実際、私もそう思う。

たとえば、彼らが「南京大虐殺」の犠牲者数を穿鑿するのは、侵略の歴史を細部にわたって明らかにしようとする真理への情熱からではない。彼らが「日本軍人による」「慰安婦」の「強制連行」の有無を執拗に言い立てているのは、日本軍の性奴隷制度のメカニズムを解明しようとする使命感からではない。ましてや、犠牲者への同情や共感など、彼らには微塵もない。一事が万事である。

彼らは学問上の論戦を挑んでいるのではなく、学問的理性そのものに挑んでいるのである。彼らの関心事は初めから、枝葉末節の挙げ足取りをすることによって歪んだ自己愛を満足させることであり、つまるところ日本国家と癒着した自己を何が何でも肯定することでしかない。彼らのあらゆる議論は、そうした動機に裏打ちされている。本質において、彼らは他者を蔑視しており、対話を拒否しているのである。

そんな彼らを相手にすることに意味があるだろうか。

意味はない、と私も思う。しかし、(ヴィダル＝ナケの言い方を借りるなら)彼らと対話することに意味はないが、彼らについて語ることには大いに意味がある。いや、それは義務ですらあると私は信じる。

いま、私たちがはっきりと「否」と声を上げることが必要なのだ。どんなにうんざりさせられようとも、繰り返し、「否」と言わねばならない。「もう一回言っておけばよかったと後で後悔しないように」（ベルトルト・ブレヒト）。

私たち在日朝鮮人は、もはや黙っているべきではない。自分自身の尊厳を守るために、私たちの兄弟姉妹、子どもたちを守るために、そして私たちの愛すべき日本人の友人・知人たちを国家主義の危険から救うためにも。

母を辱めるな

彼は侮られ、人に捨てられ、悲しみの人で、病を知っていた。また顔を覆って忌み嫌われるもののように彼は侮られた。我々も彼を尊ばなかった。誠に彼は我々の病を負い、我々の悲しみを担った。しかるに我々は思った。彼は打たれ、神にたたかれ、苦しめられたのだと。しかし、彼は我々の咎のために傷つけられ、我々の不義のために砕かれたのだ。彼は自ら懲らしめを受けて我々に平安を与え、その打たれた傷により我々は癒されたのだ。（略）彼は暴虐な裁きによって取り去られた。その世の人のうち誰が思ったであろうか。彼はわが民の咎のために打たれて、生けるものの地から絶たれたのだと。

――旧約聖書「イザヤ書」五十三章

私の母がこの世を去る時、息子（私にとっては兄）が二人、政治犯として韓国の監獄に囚われていた。独裁者の死によってかすかに芽生えた釈放の期待は、別の独裁者の登場によって摘み取られた。光州《クァンジュ》に戒厳軍が投入され、多数の市民を虐殺したのが一九八〇年五月十八日。子宮癌による大量出血のため、母が京都市内の病院で息を引き取ったのが二日後の五月二十日未明である。「朝までの辛抱やで。朝になったら楽になるよ！」という私の気休めに、「朝まで？　まだまだやないか……」と応じたのが最期の言葉だった〈註1〉。

「慰安婦」とか「朝鮮ピー」とかいう言葉を生前の母から聞いた記憶はない。だが、母はきっとその言葉の意味を知っていただろう。日帝時代〈註2〉の末期、朝鮮では若い娘が「挺身隊」という名目で狩りだされ日本軍の慰みものにされているという噂が広く流れ、未婚の娘をもつ朝鮮人家庭にパニックが広がった。その当時、母はすでに日本に住んでいたが、社交家で親分肌だったという祖父をたよって故郷の同胞がわが家に頻繁に出入りしていたというから、このまがまがしい噂は母の耳にも入っていたはずだ。

それに、あれは一九六〇年頃だっただろうか、わが家は小さな町工場を営んでいたが、工員のなかに一人、兵隊あがりの日本人がいた。日頃は温厚寡黙なその人が食事時など一杯はいると、中国の戦場で「便衣隊」をどんなふうに殺したか、銃剣が人体に深く刺さっていく感触まで描写しながら上機嫌に語っていたことを私は憶えている。まだ小学生の私がそんな話を耳にするのを、母はひどく嫌っていた。いまになって想像するのだが、あの兵隊あがりはきっと、「朝鮮ピー」をどんなふうに抱いたかなどということも話していたのではないだろうか。

一九六五年に刊行された朴慶植《パクキョンシク》氏の名著『朝鮮人強制連行の記録』を、私は高校生の時に読んだ。だが、同書にある「慰安婦」に関するこんな記述は、つい最近まで私の記憶から消えていたのだ。恥ずかしいことである。

軍属として動員され片脚切断の重傷を負った玉致守《オクチス》さんという在日一世からの聞き取りである。

玉致守氏の乗った船で南方に連行された朝鮮女性だけでも二千数百名にも上る。これらの女性は故郷にいるときには戦争への協力を強制され、軍需工場、被服廠で働くのだといわれて狩りだされた一七―二〇歳のうら若い娘たちであった。しかし実際はこうして輸送船に乗せられて南方各地の戦線に送られ軍隊の慰安婦としてもてあそばれた。（略）玉氏が三回目に沈められた船にも一五〇余名の同胞の女性がのっていた。途中沖縄の宮古島に下船させたので海のもくずとはならなかったが、彼女らの運命はどうなったかわからない。〈註3〉

解放後（日本敗戦後）も在日朝鮮人の間で、「慰安婦」をめぐる記憶が語り伝えられていたことがわかる。わが家に出入りした同胞たちの話題にもなったことだろう。ただ低い声で語り伝えられるだけの、姿も形もない「慰安婦」。——彼女らの運命に私の母がどれくらいわが身を重ね合わせていたかは、ただ想像してみるほかない。

すでに昨（一九九六）年六月、ある新聞記事〈註4〉を目にした時から、私の胸のなかで、ゴツゴツしたかたまりが限界近くまで膨らんでいた。板垣正参議院議員が、韓国から来日した元「慰安婦」の金相喜《キムサンヒ》さんに対して、「カネはもらっていないのか」と何度も問い詰め、「強制的に連れていったという客観的証拠はあるのか」と言い放ったのだ。同じ紙面には、「明るい日本・国会議員連盟」の会長に就任した奥野誠亮元法相が「慰安婦は商行為」と述べたという記事も出ている。

板垣議員は朝鮮軍司令官も務めた戦犯の家族であり、日本遺族会顧問でもある。奥野元法相は内務官僚出身で、終戦時には米軍の押収をまぬがれるため公文書を焼却して証拠湮滅を行なったと自ら語っている人物だ。〈註5〉植民地支配の当事者ともいえる彼らが過去の罪を認めようとしないことには、いまさら驚きはしない。しかし、その記事を見たときには、何ともいえない嫌悪感がこみ上げてきた。とうとう決定的な一線が超えられたと感じた。この恥を知らぬ人々は最低限の慎みすらかなぐり捨て、面と向かって直接に、被害者を辱めるという行為に踏み出したのだ。

同年夏から「自由主義史観研究会」の藤岡信勝という東大教授が恥を知らぬ人々の合唱に加わり、九七年度採用予定の中学校歴史教科書から「慰安婦」に関する記述を削除するよう要求する動きを始めた。この東大教授や、西尾幹二、小林よしのり、坂本多加雄などといった人々が発起人となり、同年十二月二日には「新しい歴史教科書をつくる会」が発足した。それからしばらくたったある日、歯医者の待合室で雑誌の頁を開いたとき、私の中のゴツゴツとしたかたまりが破裂したのだ。「新しい歴史教科書をつくる会」の発起人のひとり山本夏彦が、元「慰安婦」が「今ごろ騒ぎだしたのは『金ほしさ』のためだといえばこれも誰もうなずく」と書いていたのである[註6]。

「金ほしさ」だって？　元「慰安婦」たちは、差別と貧困の中で刻々と年老いている。七十五歳になる宋神道《ソンシンド》さんにしても、異国日本で周囲の無理解と差別にさらされながら、身寄りもなく、生活保護だけをたよりに暮らしているのだ。どんなに心細いことだろうか。喉から手が出るほど金がほしいのは、当たり前だ。それに、彼女たちには補償金を要求する正当な権利がある。「金がほしい」としても、だからといって侮辱されなければならない理由などない。

宋神道さんは一九九三年四月五日、在日の元「慰安婦」としては初めて、日本政府の謝罪と補償を求める訴訟を東京地裁に提起した。宋さんは最初から弁護団や支援者に言っている。「おれは謝ってもらいてえ。謝ってもらえればそれでいいんだ。金目当てじゃないってことを分かってもらいてえ」[註7]。法廷での本人尋問の際にも、「いらない、金。謝れば一番いいんだ。謝って二度と戦争をしないこと」と、はっきりと答えている。このような原告の意向を受け、提訴の際は金銭的補償の要求（金員請求）

をせず、謝罪文の交付と国会における公式謝罪のみを請求した。原告の受けた被害はとうてい金銭に換算できるものではないという点に加えて、「差別のある日本社会のもとでは、原告に危害が加わる恐れがあること」も、金員請求をしなかった理由のひとつに挙げられている〈註8〉。しかし、裁判開始後、日本の法律では謝罪請求だけでは訴訟が成り立たないという裁判官の意見によって金員請求を追加したのである。

「俺たちの税金で生活保護を受けて食ってるくせに、なんで裁判始めるんだ。文句があるなら韓国へ帰れ」「金が欲しくて裁判始めたんだろ。もう金はもらったか」——宋さんは地域の人々にそんな陰口をたたかれているという〈註9〉。提訴当初の原告側の危惧は、まさに板垣正、奥野誠亮、藤岡信勝、小林よしのり、山本夏彦らの言動によって裏付けられた。新聞、雑誌、漫画、講演などを通じて公然と行なわれる被害者への侮辱に、かなりの数の日本人が腹のなかでうなずいているのだろう。これがあからさまな「危害」でなくて何だろうか。

「私の母を辱めるな。」——この時から私は、日本軍の性奴隷にされたすべての元「慰安婦」たちを「母」と呼ぶことに決めたのだ〈註10〉。これは単なる感傷的な比喩ではない。

昨日（一九九七年十月二十四日）、私は宋神道さんに初めてお会いした。というより、そっと宋さんの姿を見るつもりである集会に出かけたら、紹介されてしまったのだ。元「慰安婦」は「私の母だ」と、あちこちで書いたり言ったりしてきたのに、私は実際に彼女たちの姿を見たことも、声を聞いたこともなかったのである。現実の宋さんを前にすると、「私はあなたを母だと思っています」などと、とても言いにくかった。おれはこんな息子をもった憶えねえよ、長い間、見向きもしなかったくせに、都合のいいときだけ気やすく「母」なんて呼ぶんじゃねえ——そういって叱られそうな気がした。無理もない。宋さんが困難な訴訟を始めて四年以上になるのに、私はただ気を揉んでいただけで、一度だって傍聴にも行っていなかったのだから。申し訳なさがこみ上げて、ただ、すみません、すみません、と詫びていたら、おめえ何をそんなに謝る、泥棒したわけじゃあんめえ——そう言われてしまった。

宋神道さんは一九二二年の生まれである。私の母は戸籍上は一九二〇年生まれとなっているがこれはいい加減なもので、本人は常々、戊《いぬ》年（一九二二年）生まれだと言っていた。宋さんの出身地は現在の韓国の忠清南道《チュンチョンナムド》論山《ノンサン》郡。私の母の生まれ故郷である公州《コンジュ》郡とは隣どうしだ。私の母と宋さんは、同郷の同年生まれなのである。母の生前に二人が知り合っていたら、ほんとうの姉妹のように親しくなっていたかもしれない。

解放後日本から引き揚げた祖父（母の父）は、論山で百姓をして暮らしていた。三十年ばかり前、高校一年生のとき、私は祖父を訪ねてその土地に行ったことがある。

べったりと広がる田圃《たんぼ》、あばらが透けるほど痩せた飴色の牛、荷役に酷使されて背中が赤く禿げた朝鮮馬、誰もが充血した目をした農民たち、椀で飲む一杯の濁酒《マッコリ》とやけっぱちな哄笑……そんな風景の中に、かつては日本人地主のものだったという屋敷が不似合いに立派な姿で残っていた。祖父のところも決して豊かではなかったが、それでも、そこには下働きの女性がいた。決して私と目を合わそうとしなかった彼女が朝から晩まで追い立てられるように働いて得る代償は、収穫後の米一叺《かます》だということだった。それが一年分の労働の報酬のすべてだと聞いて、絶句してしまったことを思い出す。あれから二、三年後、祖父は胃癌で死に、わずかな田畑は人手に渡った。あの女性はどうなったのだろうか。

今ではずいぶん様子が変わったが、私が訪ねた頃はまだ、あの土地にも日帝時代の朝鮮農村の貧しさの片鱗が残っていたのだろう。いや、日帝時代の貧しさは到底あんなものではすまなかったはずだ。当時の朝鮮農村では朝鮮総督府による「産米増殖計画」（一九二〇―三四年）が強行されており、朝鮮での米の生産量は約二割増加したが、朝鮮人一人あたりの米消費量は約四割も減少した。朝鮮人農民の多くは米を作りながら自分ではその米を食うことができず、土地を手放して没落していった。その救いのない植民地の貧しさのただ中に、私の母も、宋さんも、産み落とされたのだ。

宋神道さんは十二歳の時、父親を病気で亡くした。母親と妹の三人だけがとり残されたのだ。疲弊の極にあった当時の農村で、一家に唯一の働き手を失うことが何を意味していたかは想像に難くない。宋さんは数え年十六歳のとき嫁に出されたが、これは「口べらし」だったのだろう。当時はめずらしいことではなかったはずだ。だが、宋さんは結婚初日に婚家から逃げ出したのだという。実家に逃げ帰ったものの母親に追い出された宋さんは、子守りや洗濯などの下働きをして、「まんまもらって食ったり」したというが、それがどんなに惨めな暮らしだったたか、私はかつて祖父の家でみた、あの色黒で無口な女性の姿を重ね合わせてみる。

私の母も宋さんと同じく、貧しい朝鮮人農民の娘だった。

今はうっすら夢みたいに憶えてますけどね、家の前に川があったりして、山裾の一軒家ですけどね、……ものすごく貧乏でね。食べるだけが精一杯。憶えてるけど、私のお母さんのお父さんは、占い師と言うんですか……。手先が器用で、ザルを編んだり、百姓ちょっとしたりしてたんですけど、ものすごいケチンボで、おばあさんが正月に餅をついて子供らに食べさせるいうたら、杵に粉が付くので勿体ないからやめとけ言うて、喧嘩したことがあるらしいですよ。それだけ貧乏やったいうことですね。

宋さんの父親は亡くなったが、私の母の父は日本に渡った。一九二〇年代を通じて、窮乏化した何十万という朝鮮農民が生きる途を求めて、あるいは「満州」の間島へ、あるいは日本へと流れて行ったが、私の祖父もその一員だったわけである。

酷いところへ行かされる前に(日本に)来た方がまだマシやというのでね、日本に「募集」があったさかいね。……(お父さんは)勤労奉仕させられてる時、途中でね、あの掘るもの(ツルハシ)を、どうせ行くんなら嫁さんのところの庭に放り込んでおけと思って、パーッと垣根越しに放り込んでね、それで家族にも誰にも言わんと日本に来たらしいんです。……私の母にも黙って、ね。(お父さんが)日本にきてから後で、心配してたら日本へ行ったという報せがあったらしいんです。

「産米増殖計画」の過程で水利事業や道路建設などの労働に農民が駆り出されたが、「勤労奉仕」というのはそのことを指しているのだろう。とにかく、祖父は家族にも告げないままいなくなってしまったのだ。あとになって日本から連絡があるまで、残された家族はどんなに不安だっただろうか。何らかの事情で、そのまま祖父がいなくなっていたら……。たとえば、自暴自棄になって家族を捨てる、労働現場で怪我をする、関東大震災のときのような虐殺にあう、――そういうことはみな、いくらでもありえたことだ。もしもそうなっていたら、宋さんと同じように、私の母も、一家に唯一の働き手を失うことになっていたのである。

ともあれ、祖父は京都市郊外の農家の下働きとなり、故郷に残した家族を呼び寄せた。母が玄界灘を渡って下関に着いたのは満六歳のとき、一九二八年のことだ。ここで私の母と宋神道さんの運命が分岐したのである。

もっとも、日本に渡って来たからといって、母が安楽な生活を送ったわけではない。それどころか、母はわずか八歳から子守奉公に出なければならなかった。それに加えて、露骨な民族差別にさらされた。ある大工の家庭に雇われたときには、母だけが土間の床几《しょうぎ》で食事をするよう命じられたという。しかも、おかずはいつもタクアンだけだった。

普通に遊んでいてもね、朝鮮人やからというだけで、もう一ぺんに（態度が）変わってね、「あァ、ニンニク臭いし遊ばんとこ」と、こうなる。……「チョーセン」てなんで悪いのやろなァ、と自分で小さい時考えてました。私は学校も行ってへんし、着る物もええのを着せてくれへんし汚いからやろか、と思ったりしてましたけどね。……私もおかしなところがあるのか、（奉公先で）慣れて大事にされて、「お前はな、うちで真面目にようやってくれたら、簞笥、長もち買うてな、お嫁さんに行かしてあげるしな……」と言われるとね、何か不安になってくるんですね。……なんでかと言うとね、私は朝鮮人やのに、ウッカリしたら日本人になるのと違うやろか、……何かそんな気持ちが起きたんですね。

そうやって母は、日本人の子どもたちが学校に通うのを横目で見ながら、幼い頃から奉公暮らしに明け暮れ、のちには「織り子」とよばれる西陣織の女工になった。同世代の在日朝鮮人女性のほとんどがそうであるように、母は小学校の門すらくぐったことがなく、晩年まで文字が読めなかった。父と一緒になり、太平洋戦争が始まってからは、父が徴用にとられるのを免れるため、京都府下の周《しゅう》山《ざん》という村で小作農になったが、高率の小作料に加えて供出が強いられたため、筆舌に尽くしがたい極貧生活を嘗めた。

　畔道ひとつ歩いてても、「うちの畔道、チョーセンが歩いてる」と、こうなりますやろ。それで、山ひとつ自由に行けしません。「チョーセンが山行って荒らす」とか言うさかいに……。昔は木を焚くさかいに枯木でも拾いに行きますやろ。そんな辛いときがありました。

朝鮮憲兵隊司令部作成の『朝鮮同胞に対する内地人反省資録』（一九三三年）という文書がある。〈註11〉そこに挙げられている七十八項目の事例をみれば、当時どれほどの民族差別が日常のこととして行なわれていたか、その一端をうかがい知ることができるだろう。以下はその一部である。「火事と聞いて駆け付けたが朝鮮の人の家と判って皆引き返す」「『鮮人〈註12〉の腐れ頭を刈る器械はない』と散髪を断り追い返す」「停車場の待合室で待合中席を譲れと靴で足を蹴る」「商品券で物を買った鮮人客に『何処で拾ってきたか』と侮辱す」「落穂を拾った鮮女を泥棒と罵り足蹴にしたために流産す」「『ヨボ〈註13〉臭い豆腐は貰っても喰はれぬ』と侮辱した奥さん」「『ヨボは豚小屋の様な家ばかり』と敷地の貸与をはねつける」「『今日は日本に負けた日だ』と鮮童を罵る小学生」……

母は常々、あの日々を「死にもの狂い」で乗り越えてきたと語っていた。日帝時代の朝鮮人の暮らしは、朝鮮半島ではもとより、宗主国日本の国内にあっても、このように「奴隷なみ」といっても大げさではない。けれども、母と同郷で同い年の宋神道さんは、あの日々、文字どおり「奴隷」の暮らしを強いられていたのである。何かの偶然で運命の歯車がわずかに狂っていたら、それは私の母の体験でもありえたのだ。

宋神道さんは大田《テジョン》で子守をしていたとき、見知らぬ中年女性に騙され、新義州《シニジュ》で「コウ」という朝鮮人の男に売り飛ばされた。中国の天津までは鉄道で、そこからは「大きな汽船」に乗って、連れてこられたところが武昌だった。一九三八年、宋さんが十六歳のときのことだ。日本軍は、その前年七月七日の盧溝橋事件をきっかけに本格的な中国侵略戦争を開始し、前年末に南京で大強姦と大虐殺を起こしていた。三十万人の大兵力を動員した武漢作戦によって、日本軍が武昌を制圧したのがこの年十月二十七日、宋さんが武昌に到着したのは「寒いときだった」というから、十一月か十二月だったろう。武昌への途中でも、到着してからも、宋さんはたくさんの死体を目にしたというが、硝煙と血の匂いが立ちこめる最前線に送り込まれたのだから無理もない。

朝鮮からいっしょに連れられて来た七、八人の女性とともに、宋神道さんが放りこまれた広い建物は、「世界館」という日本軍専用「慰安所」だった。そこが何をするところかも分からず、初潮すらまだだった十六歳の宋さんは、しかし、すぐにむごい現実を思い知らされなければならなかった。

最初に「軍医の橋本少尉」が「下の検査」をした。検査が終わった晩、その軍医が部屋にきた。

遊びにきたの。……顔見たらやっぱり検査のとき見た顔だから、いや、この男、いったい何をするんだべなって、おっかなかったの。……こっちへ来いって、それ引っ張ってもだめだって、ういういと泣いたの。……半分は怖いし、半分は悲しいし、言葉は分からないし、大変だったよ。

夢中で抵抗したところ軍医はあきらめて立ち去ったが、「帳場のサイ」や「コウ」に手荒く折檻された。「髪をひっぱって殴ったり、蹴っとばしたり、鼻血が出るくらい殴ったりしたの。……お前は借金背負ってきたんだから、借金払っていけだとかさ」。

宋神道さんは、そうやって「慰安婦」という名の日本軍性奴隷にされたのだ。

入れ替わり立ち替わりにね。……言うことをきけだとか何とか言って、またいじめるんじゃないかと思って、気持ちが半分おっかなかったの。……とにかく言葉が通じないから、もう大変だったよ。とにかく嫌なら嫌と今ならばしゃべられるけど、俺は無学でしょう。学校も出ていないから。だから字も読めないし、言葉も通じないし、……情けのない軍人は刀抜いて暴れまくったり、これで殺すと言ったり、いろんな軍人がいました。……裸なれだの、へのこなめろだのさ、いろんな軍人がいました。そういうやつらが一杯いました。……入れ替わり立ち替わりね。表のほう蹴っとばしたり、早くやれだの何だのかんだのって、外でせんずりかいてるやつもいるし、様々な人間がいました。

帳場には殴られる。軍人たちには殴られる。本当に殴られ通しだよ。だから気持ちも荒くなるの、今は無理もないの。

朝の七時から夕方の五時まで兵隊時間だから。それから五時から八時までが下士官、士官。それから八時から一二時までが将校の時間。……飯食う時間がないんだってば。若いからいい。普通の人間だったらもう死んじまったよ。七〇人くらいとさせられたこともあるんですよ。——生理があろうが、肺病がたかろうが、マラリアであろうが、兵隊を相手にすることがきまっているの。

逃げ出そうにも地理も分からず、文字が読めず、中国語はおろか日本語も満足にしゃべれず、まったくの無力で、誰一人として庇護者もいなかった。強いられる行為を拒めば容赦なく殴打され、自暴自棄になって暴れる日本軍人の刀で傷つけられた。その後遺症で宋さんの片耳は聴こえないし、右脇腹と脚の付け根には刀傷が残っている。

宋さんは武昌での三年間ののち、漢口の海軍慰安所を経て、岳州、安陸、宜昌、沙市、応山、咸寧《かんねい》、長安、蒲圻《ぼきん》などの慰安所を点々と連れまわされた。これらの都市はいずれも日本軍の作戦区域内であり、司令部や主要部隊が置かれた重要拠点である、その点で宋さんの記憶は正確であり歴史の事実にも整合すると、歴史学者の藤原彰氏は証言している。[註14] 日本軍による中国人の惨殺場面を強制的に見せられたこと、山の斜面に掘った人がひとり入れるくらいの穴で「慰安」を強いられたことなど、いまだに公開の場所で言葉にすることができない過酷な経験もあったという。[註15] そんな性奴隷の生活を日本敗戦まで七年もの間、続けさせられたのだ。

こうして宋神道さんの法廷陳述を拾い書きしているだけで、胸が詰まってくる。しかも、ここに語られていることは、宋さんが実際に経験した地獄の何百分の一に過ぎないのである。宋さんはその記憶を封印することによって、ようやく生き延びてくることができた。忘れてしまいたかった、思い出したくなかった、それでも勇気をふるって法廷に立ち、ここまで語ってくれたのである。それを「金ほしさ」に騒ぎだしたのだと罵る者がおり、その野卑な罵声にうなずいている多くの者がいる。これは、いかなる世界であろうか。

憤り、悔しさ、悲しさ、申し訳なさ、それらすべての入り混じった思いに胸が詰まる。——十六歳の少女に加えられた凄まじい暴虐に。国家意志によって、組織的に、何千、何万という女性たちに対して、こうした暴虐が加えられたことに。それが当たり前だと考えていた植民地支配者の民族差別と性差別に。それ以上に、現在なお、それを当たり前だと考えて疑わない人々がこんなにも多くいることに。「慰安婦」の存在を知識としては知っていながら、こんなにも長い間、具体的なことは何もしてこなかった私自身の罪深さに。そして、日本の国家犯罪の「手先」となって同胞の少女を売買し、殴打し、搾り取り、寄生虫として私腹を肥やした「サイ」や「コウ」、その他多数の朝鮮人犯罪者にも。

朝鮮人の「手先」がいたからといって、「元締め」である日本国家の責任はいささかも減免されない。『慰安婦』を連行した業者の中には『朝鮮人』もいた」などという、民族差別意識につけこんだ責任のがれは許されてはならない。同時に、いかに「元締め」の罪が大きかろうと、「手先」には「手先」なりの罪がある。「元締め」の罪を追及するためにも、これら朝鮮人内部の犯罪者の追及は私たち朝鮮人自身の手でやりとげなければならない。

日本敗戦時、宋神道さんたち「慰安婦」は戦地に捨てられた。映画『ナヌムの家』（ビョン・ヨンジュ監督）には、当時捨てられたままいまも中国で暮らす朝鮮人元「慰安婦」が、たどたどしくなってしまった朝鮮語で故郷の歌をうたうシーンがある。

宋さんは現地除隊した元日本兵の誘うままに結婚し、この元日本兵に連れられて日本へ渡ってきた。しかし、博多港にたどり着いたとたん、元日本兵は宋さんを捨てたのだ。元日本兵は戦犯として処罰されることを恐れ、民間人を偽装するため宋さんを利用したものとみられる。見知らぬ異国日本にただ一人放り出された宋さんが、さらにどれほどの苦難を嘗めなければならなかったか、それをここに詳述することはできない。自殺をこころみて死にきれなかった宋さんは、ある在日朝鮮人男性に救われ、その男性とともに東北地方の一地方で戦後日本を生きてきたのである。

宋さん自身は元「慰安婦」であることを固く秘密にしてきた。「やっぱり格好悪いわ。風呂さ行ったりすると。……それで自分の縫い物の針でとろうと思ってついたんだけど、なかなかとれてこないもの。……大きい絆創膏はってれば見えないべちゃ。……そういうふうに隠れ隠れして、それで風呂入ったの」。宋さんは武昌の慰安所で金子という名前を付けられ、その名を左腕に刺青されていたのである。

「引揚げ手当て」をもらおうと役場を訪れ、役人になぜ戦地に行ったのかと問われても「慰安婦」だったと答えることはできなかった。しかも、その手当ては日本国籍のない者には交付されないものだったのだが、宋さんには、そんなことは知るすべもなかった。

「あんまり男とやりすぎてお前のべべ（性器）にはタコがよってるんだべ」「お前の穴はバケツみたいに大きいんだってな」〈註16〉――そんな、毒を塗ったトゲのような言葉が浴びせられた。慰安所体験をもつ中国戦線帰りの元兵士が推測をつけ、いつしか、宋さんは元「慰安婦」だという噂が地域に広まったのだ。

「町会議員の平山」に「朝鮮さ、帰れ、帰れ」と言われ、宋さんは悔しさのあまりに殴りかかったこともあるという。

「朝鮮、帰れ」――ああ、何と聞き慣れた台詞だろう。

私自身も幼い頃、子どもどうしのケンカになると最後にはかならず「チョーセン、チョーセン、帰れ、帰れ」とはやされた。「チョーセン、チョーセン、パカ、スルナ、オナチメシクテ、トコチガウ

（朝鮮、朝鮮と馬鹿にするな、同じ飯を食ってどこが違う）」と、近所や学級の子どもたちが大声で歌いはやした。大人たちが教えなくて、どうして子どもがそんな台詞を知っているだろう？

「チョーセン」とは何のことか、なぜ「チョーセン」である自分がこの日本にいるのか、どこに帰れというのか、何もわからないまま、泣くまいとして口をへの字にまげて帰宅すると、何も言わないうちに母はすべてを見通して、無条件に、ただ無条件に私を抱き締めたものだ。ことの経緯を聞くでもなく、ケンカの理由を問うでもなく、理由の如何にかかわらずケンカはいけないなどと退屈な市民道徳を諭すこともなく、ただ無条件に私を抱き締め、母は低い声で私の耳に何度も何度も繰り返した。

「チョーセン、悪いことない、ちょっとも悪いことないのやで」。

その母の力で、私はまた、真っすぐに立つことができたのである。

どうして母は、あれほど揺るぎのない態度で「チョーセン、悪いことない」と言い切ることができたのだろうか？　自分自身も幼いときに日本に渡ってきて、差別と侮蔑にさらされ、学校にも行けず、朝鮮民族の文化や歴史を知らず、文字すらも読めなかった母が。

その上、母は後年、息子ふたりを韓国の監獄にとられることになって、再び何度も息子たちを抱き締めなければならなかった。「ペルゲンイ（アカ）、悪いことない」と。

母に守られ、母のあらゆる犠牲の上で、いわば母の肉を喰らって、私は学校へ通い、文字を覚え、「知識」なんか身につけ、いつの間にか小ざっぱりした中産階級のなりをして、きいたふうな口をきいている。

母が世を去った二年後、まだ獄中にあった兄のひとり（徐俊植《ソジュンシク》）が母の夢をみたと手紙に書いてよこしたことがある。夢の中の母はバスの停留所でひとり立っていた。嬉しくて駆け寄ってみると、母は鼻を赤くして泣いていた。

「お前たちがみんな立派な人になってくれるようにと大学に入れてみたら、大学で難しい勉強をしてきては、みんなこの母さんを無学だと言って蔑むではないか。お前たちは学のない母さんを恥に思っているのではないか。だから私独りでどこか遠いところへ行って暮らすつもりだ」[註17]

兄は夢の中で泣き、夢から覚めて「イザヤ書」五十三章を思い出したと書いていた。

宋神道さんを思うとき、私は母を思う。母を思うとき、宋神道さんや多くの元「慰安婦」を思う。侮られ、人に捨てられた人。顔を覆って忌み嫌われる人。私たちの病を負い、私たちの悲しみを担った人。この人を、私たちも尊ばなかった。植民地支配と戦後日本の差別社会の中で、民族分断体制と反民主強権政治の下で、つねに踏みつけにされ、軽んじられ、小突きまわされるように生きてきた人。富も地位も権力も知識も持たなかった人。だからこそ、まさにその故に、「自分たちは何も悪くない」と、一点の曇りもなく信じていることができたのだ。母たちは、その打たれた傷によって私たちを癒したのである。

いつの間にか母のことなど忘れかけていたこの身勝手な息子が、今度は、無条件に母を抱き締めるべき時なのだ。ことの経緯など問わず、「狭義の強制連行」があったかどうかなどと詮索することなく、ただ無条件に。日本による朝鮮「併合」そのものが「強制」だった。あの時、すべての朝鮮人が大日本帝国の臣民へと「強制連行」されたのだ。それ以上、どんな詮索が必要だろうか。母に向かって投げ付けられる石つぶてをこの身で受けとめながら、「正史」が黙殺し隠蔽してきた母たちの歴史のために、母たちとともに、また母たちに代わって、息子である私が声を発さなければならないのである。文字なんか覚え、知らず知らず心身を「知識」に侵されてしまったこの息子は、もはや母たちのようにひたすらに無垢であることはできないが、せめてその文字と「知識」を振り絞って、母たちを抱き締める力に変えたいと思う。

そして、私は知っている。こうして力んでみたところで、実際には私が母たちのために証言しているのではなく、今でも母たちが身をさらして私たちのために証言しているのだということを。宋神道さんがそうであるように。

【註】

〈1〉呉己順さん追悼文集刊行委員会編『朝を見ることなく――徐兄弟の母 呉己順さんの生涯』（社会思想社現代教養文庫、一九八一年）。以下、呉己順の言葉の引用は同書による。

〈2〉日本帝国主義が朝鮮を植民地支配していた時代を指す、朝鮮語の慣用的な表現。

〈3〉朴慶植『朝鮮人強制連行の記録』（未来社、一九六五年）一二二頁

〈4〉「朝日新聞」一九九六年六月五日

〈5〉自治大学校史料編集室作成『山崎内務大臣を語る座談会』（一九六〇年）

〈6〉「週刊新潮」一九九六年十二月十九日号

〈7〉在日の「慰安婦」裁判を支える会発行の冊子『宋さんといっしょに――よくわかる在日の元「慰安婦」裁判』一九九七年五月十六日。以下、本文中に引用した宋神道さんの言葉は同冊子による。

〈8〉「在日の慰安婦裁判を支える会会報」創刊号、一九九三年五月二十八日

〈9〉川田文子「陳述書」（一九九七年十月十五日、東京地裁に提出）

〈10〉徐京植「もはや黙っているべきではない」『分断を生きる――「在日」を超えて』(影書房、一九九七年)所収。この文章は『自由主義史観』『新しい歴史教科書をつくる会』等の動きを憂慮する在日朝鮮人のアピール」(一九九七年一月二十日)への賛同を呼びかけたもの。同アピールには「朝鮮人」一一八四名、それ以外九百名が賛同した。

〈11〉宮田節子氏のご教示による。

〈12〉朝鮮人に対する蔑称。

〈13〉同右。日本語の「もしもし」や「おい」にあたる、朝鮮語の呼びかけが転じたもの。

〈14〉藤原彰「鑑定意見書」(一九九七年十月四日、東京地裁に提出)

〈15〉川田・前掲「陳述書」

〈16〉同右
〈17〉『徐俊植　全獄中書簡』(西村誠訳、柏書房、一九九二年)二二〇頁

「日本人としての責任」をめぐって

――半難民の位置から

……わたしたちがこうした政治的な、厳密な意味で集団的な責任を免れうるのは、当の共同体を離れることによってでしかない。そして、だれしも何らかの共同体に帰属せずには生きることはできないのだから、このことが意味するのは、ある共同体を別の共同体と交換し、したがってある責任を別の責任と交換することにほかならないだろう。二〇世紀が、国際的に承認されうる共同体のどこにも帰属しない、真のアウトカーストである人たちというカテゴリーを生み出したことは真実である。すなわち、じっさいには政治的には何にたいしても責任を負わされ得ない亡命者や国家なき人々を生み出したことは真実である。（略）現実に即していえば、かれらは、唯一まったく責任のない人々である。わたしたちはふつう、責任、とくに集団の責任は重荷であり、一種の刑罰でさえあると考えているが、わたしの考えでは、集団の無責任にたいして払われる代価はかなり高いものであることが示され得る。

——ハンナ・アーレント〈註1〉

私が初めて海外旅行に出たのは、いまから十五年ほど前、三十歳を少し過ぎた頃のことである。それよりはるか以前に二度、「母国訪問団」の団体旅行で韓国に行ったことがあったが、いわゆる海外旅行の経験はなかった。海外旅行に行くためには普通はパスポートが必要だが、これを入手することが、私にとって気軽なことではなかったからだ。

旅に出て二、三週間が経った頃、空腹をかかえ疲れ果てていた私は、南フランスのアヴィニョンという古い街でふらりと一軒の中華料理店に入った。いや、中華料理店だと思いこんでいたのだが、入ってみると、そこは中華ではなくベトナム料理の店だった。そうとわかった瞬間、反射的に「しまった……」と思った。

すんなりと立っている店主らしい細身の男は、若い日のホー・チ・ミンに似ていた。ボートピープルだろうか？ もしそうだとすれば、はるか故国を離れて、この地に小さな料理店を出すまでに、どんな艱難辛苦を経てきたのだろう。……

そんなことを思ううちに私は落ち着かなくなり、内心の緊張がぐんぐんと増していくのを感じた。


在日朝鮮人は、植民地支配と世界戦争の時代が産み落とした一種の難民である。朝鮮人はすべて一九一〇年の「韓国併合」によって無理やり日本臣民に繰り入れられたのだが、そのうち日本敗戦後も日本国の領域内に残された者が在日朝鮮人である。一九五二年のサンフランシスコ条約発効にともない、かつて朝鮮人に押しつけられた日本国籍が今度は一方的に剥奪されたが、その当時南北に分断された朝鮮半島では内戦の真っ最中であった。在日朝鮮人にとって自らが帰属する国家はまだ存在しないか、あるいはきわめて不安定な形でしか存在しない状態だったのだ。したがって、日本政府によって外国人登録を強制された際、大多数の在日朝鮮人は「朝鮮籍」と申告したが、それは本来、分断された朝鮮半島の北あるいは南のどちらかの国家への国民的帰属ではなく、朝鮮民族総体への民族的帰属を意味していた。

他方、「韓国籍」は「朝鮮籍」とは異なり、韓国という国家への国民的帰属を意味する。より正確に言うと、そうした意味づけが韓国、日本両国家によって推し進められたのである。一九六五年の日韓条約によって日本が韓国とだけ国交を結んだ結果、「朝鮮籍」から「韓国籍」に切り替える在日朝鮮人が増加した。その理由の第一は、「韓国籍」取得者に限って「墓参」や「親族訪問」、あるいは「母国留学」といった目的で韓国と往来する途が開けたからである。第二の理由は、「韓国籍」を取得した者だけが、日韓条約の「協定永住権」という在留資格を得ることができる仕掛けになっていたからだ。一方、「朝鮮籍」の者は、「韓国籍」に比して圧倒的に不安定な在留資格に留め置かれた。「協定永住権」にかわって「特別永住権」という在留資格が「朝鮮籍」「韓国籍」の区別なく許可されることになったのは、実に四半世紀後（一九九一年）のことである。要するに、日韓条約を境に在日朝鮮人は分断され、その一部が韓国国民に編入されるとともに、一部は難民の地位に放置されたのである。

「朝鮮籍」にとどまることで受ける不自由・不利益のひとつは、パスポートが取得できないということである。日本国外に出ようとする「朝鮮籍」の者は、日本政府発給の「再入国許可証」を手に入れるしかない。この書類は別名「難民パスポート」と呼ばれるように、ただ日本への再入国を許可しているだけのものであって、国家による外交的保護を約束するものではない。この書類だけでは入国や滞在が困難な国も多いのである。

私の一家は日韓条約以前から「韓国籍」だった。とはいえ、多くの在日朝鮮人がそうであるように、自分が「朝鮮人」という民族集団に属していることは日本社会からの不断の排除と差別によっていやおうなく意識させられてきたが、韓国という国家に帰属しているという意識は稀薄だった。三代にわたって日本に暮らしてきた私たち一家は、韓国という国家の形成に関与した覚えはまったくなかった。

父祖の地の半分に造り出されたその国家が、私たちの頭越しに日本国家と話をつけて、私たちの法的地位を取り決めたのだ。

だが、そんな私も韓国政府が発給するパスポートなしには、ただの一歩も日本の外に出ることはできない。そのうえ、ご丁寧なことに、「韓国籍」の在日朝鮮人がパスポートを取得するためには、その前提条件として、韓国への「国民登録」という手続きを経なければならない。すなわち、難民から国民への編入手続きである。

国民国家が全地球上を隙間なく覆い尽くしているこの時代にあっては、ほとんどの場合、人はどこかの「国民」であることをいやおうなく要求される。現代世界は「国民」のみを正会員とする会員制クラブのようなものだ。たとえば海外旅行のような、ごく普通の人間活動を行なうのにも、この「クラブ」の会員でなければとんでもない不自由・不利益を嘗めなければならない。海外旅行の例は、たとえば就職、商業活動にまつわる許認可取得、不動産の賃貸や売買、学校への入学、保険や年金への加入、クレジット・カードの作成、はてはゴルフ・クラブへの入会やレンタル・ビデオの借り出しにいたるまで、多かれ少なかれ、通常の人間活動の各分野に置き換えてみることができる。難民（非「国民」）であるということは、そのあらゆる分野で有形無形の屈辱や磨滅感を強いられることを意味しているのである。（それでも私にとって、この「国民クラブ」に入会するため日本国籍に帰化することだけはまったくの論外だった。「どうして?」と、あなた方日本人は尋ねるだろうか？　その理由をここにいちいち説明する親切心を、いまは発揮したくない。）

旅行している間、私はよく「ジャポネ（日本人か）？」と尋ねられた。そのたびに私は、にべもなく、「ノン」と返事をすることにしていた。たいていはそこで会話が途切れるのだが、まれに、「では、なに人？」と重ねて尋ねられることがある。「コレアン（朝鮮人）」と答えるが、民族的所属をあらわす「朝鮮人」も、国籍をあらわす「韓国人」も同じ「コレアン」なのである。相手がさらに踏み込んで尋ねてきた時には、在日朝鮮人の歴史と現状について厄介な説明をしなければならないが、理解されることはまれである。

アヴィニョンのベトナム料理店で私の頭を急速に占めたのは、もし、例によって「ジャポネ？」と尋ねられたら、どう答えようか、という思いだった。「コレアン」と答えたら、このベトナム人はどう反応するのだろうか？

ベトナム戦争はすでに終わっていたが、多くのベトナム人の心に焼き付けられた韓国軍兵士のイメージがそう簡単に拭い去れるものでないことはわかっていた。韓国の朴正煕《パクチョンヒ》軍事政権は一九六五年、アメリカの強い求めに応じ、韓国内の反対運動を容赦なく弾圧してベトナムに派兵した。最初の派遣部隊は「猛虎部隊」と名づけられていた。韓国兵は最前線で南ベトナム解放戦線と戦い、いわば勇猛な傭兵として悪名を高めた。多くの被害を被ったベトナムの一般民衆は、彼らを「ダイハーン（大韓）」と呼んで恐れ、蛇蝎のように忌み嫌ったといわれている。

韓国兵には米ドルで給料が支払われ、この金は韓国に送金されて外貨事情を好転させた。韓国企業が戦争特需で利益を得、これを足掛かりに東南アジア各地に進出していった。韓国経済は、この大義のない派兵によって潤ったのである。その一方、ベトナムの各地には韓国人との混血児が遺棄され、元韓国兵の一部は予期しなかった枯葉剤の毒に現在も苦しんでいる。

しかも、私が初めての海外旅行に出たその当時、韓国の大統領は全斗煥《チョンドゥファン》だった。ベトナムに土足で踏み込んだ、かつての「傭兵隊長」である（全斗煥の次の盧泰愚《ノテウ》大統領も「傭兵隊長」出身）。そのことが余計に、生身のベトナム人と遭遇した私を緊張させたのだ。

私がベトナム人と直接に顔を合わせたのは、実はその時が最初ではない。大学生になったばかりの一九六九年、東京で一度だけ南ベトナムの留学生に会ったことがある。彼は日本で反戦活動を行なったために南ベトナムには帰れない立場になっていたのだが、その日本からも退去を迫られていた。彼の配偶者は在日朝鮮人女性だった。振り返ってみて、このベトナム人との出会いは、私にとってぎこちないものではなかった。むしろ、私と彼とは、言葉には出さずとも難民どうしにのみ通いあう親しみの感情を共有したように思う。その後、日本を追われた彼はカナダに渡ったらしいが、それっきり消息を聞かない。

アヴィニョンでの、ベトナム人との二度目の出会いがぎこちないものになることを私は覚悟した。いまや私は「難民」ではなく、韓国の「国民」なのである。厳密には私は韓国にも日本にも参政権がないことが如実に示すとおり、半難民あるいは半国民とでも言うべき存在であるにせよ。

いよいよ、ベトナム料理店の店主が注文を取るために私の方へ歩み寄ってきた。

やはり「ジヤポネ?」と尋ねるつもりだろうか?……

言うまでもないことだが、ベトナム戦争については日本の手も汚れている。日本政府は終始一貫してアメリカの戦争政策をもっとも忠実に支持した。ベトナムの村や森に爆弾の雨を降らせた米軍の軍用機は日本の基地から出撃した。日本経済もまた戦争特需に潤った。だが、その事情は一般のベトナム民衆には見えにくい。名分もなく他人の土地に踏み込んで暴れた韓国人傭兵の印象とは比べものにならないに違いないのだ。

そんなことは起こらないことはわかっていたが、ひょっとするとコップの水ぐらいかけられるかもしれないと思った。それくらいのことは当然だと覚悟した。

政治家、高級軍人、あるいは大企業のトップなどに負わされるべきものから、積極的支持者、消極的協力者、無関心な傍観者をへて、派兵を阻止することができなかった抵抗者のそれにいたるまで、ベトナム人に対する「韓国人としての責任」の軽重には大きな幅があるのはもちろんである。その配列表の上部に並ぶのは「責任」というより、むしろ「罪」を問われるべき者たちである。そして、配列表における私自身の位置は、先に述べた事情から、ほとんど欄外に近い最下部であるということはおそらく許されるだろう。それでも私は、たとえ極小のものであるとしても、ベトナム人に対する、自分の「韓国人としての責任」を否定することはできないと考えた。

なぜか？　私に「韓国人」の「血」が流れているからか？　ちがう。

では、私という人間が朝鮮（韓国）文化に充填されているからだろうか？　ちがう。

それでは、私がベトナム派兵を決定した韓国の政権を支持したり、それによって何らかの恩恵を受けたことがあるからか？　それもちがう。私は韓国という国家によって、いかなる恩恵も保護も受けたことはなかった。それどころか、韓国に「母国留学」した兄ふたりが一九七一年に政治犯として投獄され、私自身も一家の者も有形無形の圧迫を受けてきたのだ。

それでも私が「韓国人としての責任」を負っていることを承認せざるをえないのは、私が韓国政府発給のパスポートをもって旅していたからである。もと「傭兵隊長」が発給したパスポートを手にしたからこそ、私はこのアヴィニョンに来ることができたのだ。旅に出るために、より一般化して言えば、難民として生きることの不利益や苦しみを免れるために、不承不承にではあるが、自分が韓国という国家の国民であることを私は追認したのである。この思いは、私をひどく憂鬱にさせた。

もしも私が戦争の最中に韓国軍の制服を着てベトナムのジャングルを歩いていたとすれば、ベトナム人に狙撃されて命を落とすことは大いにありうる。その際には、たとえ私自身が内心においてどんなことを考えていようと、撃つ側にはそんなことを識別し顧慮することはできない。撃たれた私は薄れていく意識のなかで、自分を撃ったベトナム人を恨むのではなく、ベトナム派兵を強行した自国権力を恨み、それへの抵抗を貫くことができなかった自分自身を責めるほかないだろう。パスポートを取得することと、軍服を着て従軍することとの間には、言うまでもなく大きな差がある。しかし、パスポートから軍服までが「国民」の論理によってひと続きに繋がっていることも否定できないのである。

一九五一年生まれの私は、ちょうど、ベトナムに派兵された韓国兵と同世代である。徴兵されていればベトナムに派兵されたかもしれない。そうなっていたら酷い処罰を覚悟で派兵に抵抗できただろうか？　いや、たとえ個人として抵抗したとしても、それは自己の良心の問題にすぎず、結果として派兵を阻止できなかったという政治的な意味での責任はやはり免れないのではないか。こうした自問にぎりぎりの決着をつけずにここまで来れたのは、実際には韓国の法律が私のような在日の半国民の兵役義務を免除しているからにすぎないのである。

ベトナム人から「おい、韓国人」と名指された時、「ぼくは韓国人であるつもりはない」とか「ぼくは地球市民だ」などという、そんなはぐらかしは通用しない。また、「韓国人といってもいろいろな人がいて、中にはいい人もいる」などと、そんな当然すぎる子どものような理屈を相手方がわかっていないかのように言うことこそ無礼きわまる。ましてや、「韓国人を非難の目で見るのはベトナム人のナショナリズムだ」などと言うことは、不信や軋轢の原因を相手側に押しつける本末転倒の論法でしかない。どう言おうと、もと「傭兵隊長」が大統領の座に君臨しており、韓国政府が何らの謝罪もしようとしていない現実が、そんな弁明など吹き飛ばしてしまうのだ。

水をかけられたり声高に非難されたりすることがなかったとしても、こわばった微笑や突然の口ごもりなどによって、ベトナム人という他者から私は「韓国人」と名指しされる。「韓国人の血」や「韓国文化」など、何らかの「民族的本質」(そんなものがあるだろうか?)のゆえにではなく、自分の属している集団と他者との関係のゆえに、他者からそのように名指されるのだ。私はその名指しを承認せざるをえないのである。(日本社会からの排除や差別によって、自分が「朝鮮人」であることを「日本人」という他者から叩き込まれるのに似て。)

その名指しを避けるためにできることは、すぐさま「韓国人」であることを、観念においてではなく、実際にやめることでしかない。やめる? だが、いかにして?。

多くの日本人にとって、「国民になる」とか「国民をやめる」といったことは実感しづらいであろう。その理由は、ほとんどの日本人が生まれながらに「日本国民である」ためだ。つまり、正確にいえば、彼ら／彼女らは生まれながらに日本国家によって「国民」として拘束されているため、国家による拘束さえも自然のものとしか感じることができず、したがって拘束の代償として国家から自分に与えられた「国民」であることの特権性を自覚することもできないのである。

よく考えてみればわかることだが、ある国の国民をやめることは、国民になることより難しい。さらに難しいのは、いかなる国の国民にもならないこと、つまり恒常的難民として生きることだ。それができないとすれば、残された途は自分の帰属している国を、正確に言えば、自分を「国民」として拘束している国家を、変える（ひいては解体する）こと以外にない。

ベトナム人からの名指しに遭った時、私は不条理を感じ、怒りを覚える。だが、明らかなことは、その怒りはベトナム人に向けられるべきではなく、自分を拘束している国家に、大義のない派兵を強行し、そのことを謝罪しようともしない韓国の政治権力に向けられなければならないということなのである。

これは甘ったるい想像だが、このような私自身の望みと行動がほんとうに真摯なものであるならば、私とアヴィニョンのベトナム人との出会いは、韓国人対ベトナム人という対立構図から解放されるかもしれない。半難民どうしの連帯と永続的な友情の起点になるかもしれない。だが、その乏しい可能性をひらくため努力すべき者は誰かというと、「お互い」などと安易に言うべきではなく、まず第一義的に、加害者「韓国人」である私の側なのだ。

若い日のホー・チ・ミンのような料理店主は、ついに私のかたわらに立った。職業的微笑をたたえたまま、私の目をのぞき込んだ。彼の目は笑っていない。彼はゆっくり口を開いた。

「ジャポネ?……」

それからどうなったかは、ここには書かないでおこう。長々と書いたが、ここまでは前置きである。この文章を読む読者の大半は日本人だろうが、私がベトナム人との出会いの際の心の動きをここに披瀝したのは、「韓国籍」をもつ在日朝鮮人(半難民)としての私のささやかな経験を、日本人読者の知的(?)消費に供するためではない。まさか「自由主義史観」流の読まれ方はしないと思いたいが、念のためにことわっておいたほうがいいだろう。ベトナムに対する韓国の加害責任を指摘することで、アジア諸民族に対する日本の加害責任を相対化し弁護するためではもちろんない。日本人の皆さんに、こう問いかけるためだ。

私にとってのベトナム人は、あなたにとっては誰だろう? 他者からの名指しに、あなたはどう反応するのだろうか?

昨年(一九九七年)九月二十八日のシンポジウム『ナショナリズムと「慰安婦」問題』においては、パネル討論は事実上、上野千鶴子氏からの多岐にわたる問題提起をめぐって展開し、いささか混乱したまま時間切れになったという印象を私はもっている。当日の上野氏の問題提起のうち、直接に私に向けられたものは次の二点であった。

①徐京植のいうように「慰安婦」制度を植民地支配の枠で捉えるならば、それは植民地女性の負った被害であって、日本人は男も女も国を挙げて報国のために挺身したことになってしまう。それでは日本人「慰安婦」の問題を問題化できなくなってしまうではないか。

②小林よしのり氏は日本軍兵士である「じっちゃん」への同一化を訴えている。他方、徐は「もと慰安婦は私の母だ〈註2〉」と言っている。山崎ひろみ氏は「慰安婦」問題に向い合う自らの姿勢を「加害者の娘として、被害者の姉妹として」と形容している。どれも家族の用語で語られているが、これに非常な危険を感じる。家族はひとまとまりの同一性ではなく、利害の異なる権力関係だからだ。……

①については、当日の討論のなかで不十分ながら応答したつもりなのでここで詳しく繰り返すことはしない。第Ⅱ部の討論に加わった金富子《キムプジャ》氏の、日本人女性には「二重の課題」がある、「日本人女性は政治共同体としての加害国民の一人として戦争責任を果たすことによって、はじめて国境を超えた女たちの連帯が可能であるのであって、その逆ではない」という指摘は、私の真意にもよく合致するものであった。日本人総体を「加害者」一色に塗りつぶすことによって日本人「慰安婦」の存在を黙殺するなどという、そんな単純きわまる形式論理を私は述べたのだろうか？　そうではない。日本人の多くは、その責任の軽重に差があるとはいえ、日本による植民地支配と侵略戦争に関して「他者」（アジアの被害民族）に対する加害者であり、同時に自国の権力による被害者である。ここには、「性差」という分割線に交錯して、相変わらず「民族」という分割線が走っているのである。そのよ

うな交錯する二本の分割線を座標軸として自らの位置を見きわめ、日本人の「二重の課題」を見据えることなくして、日本人と「他者」との連帯は困難だと言っているのである。「階級」というもう一本の分割線を考慮すれば「三重の課題」ということになる。日本人「慰安婦」問題がもっと精力的に取り組まれるべきであることは、こうした重層的な課題を明らかにするという意味でも当然であり、そのことこそ、アジアの被害者の要求にも合致する。

②の問いには正直なところ、いささかぐったりとさせられた。もちろん家族は「ひとまとまりの同一性」ではなく「権力関係」である。私は、それを「ひとまとまりの同一性」だと主張しただろうか？

この問いのレトリックには、①の問いにも通底することだが、加害者と被害者との「違い」を無化しかねない乱暴な一般化があると私は感じる。私がもと「慰安婦」を「母」にたとえたことは、そのたとえを用いた私の立場、文脈、目的等々から切り離して批判されるべきではない。私における「母」は、被支配民族の、下層階級の、しかも家族という権力関係のなかで抑圧されている女性である。これと小林氏における「じっちゃん」とを並列し、両者のたとえは同じであると括ることのできる心性が、私には信じがたい。両者の「違い」こそが意識されなければならないのではないか。こうした説明を繰り返さなければならない現状、ときには自分と小林よしのり氏とがいかに違うかという「弁明」すら強いられる状況には消耗感を禁じえないが、シンポジウムの後、もう一度だけというつもりで、あえて「母を辱めるな」と題する一文〈註3〉を書いたので、参照していただきたい。

さてシンポジウムでの上野氏の問題提起に、次のような主旨の発言があった。

橋爪大三郎氏は、竹田青嗣、小林よしのり両氏との鼎談において、戦前と戦後の日本は政治共同体としての同一性を有している、したがって日本という政治共同体に属している個人として大日本帝国に関する責任はとらなければならないと述べるとともに、「私やあなたが、昭和十年代の日本に生きていて、ある日召集されたとする。それは国家の合法的な手続きに基づくもので、憲法（大日本帝国憲法）の定める国民の義務でもある。とすれば応召して戦地に赴くことは断じて正しい」と言っている。(註4) さて、高橋哲哉氏はシンポジウムの第I部で「日本人としての責任をとる」と言ったが、もし日本人としての政治共同体に属する責任とおっしゃるなら、橋爪氏の議論とどこが違うのか？……

上野氏のこの発言を聞いて、実は私は唖然としてしまった。結論から言うと、橋爪氏の議論と高橋氏の議論とが、本質的に違っていることは一目瞭然だからだ。似ているように見えるとすれば、橋爪氏の似非《えせ》「市民社会論」のレトリックに幻惑されているからでしかない。この一目瞭然の「違い」が上野氏には見えないのだろうか。それとも、本質的に違っているふたつのものをあえて「同じだ」と括ってみせることで論敵を挑発する論争術を意図的に採用しているのだろうか。そうだとしても、この際そうした論争術は問題の整理に役立つよりはむしろ混乱を助長しただけだと私は思う。

そこで、上野氏の発言は私に向けられたものではなかったが、この機会に、「集団の責任」という問題について、私も私なりの考え方の筋道を示しておきたいと考えた。ただし私は日本人ではないので、まずはじめに自分自身の「韓国人としての責任」についての考え方を差し出しておくことにしたのである。

ここで少し論点を整理してみよう。まず「罪」と「責任」の区別を確認しておかなければならないだろう。ハンナ・アーレントによると、「罪」は個人に帰属されるべきものであって、集団に帰属されるべきものではない。「集団の責任」にはふたつの条件がある。すなわち、自分が行なっていないことに対して責任があるとみなされることであり、自分の自発的行動によっては解消できないしかたで、ある集団（集合体）に成員として属していること、である。この種の責任はつねに政治的であり、それを負わされえないのは「亡命者や国家なき人々」だけである〈註5〉。私自身の言葉を添えるなら、それも、より厳密にいって、ある国家の岸辺を離れ別の国家の岸辺に漂着するまでの間の難民だけなのである。

ただし、このアーレントの考えに、疑問点もなくはない。たとえば「ネイションの過去の功績や犯罪」は、どこまで遡るべきなのか。ナポレオン・ボナパルトは「シャルルマーニュの時代からロベスピエールの恐怖にいたるまで」と言ったらしいが、私には疑問である。日本について当面の主題に即していえば、「大化の改新以後」とか「豊臣秀吉以後」ではなく、「明治維新以後今日にいたるまで」というのが妥当であろう。

いずれにせよ、この考えにしたがって言えば、私個人は韓国のベトナム派兵の「罪」を問われることはないが、「韓国人」として政治的な意味での「集団の責任」は負わなければならないということである。同じように、戦後生まれの日本人たちには日本国の植民地支配と侵略戦争についての「罪」

はないが、それらについて「日本人」として「集団の責任」は免れないということなのである。

現状に照らして私の考えを付け加えるならば、なるほどこのように「罪」と「責任」は画然と異なるものではあるが、当事者でない戦後世代に「罪がない」という側面のみが強調されて、「責任がある」という側面が捨象されてはならない。そもそも、明確に「罪」がある当事者たちが平然と跋扈し社会の中枢に位置を占め続けているのが日本社会である。こうした社会においては、罪/責任概念の(ときには意図的な)混乱は、罪なき者に罪を押しつける方向によりも、実際には、罪ある者の罪を覆い隠す、一種の共犯関係をうち固める方向に役立てられる危険性のほうが強い。「私たちには罪はない」という言葉は、「私たち」とは誰のことであり「罪」とは何を指すかをつねに厳密に規定しつつ用いるのでなければ、罪ある者をかばい、ひいては他者に対する集団の責任を否定する結果をもたらすであろう。

戦後世代の日本人といえども、現在日々刻々犯されつつある日本の国家犯罪の共犯者になることはありうる。たとえば被害者が年老いて死んでゆくのを見ながら公式謝罪と個人補償を拒み続けることも国家による犯罪のひとつだ。シンポジウムの際、私は、既得権集団のたとえとして鹿島建設を挙げた。鹿島が国家と共謀して犯した過去の犯罪に直接かかわっていない人は、その「罪」を問われることはない。しかし、株主、社員、下請け、顧客等々というかたちで鹿島の既得権の分け前にあずかっている広汎な受益者には「責任」がある。そして、鹿島が現在ただいま犯しつつある犯罪(被害者の補償要求を拒絶すること)を支持ないし容認するならば、その行為はもはや「責任」の域を超えて限りなく「罪」に近づくと言わねばならない。鹿島というのは一例に過ぎない。同じようなことは、実は日本のほとんどの社会組織について言えるだろう。さしずめ、東京大学などはどうだろう？

話を戻そう。上野千鶴子氏は、橋爪大三郎氏と高橋哲哉氏とは「日本人としての責任」を承認しているという点で同じ論理に立っているというのだが、どうだろうか？

橋爪氏は、上野氏が引用した部分に続いてこう述べている。

……犠牲を覚悟して、兵士となり、前線におもむくことは、立派な覚悟である。それが、誤りだとか犯罪だとか言う資格は誰にもないはずだ。（略）……侵略戦争だったから、参加してはいけない戦争だったと言う人もいる。だが、召集された私やあなたが、個人の資格でそれを主張し、徴兵を拒めるだろうか。「良心的徴兵拒否」の制度があればまだしも、当時はそんなものはなかった。侵略戦争ではなく、アジア解放の戦争と信じて応召したものもいたろう。いずれにせよ個々人は、市民として義務を果たす以外にないのであり、その戦争の性格について責任を問われなくて良い。

戦争の勝算や正当性に疑問がある場合のほうが、戦場におもむく兵士の苦悩は深いのである。にもかかわらず、徴兵に応じた父祖たちを、私たちは誇りに思うべきだろう。そしてそれは同時に、抗日戦争に起ち上がった中国の人びとや、独立運動に身を投じた朝鮮の人びとを、誇りに思うことに通じる。（略）戦争を憎み、戦争を防ぐ努力をすることと、戦争に参加した父祖たちの行為を肯定すること。この二つは完全に両立する！　戦後を健全な市民社会に立て直すため、ここから議論を出発させるべきだ。しかし戦後思想は、ついにこのことを理解しなかった。小林よしのり氏が直感的に指摘したのは、この欠陥であったと私は理解している。〈註6〉

大のおとなが「メシも食わずに十二時間連続闘論」（この書物の惹句）した結論がこれとは、まことに寒心にたえない。そのような書物がさしたる批判も受けず流通している日本社会の現状には、寒心を通りこして恐怖すら覚える。

橋爪氏の議論は、そもそも大日本帝国という天皇制国家に市民社会が成立していたかのような虚構の上に立つ、一目瞭然の怪説である。上野氏は何よりもまず、これは「市民社会論」ではないということを明確にし、そこから議論を始めるべきであった。

橋爪氏は、対米英開戦については「第二次大戦が始まっていたので戦争自体が非合法だったとは言いにくい面」があり、また、「日米戦争は対等な主権国家の戦争というふうに理解できる面が多い」などと留保を付けているが、「満州や中国に対する戦争というのは、ちょっとちがう面がある。これはいわゆる侵略戦争なんです」と述べている。〈註7〉

疑問の多い見解だが、どんな留保や限定を付けようとも、少なくとも日本の行なった対中国戦争が侵略戦争だったことは橋爪氏も認めているようだ。だが、そうであるならば、兵士個々人の主観的な「覚悟」のいかんにかかわらず、兵士となることは侵略への加担以外のなにものでもないではないか。「誤りだとか犯罪だとか言う資格は誰にもない」などという悲壮ぶった脅し文句に胡麻化されてはいけない。侵略の犠牲者、侵略への加担を拒否した者にはその資格がある。戦争の本質が侵略であることに気付いた当の兵士にもその資格がある。いや、侵略戦争への加担が誤りであり犯罪であるということに、そもそも「資格」などいらないのである。

個々の兵士、なかでも徴兵された下級兵士は、兵士になったというそのことだけをもって「罪」を問われることはないが、しかし、戦争の性格についての「責任」は免れないのである。その兵士が自立した市民であろうとすればするほど、そうなのだ。

「良心的兵役拒否」制度といえども、ドイツなどで現行のそれは国家が強制力によって国家目的に人力を動員するという点で本質的には徴兵制の延長であり、無批判に賞賛すべきものではない。だが、そうであるにしても、国家による恣意的動員に市民の側から制限を加えるそうした制度は、じっと待っていて国家が自動的に与えてくれるものではない。市民の側のねばり強い抵抗の結果として闘い取られる権利なのである。実際には、日本の侵略戦争の最中にも、少数だったとはいえ、徴兵を拒否した日本人がいた。その他にも、侵略戦争に抵抗した日本人たちがいた。この人々こそが、真の意味で「市民としての義務」に忠実たらんとした人々だと私は思うが、橋爪説によると、この人々は市民としての義務を怠った存在だということになる。

橋爪説のいう「兵士の苦悩」について一言すれば、なるほど、人間生活のなかでは公共の利益のために自己犠牲が求められる局面もある。場合によっては、そうした自己犠牲が誇らしいものであることもあるだろう。だが、その自己犠牲は、何に捧げられたものかということと無関係に誇らしいのではない。暴力団の組長に捧げられた下級組員の自己犠牲は、当人のナルシシズムにはかなっているかもしれないが、少しも誇らしいものではない。誤った目的に捧げられた自己犠牲は愚かしく痛ましいだけだ。抽象的大義のための自己犠牲は、それ自体誇らしいと橋爪氏は言いたいらしいが、国家がすなわち大義なのではない。ましてや、橋爪氏が誇るという日本軍兵士の自己犠牲は侵略という目的に捧げられたものなのだ。

「抗日戦争に起ち上がった中国の人びと」云々のくだりは、一見すると橋爪説と超保守派との一線を画するものにみえかねないが、よく見ると、侵略した側もされた側も「大義」への自己犠牲において同列だと橋爪氏は言っているのである。お互い様ではないか、というわけだ。だが、はっきりさせておかなければならないのは、日本の「侵略」と、それに対する「抗日」や「独立」とは同列ではないということだ。それを同列だというのは、結局は日本が引き起こしたあの特定の戦争の性格を戦争一般に解消し、その「侵略戦争」としての本質を覆い隠すものでしかない。ただし、「抗日」「独立」のために献身した中国人や朝鮮人と同列の日本人がいなかったわけではない。それは、先にも述べたとおり、侵略戦争に抵抗するという「大義」のために自己を犠牲に供した人々である。

「戦争に参加した父祖」といっても、その中身はさまざまだが、その行為をひとしなみに「肯定」せよと橋爪氏は力説する。だが、A級戦犯の責任も、最末端の二等兵のそれと同じように「肯定」せよというのだろうか。このような粗雑な「包括的論法」には、戦争犯罪人を下級兵士の群れに紛れ込ませ、その罪を減免させる効果が隠されている。天皇主義イデオロギーの信奉者として自ら進んで戦争に参加した者はいうまでもなく、無知あるいは無力のゆえにいやいやながら戦場に動員された下級兵士にも「責任」があることを否定することはできないが、だからといって、私はここで、彼らにも

A級戦犯と同等の「罪」を問うべきだと言っているのではない。実際には、彼ら下級兵士の大多数は、徴兵制度という強制力によって国家の共犯者にされたのだ。そうした事情が認められるからこそ、彼らには「責任」はあるが、特別な場合を除いて「罪」は問われないのである。やむをえなかったということと、それを「肯定」するということとは根本的に違う。橋爪氏はこの歴然たる違いが見えないか、あるいは、あえてすり替えようとしているのだ。かりに戦前の日本に市民社会が成立しており、日本軍下級兵士の侵略戦争への参戦は市民としての自由意志による選択だった（だから肯定せよ）というのならば、理の当然として、当の兵士の戦争責任はより重く問われなければならないことになるが、それでいいのだろうか。

私はまだ橋爪氏に好意的すぎるかもしれない。「戦争に参加した父祖たちの行為」という言葉を、私は、兵士として応召することに限定して論を進めてきた。しかし、橋爪氏は「父祖たちの行為」という言葉を、慰安所に通う行為や非戦闘員を殺傷する行為まで含めて故意にあいまいに用いているとも読める。だとすれば、何をかいわんやである。

私の常識では、国家が戦争に突き進もうとするとき、それへの抵抗や不服従が広汎に起こる社会こそが健全な市民社会である。だが、国民が唯々諾々と侵略戦争に参加することを「市民の義務」と呼び、「戦後を健全な市民社会に立て直す」という橋爪氏は、つまり戦後を戦前のような社会に「立て直す」というのであろうか。要するに、橋爪説は「市民社会論」を装って、国家への自発的隷従を奨励しているにすぎないのである。

さて、上野氏はこう述べている。「『市民社会論者』、橋爪大三郎の『啓蒙』はわかりやすすぎるほど明快である。（略）法理的には、日本国は大日本帝国の犯した犯罪の責任をとるのが正しい。主権者としての国民は『国民として』責任をとるのが正しい、という結論が引き出される[註8]」。

だが、つぶさに見てみると、橋爪氏の責任論は明快ではない。というより、むしろその「責任」の内容はきわめてあいまいである。彼は鼎談のなかで、「慰安婦」に対する賠償責任があるかどうかという問いに、「そこまでは私はわからない」と答えている。[註9]はたして橋爪氏は「国民として」誰に対して、いかなる「責任」をとるというのか。彼は、もと「慰安婦」をはじめアジアの戦争被害者に対して日本国が果たすべき「責任」の内容を、明確な言葉で述べてはいない。

同じ鼎談で彼は、「国家という共同体は、継承され、継承されることによって私たちの生活の安全も守られているわけですから、その国家の現在と過去に対しては自分にも義務と責任があるはずです。そういうかたちで自分の責任を確認していく以外に、国家の過去に対して、むきあう方法はないだろう。そのことにむきあってさえいれば、べつに謝罪なんかしなくたって、中国や韓国など、過去に戦争をした国の人たちとも堂々とつきあえるのではないか」と述べている。[註10]

橋爪氏がここでいう「義務と責任」とは、はたして誰に向けられたものなのだろうか。

いうまでもなく、現在ここで私たちの議論の主題となっている「国民としての責任」とは、日本国が「他者」（もと「慰安婦」をはじめとする戦争被害者）に対して果たすべき「責任」のことであり、その成員がいやおうなく負っている「集団の責任」のことである。橋爪氏がいうような、国民が国家から課される「義務」（たとえば戦前における兵役義務）のことではない。ところが橋爪氏は、いわゆる「国民の義務」と「国民としての責任」とをほとんど同義のように用いている。言いかえれば、国民として国家との共犯関係を引き受けろと言っているのに等しい。したがって、中国や韓国の人々とも、過去にひどいことをしたが、それは「国民の義務」を果たしたまでだという理屈によって、「謝罪なんかしなくたって……堂々とつきあえる」というわけである。

上野千鶴子氏が、「ここには、国民国家がその国民に対して、死を要求できるほどの排他的な超越性をもつこと――そのような集団的同一化への強制――への疑いもまた、きれいさっぱり拭い去られている」〈註11〉と正しく批判しているとおり、橋爪氏の「国民の責任」論はその実、国家主義そのものといっても過言ではない。

ところが、その上野氏は続けて次のようにも言うのである。

高橋哲哉氏は、「日本人」として「責任をとる」と言う。彼の言う「日本人」が、国民国家という政治共同体に属する一員としての責任、という意味なら、橋爪氏の「市民社会論」と高橋氏の立場はそう距離がないことになる。〈註12〉

はたしてそうだろうか？　高橋氏はシンポジウムにおいて「責任は他者からくる」「他者からのアピールに応じるのが責任の起源」であると強調し、もと「慰安婦」の呼びかけに応答することに現在の「日本という政治共同体を変えていくときの一つの原理的批判の源泉、よりどころがあるのではないか」と述べている。詳しくは彼自身の発言を参照してもらいたいが、少なくとも高橋氏の「日本人としての責任」論は明確に、「他者」に対してのものであり、「他者」に応答しようとするものである。

また日本という政治共同体を変えていくという指向性を明示している。こうした点で橋爪説との「距離」は一目瞭然だと私は思う。

この問題は実は、上野氏の「ナショナリズム」定義にかかわっている。

上野氏は「新しい歴史教科書をつくる会」の「国民的プライド」回復の欲望は「国民のあいだに集団的アイデンティティをうちたてたいという欲望と同一のものだ」と指摘したうえで、こう続ける。


そこでは国民国家と自分の同一化、「国民の一人としてのわたし」および「わたしたち」への誘惑と強制とがある。このなかには、「加害国民の一人としてのわたし」も含まれる。が、それもまた国民国家と自分との同一化にもとづいている。そして国民国家と個人とのこの同一化を、わたしたちはナショナリズムと呼ぶ。〈註13〉

このような定義を適用して、上野氏は、橋爪説も高橋説もともにナショナリズムであるとみなすのであろう。だが、それは乱暴というものではないか。

橋爪説は先に詳しく述べたように、その本質は明らかに「国民国家と個人との同一化」といえるだろう。だが、高橋説はそうではあるまい。言葉のうえではどちらも「政治共同体の成員としての責任」と言っているが、その意味内容ははっきりと違っているのである。上野氏はその「違い」を捨象している。だが、高橋・橋爪両氏の間に走る分割線のほうが、上野氏が引いてみせた、上野氏と高橋・橋爪両氏との間の分割線よりもはるかに本質的なものだと私は思う。

「加害国民の一人としてのわたし」もまた「国民国家と自分の同一化」の欲望であると上野氏はいう。だが、そう大雑把に括る前にもう少し落ち着いて考えてもらいたい。

この文章の前半で述べたように、私は自分の「韓国人としての責任」を認めるものだが、その理由は、私が「国民の一人としてのわたし」という幻想にとらわれて、自分と韓国という国家とを「同一化」しているからではない。そうではなく、国家のほうが私を「国民の一人として」拘束しているからなのだ。国民国家と自分との分離を欲望するのであれば（私もそれを欲望する者のひとりだが）、国家が自分を拘束しているという現実から目を背けるのではなく、その現実そのものを変革していく以外にないのである。付け加えて率直に言わせてもらえば、日本社会においては「加害国民の一人としてのわたし」という観念の過剰が問題なのではなく、その過少が、そして、その内実の空虚さこそが問題だと私は考えている。

上野氏は「国民」というのは「わたし」を作り上げているさまざまな関係性のひとつにすぎないとして、「単一のカテゴリーの特権化や本質化」を拒絶すると述べている。〈註14〉上野氏と同じように、「日本人」というのは自分を構成する多面的なアイデンティティの一側面にすぎない、と多くの日本人がことさらに言う。そんなことは当然ではないか。私にとっても、「韓国人」というのは「私」の一側面にすぎない。だが、ある集団の他の集団に対する加害責任が問題となっているこの場では、「あなた」という存在の、逃れようのないその一側面こそが名指しを受けているのである。その名指しに応答することは、決して「単一のカテゴリーの特権化や本質化」ではない。ベトナム人から私が「おい、韓国人」と名指しされたとき、「いいえ、ぼくは男です」と「私」の別の側面で応じたとすれば、それはぐらかしであり、対話の拒絶に等しいではないか。

日本国民の皆さん、自分はたまたま日本に生まれただけであって「日本人」であるつもりはないとか、自分は「在日日本人」に過ぎないとか、どうかそんな軽口は叩かないでいただきたい。あなた方が長年の植民地支配によってもたらされた既得権と日常生活における「国民」としての特権を放棄し、今すぐパスポートを引き裂いて自発的に難民となる気概を示したときにだけ、その言葉は真剣に受け取られるだろう。そうでないかぎり、「他者」はあなた方を「日本人」と名指し続けるのである。


そもそも国家なしの個人なんて世界で生きていけるのですか。どこの国にも所属していない個人が世界で認められますか。個人の背中には、いやおうなしに国家が貼りついているのであって、その背中に自信をもって背すじを伸ばしていい。おまえの背中はクソまみれだと言われるより、おまえの背中だってなかなかりっぱじゃないかと言われたほうがいい。〈註15〉

小林よしのり氏の言葉である。「クソまみれ」とは、いかにも彼らしく品のない形容だが、ともあれ彼も、「国家なしの個人が世界で生きていけるか」と、この部分だけを見ると、私と似たようなことを言っている。そこで、ここまで辛抱強く読んでくれた読者に尋ねたいが、私の言っていることは彼と「同じ」だろうか？

私は、彼とはちがって、自分を騙してまで「クソまみれ」の背中を立派だと思い込もうとしているのではない。自国の権力によって理不尽にも背中になすりつけられた「クソ」を、なんとかして拭いとるために努力しようとするのである。私の「韓国人としての責任」は、朴正熙や全斗煥と「同一化」して、彼らを「かばい」、彼らの罪に連座することではない。彼らやその残党と闘い、韓国政府にベトナムに対する公式謝罪と個人補償を実現させ、そうしたことを再び繰り返さないような社会に韓国を変えるべく努めることである。それが背中の「クソ」を拭いとる唯一の途だからだ。

こうした考え方も、「国民国家という政治共同体に属する一員としての責任」を承認しているという理由で、上野千鶴子氏は「ナショナリズム」だと規定するのだろうか。こうした「ナショナリズム」規定からは、被害者への公式謝罪と国家補償を日本国政府に要求すること自体が、国家の存在を前提としているがゆえにナショナリズムであり、すなわち悪だ、という倒錯した主張まで跳び出しかねない。

ナショナリズムは悪だ、なぜならそれはナショナリズムだから——そんな粗雑な循環論法が流通している空間では、いったんナショナリストというレッテルを貼られそうになった者は、なにはともあれ自分からその致命的なレッテルを剥がそうと懸命になるほかないようだ。だが、私の考えは違う。私自身は自分の考え方を「ナショナリズム」だとは考えないが、その当否は、第三者が判断するだろう。いずれにしても私は、自分はナショナリストではないとあわてて弁明するつもりはない。私の考えでは、誰かの定めた「ナショナリズムの定義」に自説が当てはまるかどうかが重要なのではない。重要なのは、高橋氏と橋爪氏との間、私と小林氏との間に走っている分割線なのだから。その分割線をなんと呼ぶべきか、にわかには分からないが、確かなことは、その分割線のこちら側には被害者との連帯（「同一化」ではない）への指向があり、あちら側には加害者との同一化があるということだ。こちら側には対話、正義、平和への指向があり、あちら側には独善、不正義、戦争へと転落する坂道が続いているのである。

ところで、上野氏もシンポジウムの際、「私は日本国民の一人であるから日本国民として日本政府になすべきことはたくさんある、それは十分承知している」と述べていた。私はこの態度表明を心から歓迎するものだが、それでは、上野氏の概念規定によれば、氏自身もナショナリストだということになるのだろうか?

もはや紙数が尽きたが、最後に、加藤典洋氏の『敗戦後論』について簡単に触れておきたい。私が常々、戦後日本人の主体意識は空洞化しており「他者」の声はその空洞を虚しく素通りしていると言っているので、読者のなかには、私の議論と加藤説とが「同じ」だと感じる人もいるかもしれない。たしかに加藤氏はこんなことを言う。

日本人おかしいじゃないか、おまえたちおかしいじゃないかと言われたそのときに、その「おまえたち」に合致する「われわれ」というものはもはやいないし、その「おまえたち」を引き受ける人は誰もいない。「敗戦後論」というのは、だったらおれが全部ひきうけてやるよ、と書いたものなんですよ。〈註16〉

この声を聞いたとき私は、ほんの一瞬だけだが、あやうく頷きそうになった。事実、私たち朝鮮人のなかから、日本にもようやく強靭な謝罪の論理が登場したと、誤って加藤説を肯定的に評価する声があらわれている。しかし、私はこう言いたい――ちょっと待て、その先は断崖だ。

第二次大戦は日本人にとって（略）たんに負けいくさに終わった戦争というだけでなく、道義的にも「正義」のない悪い戦争だったという点、やはり、これまでにない新しい意味をもっている。（略）第二次大戦は、残された者にとってそこで自国の死者が無意味な死者となるほかない、はじめての戦争を意味したのである。〈註17〉

そうなのか？　それでは台湾を奪取した日清戦争、朝鮮「併合」に帰結した日露戦争、「満州事変」その他、第二次大戦にいたるまでの日本の一連の侵略戦争は「正義」のある戦争だったのか？　そこでの「自国の死者」は意味ある死を死んだのか？　それは、どんな意味なのか？

この点だけからでも、加藤説ははじめから台湾、朝鮮、「満州」など被植民地民衆を黙殺するものであり、日本の「戦争責任」の範囲から植民地獲得戦争や植民地支配の責任を除外しようとする、私たち朝鮮人にはなじみのステレオタイプであることがわかる。加藤氏は「悪から善をつくるべきだ」というが、日清、日露以来の戦争と植民地支配が「悪」だったことをはっきりさせないかぎり「悪から善をつくる」ことなどできはしない。

また、なぜ加藤氏は、「悪から善をつくる」その範型として、たとえば長谷川テルのような侵略戦争に抵抗した日本人ではなく、無意味な自殺行為と知りつつ死んでいった戦艦大和の士官を想起するのか。それは痛ましくはあっても誤った自己犠牲でしかなかったではないか。長谷川テルのような存在は、加藤氏にとって「日本人」の外部、非「国民」なのか。ここに加藤氏の、特攻隊の「散華」の美学に通じる民族的自己愛が端的に露呈している。

侵略された国々の人民にとって悪辣な侵略者にほかならないこの自国の死者を、この（外向きの――引用者）正史は〝見殺し〟にするので、この打ちすてられた侵略者である死者を〝引きとり〟、その死者とともに侵略者の烙印を国際社会のなかで受けることが、じつは、一個の人格として、国際社会で侵略戦争の担い手たる責任を引きうけることだ……〈註18〉

この引用部分の〝引きとり〟は、初出では〝かばい〟となっていた。加藤氏は言葉を誠実に用いるべきだ。このくだりで加藤氏が言っている「侵略戦争の担い手たる責任を引き受ける」とは、天皇をはじめ罪ある者の罪を明らかにして、裁くべきは裁き、罰するべきは罰し、戦争被害者への公式謝罪と補償を「国民の責任」として推し進めるという意味だろうか。そうではあるまい。

「烙印」とは、意に反して外部から強いられるもののたとえであろう。加藤氏自身が明確に日本の引き起こした一連の戦争を侵略戦争だと認識していれば、出てくるはずのない表現である。つまり、ここで言われていることは、「烙印」された民族という国民的被害者意識と共犯意識を形成し、それにくるみこんで、「他者」の名指しから罪ある者を（そして自分自身を）「かばう」ということなのだ。否定したいが否定できない侵略の事実、拒みたいが拒むことのできない「侵略者の烙印」――それが加藤氏個人の「人格分裂」の原因なのである。それを日本社会に投影してみせた『敗戦後論』がもてはやされている現象は、加藤氏と同じような「人格分裂」を抱えた日本人たちがいかに多いかを示している。加藤氏のいう「責任」は、本質的には橋爪氏と同じように、「他者」の呼びかけに耳を塞ぎ、ひたすらに自己を慰めるためのレトリックでしかない。

加藤氏は「戦争で死んだ自国の死者を、しっかりと無意味な死と受けとめ、しかも、その無意味に頭を垂れ、無意味なままにこれを厚く弔う固有の術を、いまからでも遅くない、編みださなければならないのである」〈註19〉という。

「無意味な死」とはどういうことか？　勝ちいくさなら「意味」があったのか？　加藤氏のいう「よごれ」は「敗戦の屈辱」とほとんど同義である。しかし、敗戦が「よごれ」なのか？　そうではなく、侵略こそが「よごれ」であろう。もし、日本が戦争に勝っていたら、その「よごれ」は現在もっと救いようのないものだったのである。敗戦を「よごれ」ととらえるのは、戦勝国アメリカしか眼中になく、日本の戦争における真の「他者」（アジアの諸民族）を黙殺しているからにほかならない。

この「自国の死者」たちが戦争という国家の行為によって死んだのである以上、その死の意味は当の戦争の意味と無縁ではありえない。遺族や友人が自己に近しい死者をそれぞれの固有の意味づけにおいて弔うことは当然のことだが、弔いが集団的に行なわれるのである以上、その戦争が侵略戦争だったという明確な「意味」から切り離して、「無意味なままに」弔うことはできないのである。それをすることは、侵略戦争から「侵略」という「意味」を抜き取るという仕方で、別の意味づけをすることになるからだ。「無意味なままに」などと言う前に、いま靖国神社で行なわれている「英霊」

という虚偽の「意味」づけから死者たちを取り戻すことが先決なのである。

しかも、「自国の死者」というひと括りの観念によって、自国民を死に追いやったA級戦犯の死から自国権力によって死を強いられた最末端の一兵卒の死まで、いや一般非戦闘員の死にいたるまでの、侵略戦争のなかで占めるさまざまな死の「意味」の違いを消去してはならない。すなわち、加藤氏のいう「無意味なままに弔う固有の術」なるものは、結局のところ、侵略戦争の死者という「意味」を覆い隠し、死者たち内部の支配／被支配関係を隠蔽する「術」でしかないのだ。

日本政府が「速やかに戦後責任《ママ》をまっとうしようとしない〈註20〉」理由は、加藤氏のいう日本社会の「人格分裂」のせいなどではない。「他者」に対する「日本人としての責任」を自覚して担おうとする人々と、「他者」を黙殺して自己愛に終始しようとする人々との対立のせいであり、日本では前者が極端に少数かつ脆弱であり、後者が依然として社会の中枢を占め続けているという単純な現実のせいである。はたして加藤氏自身はどちらに属するのか？　それとも、自身の「人格分裂」ゆえに答えられないというだろうか。加藤氏がほんとうに「他者」の「おかしいじゃないか」という声を引き受けるというなら、彼のすべきことは「固有の術」を編み出すことなどではなく、前者に助勢して後者と闘うことでしかない。それが、「国民としての責任」をまっとうする途なのである。

日本国民がそれぞれに自己を責任主体として自覚することは是非とも必要だが、この機に乗じて本質主義的な「国民主体」なるものを立ち上げようとする加藤典洋氏の説は、「空虚な主体」に投げかけられた「危険な主体」への誘いなのである。その先は断崖だ。

【註】

〈1〉ハンナ・アーレント「集団の責任」大川正彦訳「現代思想」青土社、一九九七年七月号

〈2〉本書二七七頁参照。

〈3〉本書二九一頁参照。初出は小森陽一・高橋哲哉編『ナショナル・ヒストリーを超えて』東京大学出版会、一九九八年五月

〈4〉竹田青嗣・小林よしのり・橋爪大三郎『正義・戦争・国家論』径書房

〈5〉アーレント前掲論文

〈6〉竹田・小林・橋爪前掲書、二八一—三頁

〈7〉同前、一四五—六頁

〈8〉上野千鶴子『ナショナリズムとジェンダー』青土社、一八八頁

〈9〉竹田・小林・橋爪前掲書、一六六頁

〈10〉同前、一五一頁

〈11〉上野前掲書、一八九頁

〈12〉同前、同頁

〈13〉同前、一八七頁

〈14〉同前、一九七頁

〈15〉竹田・小林・橋爪前掲書、一九八頁

〈16〉加藤典洋と西谷修との対談「世界戦争のトラウマと『日本人』」「世界」一九九五年八月号

〈17〉加藤典洋『敗戦後論』講談社、五四頁

〈18〉同前、五五頁

〈19〉加藤典洋「敗戦後論」「群像」一九九五年一月号、二七九頁。なお、この部分は単行本では削除されている。

〈20〉前掲『敗戦後論』講談社、六〇頁

＊追記

前項で述べたシンポジウムの記録『ナショナリズムと「慰安婦」問題』（青木書店）を刊行するに際し、主催の日本の戦争責任資料センターは、当日は時間の制約等の事情で議論を十分に展開することができなかったとの判断から、パネラーなどに対し、「論争、その後」として寄稿を求めた。本稿は、その求めに応じて執筆したものである。

なお、韓国においては近年、朝鮮戦争中の米軍による民間人虐殺事件が次々に明るみに出される一方、ベトナム戦争時の韓国軍によるベトナム民間人虐殺事件などについても元ベトナム派遣軍軍人の中から告白者が現われはじめている。日本や米軍による被害の記憶と同時に、自国による加害の記憶もまた公的空間で語られるようになってきたわけだが、これを受けて、在郷軍人組織など保守勢力の激しい反発にもかかわらず、真相究明とベトナムに対する公式謝罪と補償を求める市民運動が一定の広がりを見せている。加害と被害の重層的関係を丹念に見つめながら、自律的市民として自らの責任を担っていこうとする指向性をそこに読み取ることができる。

「日本人としての責任」再考

——考え抜かれた意図的怠慢

一般のドイツ市民は無知に安住し、その上に殻をかぶせた。ナチズムへの同意に対する無罪証明に、無知を用いたのだ。目、耳、口を閉じて、目の前で何が起ころうと知ったことではない、だから自分は共犯ではない、という幻想を造り上げたのだ。

知り、知らせることは、ナチズムから距離をとる一つの方法だった（そして結局、さほど危険でもなかった）。ドイツ国民は全体的に見て、そうしようとしなかった、この考え抜かれた意図的な怠慢こそ犯罪行為だ、と私は考える。

――プリーモ・レーヴィ『アウシュヴィッツは終わらない』
竹山博英訳、朝日新聞社、一九八〇年

一　はじめに

一九九九年十月一日、東京地裁において、在日朝鮮人〈註1〉の元日本軍「慰安婦」宋神道《ソンシンド》さんが日本政府に対して謝罪と補償を求めていた訴訟の判決が言い渡された。

判決は「請求棄却」。成田喜達裁判長は数秒のうちに主文のみを言い渡し、事態が呑み込めない様子の原告・宋神道さんに背を向けて早々に退廷した。

一九九三年四月五日の提訴から六年余、七十歳だった宋さんが七十六歳になるまでの歳月が費やされた。その間、宋さんは思い出したくない記憶を呼び起こし、語りたくない苛酷な経験の数々を、心を励まして語ってきた。住んでいる地域で、「生活保護で食っているくせに」とか「金めあてだろ」などと、心ない中傷を受けてきた宋さんは、判決を前にして、「もし裁判に負けたら、家に帰れねえ」とたびたび漏らすほどの緊張をみせていた。その結果がこの判決である。筆者は傍聴席から判決の模様を見届けていたのだが、予想されたこととはいえ、あまりのことに言葉を失う思いであった。結審の際に、陳述する宋さんに笑顔でうなずきかえす裁判官の温和な表情を見て、いかにも好人物ふうな印象が心に残っていただけになおさらである。

法廷の外では、韓国から駆けつけた元「慰安婦」の李容洙《イヨンス》さんが、ハンドマイクを手に支援者たちに向かってこう述べていた。「日本の若い人たちのことを考えて対話的にやってきた。それが、この判決とは……。こんなことでは、もう日本に来たくない。これからは、あなたがたの方が韓国に来るべきだ。」

その場に韓国報道陣の姿がないので、韓国から来た支援者に尋ねてみると、九八年十月の金大中《キムデジュン》大統領訪日の際、韓国側から、もはや政府レベルではいわゆる「過去の清算」問題に絡んで補償等を日本に求めることはしないとのサインが送られたことから、韓国内でも「慰安婦」問題に対する関心が急速に薄れつつあるという説明であった。国家間の談合によって「過去の清算」がはかられ、半世紀以上の時を隔ててようやくわれわれの眼前に浮かび上がってきた被害者の記憶、決して「清算」されることのないその痛みは、ふたたび封印され忘却の淵に送り返されようとしている。

この日の光景は、「証言の時代」の、とくにその反動局面での、もっとも象徴的な一幕として筆者の記憶に焼き付けられた。

一九九〇年代になって、冷戦体制の崩壊、アジア諸国における民主化の一定の進展と人権意識の伸張などにともない、それまで沈黙を強いられてきたアジアの戦争被害者たちが、誰の目にも見える「証人」として立ち現われ、自らの権利と正義のために「証言」を始めることとなった。それは従来の日本とアジア諸国との関係史にはなかった、まったく新しい時代である。この意味で筆者は、高橋哲哉とともに、一九九〇年代の十年間を日本における「証言の時代」と呼んだ。[註2]

宋神道さんの裁判において、原告側の主張の要点は、被告（日本国）が原告（宋神道）を「慰安婦」にした行為は、「人道に対する罪」「強制労働禁止条約違反」などの国際不法行為に該当する、重大な人権侵害を行なった国家は国際法と国内法に基づく法的責任において被害回復の措置をとるべきだ、というものであった。これに対し、東京地裁の判決は、日本軍の慰安所制度についても、宋さんが「慰安婦」にされたことについても事実を認定している。それどころか、「言語に尽くし切れない苦痛と悲惨さをともなったであろうと推測される」とまで述べている。それにもかかわらず、原告側の請求を全面的に斥けたのである。

判決は国際法に基づく請求は国家間においてのみ該当し、個人のそれは例外的な場合以外は許容されない、とした。また、国内法については、国家無答責、[註3]除斥期間[註4]の成立などを理由に請求を斥けた。さらに、いわゆる「下関判決[註5]」との関連で注目されていた「立法不作為」の争点についても、判決は、立法により何らかの救済策を創設することは「選択肢の一つ」としながら、「だからといって、憲法の明文からもその解釈からも（中略）補償立法義務が存在することが一義的に明確であるとすることはおよそ無理」であり、「そのような補償立法がされないからといって国家賠償法上違法視される謂れはなく」云々と述べて、原告の請求を斥けたのである。原告側は控訴の手続きを取り、現在は東京高裁で審理が行なわれている。

宋さんに対する東京地裁判決があらためて露呈したものは、日本国がかつて国際法に反する「慰安婦制度」をもっていたこと、ならびに、「慰安婦」に対して重大な人権侵害が行なわれたことが否定できない事実であるにもかかわらず、誰もその責任を負おうとしない日本社会の現実である。

二　証言の時代、その反動局面

筆者はこの間、「日本人としての責任」という気の進まないテーマをとりあげて論じなければならないことが何回かあったが、〈註6〉そのたびに、「日本人としての責任」という設問そのものに対する日本人多数からの強い拒絶感を感じさせられてきた。こうした拒絶感は、つきつめて整理すると二つの異なった心情に由来するように思える。ひとつは言うまでもなく「責任」そのものを拒絶する心情であり、もうひとつは「日本人」という枠組みに自らを括り込まれることを拒絶しようとする心情である。これらは一見相互に対立するように見えるが、現に目前に存在している「日本人としての責任」を否認している点において、客観的にみれば補い合ってもいるのである。

「証言の時代」は日本人にとって、自国による加害の歴史を直視し、その責任の所在を明らかにし、そして被害者への謝罪や補償という行為を通じてアジアの隣人たちと新しい友好と連帯の関係を築いていくための好機でもあった。実際、その可能性は、なかったわけではない。

一九九一年八月、韓国ソウルで金学順《キムハクスン》さんが最初に名乗り出て以来、韓国のみならず朝鮮民主主義人民共和国（北朝鮮）、台湾、中国、フィリピン、インドネシアなど、かつて日本の侵略や軍事占領をうけたアジア諸地域から元「慰安婦」の生き証人たちが次々に名乗り出てきた。元「慰安婦」だけでなく、元軍人・軍属、強制連行・強制労働の被害者など、さまざまな生き証人たちが名乗り出て、日本国に謝罪と補償を求め始めた。一九九〇年以降、日本の裁判所に提起された外国籍の原告による戦後補償訴訟は四十七件に及んでいる（「朝日新聞」一九九八年二月六日）。

慰安婦制度への国家・軍の関与を否定し続けていた日本政府も、生き証人たちの登場と証拠資料の発見とによってやむなく従来の見解を改め、一九九三年八月四日の河野洋平官房長官談話によって、あいまいながらも国家・軍の関与および「強制性」を認め、「お詫びと反省の気持ち」を表わした。

自民党単独政権に代わった連立政権の細川護熙首相は一九九三年八月十日の記者会見で、日本の戦争は「侵略戦争」であったという認識を明らかにし、同年十一月に訪問先の韓国で、日本語の強制使用、創氏改名、「慰安婦」、強制連行などを具体的に列挙して、植民地支配の「加害者として心から反省し、深く陳謝したい」と表明した。

こうした認識が広く日本国民に浸透し、さらに深められ、幅広いコンセンサスを形成することができていたならば、事態は今日とは大きく異なっていたはずだ。しかし、細川発言の直後から、右派勢力からの猛烈な巻き返しが起こり、細川首相は「侵略戦争」から「侵略的行為」へと発言を後退させた。

一九九四年、自民党は社会党および新党さきがけと連立を組んで与党に返り咲くが、三党の共同政権構想には「戦後五十年を契機に、過去の戦争を反省し、未来の平和への決意を表明する国会決議の採択」に積極的に取り組むことがうたわれた。この「戦後五十年国会決議」構想は、もともとは一九八八年に社会党の土井たか子委員長（当時）が提唱した「朝鮮植民地支配謝罪決議」に由来する。それが自・社・さ連立による村山富市政権が誕生するに及んで現実化に動き出したのである。

しかし、九四年末、村山政権の与党である自民党内で前記の国会決議に反対する「終戦五十周年国会議員連盟」が旗揚げされ、自民党所属の衆参両院議員の約三分の二がこれに加入した。その活動方針は「一方的なわが国の断罪と自虐的な歴史認識を見直し、公正な史実の検証に基づいて歴史の流れを解明し、日本および日本人の名誉と誇りの回復を帰すべきである」としている。野党の新進党でも決議に反対する議員による「正しい歴史を伝える国会議員連盟」が結成されたが、呼びかけ人の一人は「南京事件はでっちあげ」と発言して法相を更迭された永野茂門参院議員であった。民間でも「日本を守る国民会議」（黛敏郎議長）などが中心となり、草の根の右派勢力を総動員して、国会決議阻止五百万人署名運動や日本人戦没者への追悼と感謝を内容とする地方議会決議を推進する運動を展開した。「あの戦争が侵略だったというのなら、戦死者は犬死にだったというのか」という、およそ論理性を欠いた主張（いわゆる「犬死に論」）が右派によって執拗に繰り返された。この主張は、しかし、元軍人や軍人遺族の、戦死者を国家的な顕彰の対象にしておきたいという誤った名誉感情と、恩給や年金を失うまいとする利益感情に訴え、右派の結集をうながす効果を発揮した。

国会決議は九五年六月九日衆議院で採択されたが、最大野党の新進党が欠席し、与党にも欠席者が続出して、出席議員の数が定数の半ばを下回るというみすぼらしい姿を天下にさらけだした。しかも、その決議文は、自国の行為を反省するという文言に先立って、「世界の近代史上における数々の植民地支配や侵略的行為に思いをいたし……」という文言を無理やり挿入した一事が如実に物語るとおり、植民地支配と侵略の責任を否認ないし相対化しようという右派勢力の意向を大幅に取り入れたものになった。当然のことながら、こうした過程を注視していたアジア諸民族からの評判はすこぶる悪く、決議は所期の目的とは逆に、むしろ日本への不信感や警戒感を募らせる結果に終わった。ある海外メディアは、これによって日本はアジア民衆との和解の「最後の機会を逃した」と評した。

この年八月十五日の記者会見で自・社、さ政権の村山富市首相は、「過去の戦争や植民地支配は『国策を誤った』ものであり、日本がアジアの人々に苦痛を与えたことは『疑うべくもない歴史の事実』」と表明した。これは従来の自民党単独政権の見解からみれば一歩踏み込んだものに見えるが、天皇に戦争責任があると思うかという質問に対して「それは、ない」と、あっさりと否定している。また、村山政権は、いわゆる韓国「併合」条約についても、道義的に不当であったことは認めながらも法的に不法であったことは認めず、その点では従来の政府見解を固守したのである。

一九九六年になると、「終戦五十周年国会議員連盟」を引き継ぐかたちで「『明るい日本』国会議員連盟」が結成され、自民党の衆参両院議員一一六名が名を連ねた。その趣意書では、「(自国を)侵略国家として罪悪視する自虐的な歴史認識や卑屈な謝罪外交には同調できない」と主張している。同連盟の会長に就任した奥野誠亮元法相は記者会見で「慰安婦は商行為に参加した人たちで強制はなかった」と述べ、「慰安婦」問題を記述する中高の教科書を非難した(『朝日新聞』一九九六年六月五日)。また、日本遺族会顧問の板垣正参議院議員は、韓国から来日中だった元「慰安婦」の金相喜《キムサンヒ》さんと会見した際、「信じられない」とか「カネをもらってないのか」などと侮辱的言辞を繰り返し、河野官房長官談話についても「私は認めていない」と述べた（同前）。

こうした動きを、いわゆる「靖国派」を中心とする旧来の右派からの反動攻勢だったとするなら、民間からこれに合流しようとする新しい右派の動きも表面化してきた。現時点から振り返れば、日本における否定論や歴史修正主義の動きは、この頃から勢いを強め一般日本国民のなかに広がっていったといえる。

九六年後半に注目を集めた「自由主義史観研究会」はディベート方式を採りいれた活気ある歴史教育の実践をうたう一方、右派の「皇国史観」にも左派の「コミンテルン史観」にも偏らない「自由主義史観」なるものを標榜したが、実際には早々に、自らが掲げた看板を裏切ってみせた。同研究会代表の藤岡信勝が同年末に結成された「新しい歴史教科書をつくる会」の中心人物となり、中学校教科書から「慰安婦」に関する記述を削除せよと要求する運動を開始したのである。教科書攻撃に標的を絞ったこの運動に新旧の右派勢力が結集し、そこから藤岡に続いて、小林よしのり、西尾幹二といったプロパガンディストたちが登場したが、小林の著作『新ゴーマニズム宣言special――戦争論』（幻冬舎、一九九八年）と西尾の『国民の歴史』（産経新聞ニュースサービス、一九九九年）とは、いずれも数十万部を売るベストセラーとなった。もちろん両書の販売にあたっては右派勢力の組織的バックアップがあったし、とくに『国民の歴史』の場合は大量に無料配布されているという事実はあるにしても、日本国民の一定の部分が、こうしたプロパガンディストたちの粗野で差別的な論調を歓迎していることは否定できない。

二〇〇〇年四月九日、石原慎太郎東京都知事が陸上自衛隊練馬駐屯地での創隊記念式典のあいさつで、いわゆる「三国人」発言をして批判を浴びたことは記憶に新しい〈註7〉が、石原は「慰安婦」問題に関しても、たとえば次のような発言を公然と行なってきた人物である。

> 慰安婦に関しては、単に日本だけを貶める狙いがあるので、目下の状勢で教科書への記述はまったく不要だしあくまで反対です。／強制連行なんぞされなくても一種のボランティアとして、有償ボランティアとして金を稼ぐということで娼婦になった女の人はたくさんいたはずだし、ごく自然なことです。それをもって、日本の戦争遂行が汚れたものだったというようなことは、性と経済に関する人間の摂理からしても作為的な非難でしかない。／第一、個人の証言は検証しようがない。彼女たちが今は功成り遂げミリオネアになっていたらそんなことは恥ずかしくて言い出せるわけがない。依然として貧乏しているから、これで少しでも金が入ればいいという思惑で、今度は肉体でなしに自分の名誉を代償にして稼ごうとしているだけです。そういうことは見え見えなのに、そういう人間の卑しい本性に引きずられて教科書に載せる必要が一体どこにあるのか。どうしてもやるなら慰安婦を可哀想な被害者という視点だけでなく現在の彼女たちの卑しい本性の部分も記述しなくてはなるまいに。（『「父」なくして国立たず』光文社、一九九七年、／は改行）

こうしたあからさまで口汚い否定論、欧米では人種差別や民族間対立を煽る罪として刑事訴追されても不思議のない言説が、数万、数十万の読者に受け入れられている。いまや否定論者のレイシスト

（差別主義者）が首都の知事の座を占めているのである。そんな異常な現象が、さして異常とも思われないまま歯止めもなく増殖しているのが日本社会の現状であろう。

三　混迷する中間勢力――自己正当化の欲望

しかし、現在の危機の特徴は前述のような右派ないし極右派の伸張のみにあるのではない。むしろ、八〇年代まで右派への牽制勢力、制動勢力として不十分ながら一定の役割を果たしていた旧社会党・総評ブロックがその思想的浅薄さを露呈してほとんど自滅したこと、さらに、市民的リベラル派とみられていた中間勢力が、「女性のためのアジア平和基金」（国民基金）をめぐる知識人や市民運動の分裂によって露呈されたように、はなはだしい混迷を続けていることが、いっそう深刻な問題だといわねばならない。

一九九七年に刊行された加藤典洋著の『敗戦後論』が意外に多くの読者に歓迎された現象は、アジアの被害者からの訴えと右派勢力の反攻との板挟みとなった中間勢力の動揺、さらにいうなら自己正当化の欲望の反映であった。同書のタイトルとなった論文「敗戦後論」が一九九四年末、すなわち「犬死に論」をかかげる右派の反動攻勢が強まる中で発表されたものであることは、同論文が駆使するレトリックの背後にあるものを読み取るためにも、想起されておくべきであろう。

日本という人格が改憲派と護憲派とに人格分裂している、「自国の死者」の弔いを通じてそれをまず統一させなければ被害者への謝罪もできない、という加藤のレトリックは、実際には、何もできない（あるいは、したくない）中間勢力が、何もできない状態に自ら納得し、何もしないことを自らに言い訳するために格好のものであった。いうまでもなくそれは、日本社会内部の身勝手な自己了解にとどまるほかなく、他者（被害者）に対しては何の説得力も持たない。

加藤典洋は西谷修との対談で、アジアの戦争被害者が過去の事実の承認と謝罪を求めているとき「それに答えうる『主体』を立ち上げるという要請に迫られている」という西谷修に答えて、次のように述べた。

日本人おかしいじゃないか、おまえたちおかしいじゃないかと言われたときに、その「おまえたち」に合致する「われわれ」というものはもはやいないし、その「おまえたち」を引き受ける人は誰もいない。「敗戦後論」というのは、だったらおれが全部引き受けてやるよ、と書いたものなんですよ。（「世界戦争のトラウマと『日本人』」「世界」一九九五年八月号）

加藤は「国民」という概念が現在の日本では責任回避の機制として働いている、そこで、謝罪することのできる「責任主体としての国民」という立場を新しく作り出すのだという。（対談「敗戦後論とアイデンティティ」「情況」一九九六年一―二月号）

日本の戦後の問題は、戦後日本社会の人格が分裂し、わたし達の人格の甕が二つに割れてしまったことにある。わたし達の課題はこれを張り合わせ、水のたまる甕に補修することだが、そのための手がかりの一つに、死者の弔いという問題がある。（「石の前に立つこと」『この時代の生き方』講談社、一九九五年、一九五頁）

日本ネーションという割れた「甕《かめ》」を張り合わせるため、「無意味に死んだ自国の死者を、無意味なままに弔う」というのである。無意味なままに弔うのだから靖国派の主張とは違う、というわけだ。しかし、加藤は同時に「三百万の自国の死者」を指して、「汚れていても父は父だ」とも言っている。「無意味なままに」と言いながら、そこにはすでに「意味」が充塡されているのだ。「自国の死者」という集合をイメージし、それを一括して「父」と観念するということこそ、模範的なほどの血統主義的国民観の表明だからである。

加藤は「三百万の自国の死者」を代表するものとして、吉田満の小説『戦艦大和ノ最期』（講談社文芸文庫）に登場する臼淵大尉を挙げる。特攻作戦に出航した戦艦大和の艦上で自殺的作戦のもつ意味、避けがたい死の意味について論争が起きたとき、「敗れたことによって日本が目覚める。それでいいじゃないか」と述べ、従容として運命を受け入れたという人物である。一見して明らかなとおり、これは「無意味」どころではない。臼淵の言葉はあからさまに、当時、日本の若者の多くがとらわれていた「共同体のための犠牲」としての崇高な死という美意識の枠内にとらわれたものである。その枠内に若者を引きずり込んだのは天皇制国家だった。

長いスパンで見れば日清戦争以来の、短くとっても日中戦争以来の侵略と殺戮の歴史、そのもっとも最終的な局面で、日本の若者たちが特攻という名の自殺を国家から強いられ、無駄死にさせられたのである。日本軍兵士の中には特攻隊のような「崇高さ」とは無縁な、戦場で女性をレイプした者、南京で非戦闘員を虐殺した者、ニューギニア戦線の飢餓地獄で現地人や仲間の人肉を食った者、臼淵の死と同じ時に沖縄で民間人に「集団自決」を強いていた者等々もいた。にもかかわらず加藤は、長い殺戮の歴史の最終局面、それもナルシスティックな美意識で飾られた一部分だけをあえて取り出し、それを「三百万の死者」の代表に据えているのである。

特攻作戦で死んでいく日本人将兵は、逃れがたい自己の死だけを見つめている。彼らは、ともすれば崇高な「犠牲者」のように見える。ひいては戦争が天災ででもあったかのように、あるいは日本国そのものがまるで被害者だったかのように思えてくる。しかし、それは大いなる錯覚でしかない。彼らには被害者という側面もあることはあるが、彼らへの加害者はほかならぬ自国権力なのである。加藤は彼自身錯覚しているか、でなければ、読者の錯覚を期待しているのではないか。

加藤は、臼淵大尉の思想に戦後思想の可能性が潜んでいるという。しかし、そもそも臼淵自身は、戦後日本への構想らしきことを述べていない。彼はただ、自らの死を「共同体」の再生のための犠牲と「意味」づけ、そう思い込もうとしているだけである。つまり、臼淵の念頭には日本という「甕」があるだけで、そこにどんな水が湛えられるべきかについては何も語っていないのだ。加藤にとってはそこが好都合なのであろう。なぜなら、かりに臼淵が戦後日本の構想について何か具体的に「意味」のある言葉を残していたら、彼の死を「無意味な死」と呼ぶことはできず、その弔いを「無意味なままの弔い」と称することもできないからだ。

いうまでもなく日本が行なった戦争は、帝国主義侵略戦争であったという「意味」と本質的に不可分である。「無意味な死者を無意味なままに弔う」というのは、そもそも無意味であるはずのない侵略戦争の「意味」を不問に付すためのレトリックであり、右派の「犬死に論」との対決を回避し、むしろそれとの妥協点をさぐるためのものであることが容易に見て取れる。

加藤はいちおう、自分が立てようとする「戦後日本人」という国民主体は、血統主義ではなく出生地主義の原則と居住の事実に基づいて構成されるもので、戦前のような「共同的」主体ではなく「公共的」主体だとも言っている。しかし、これはつじつまが合わない。考えてもみよ、「汚れていても父は父だ」という発想は血統主義そのものではないか。血統主義を捨て出生地主義を採用するということは、契約主義的国家観に立って、在日朝鮮人などの定住外国人をも含む新しい「国民」を形成することであるはずだ。そうだとすれば、臼淵大尉を代表とする「自国の死者」を「父」として弔い、その弔いの儀礼を通じて国民的主体を立てるというような「共同的」な言説に侵略と植民地支配の被害者たちが同意できるはずがないであろう。

加藤の議論は、日本が戦争被害者に「謝罪」できないのは国民主体の人格分裂のためである、「謝罪」を実現するには、その前提として統一した国民主体を立ち上げなければならない、という構成になっている。しかも、その国民主体は「自国の死者」を「父」として弔うことを通じて形成される「哀悼共同体」（高橋哲哉）なのである。もし不幸にして、加藤のいう手順で日本という国民主体の統一がなされたならば、それは侵略戦争の「意味」を不問に付し、「共同体のための自己犠牲」というナルシスティックな美学を国民的に共有する、はなはだしく自己中心的な主体になるだろう。そのような主体が加害の責任を深く自覚することは論理的にいってあり得ず、したがってそれが被害者にまともに謝罪する主体にはなりえないことは明らかである。加藤自身、こんなことを述べている。

（加藤のいう筋道で考えていくことが――引用者）国民共同体の法への恭順になり、主体の形而上学に陥ることだとしても、しかし、わたし達は、この道を、この道がこのような危険をもつということを組み込んだうえで、この順序で、進んでいくのがいい。そしてそれが現実の問題として現われたら、そこで、これを解決するのがいいのである。（『敗戦後論』あとがき）

「それが現実の問題として現われたら」とは、信じがたいまでの無責任さである。そのような「危険」は、いま、「現実の問題」として目の前に現われているではないか。

結局、加藤の議論の眼目は、アジアの戦争被害者たちに対して、どうにかして「謝罪」を実現しようという点にはなく、国民主体なるものが立ち上がるまでは「謝罪」はできないのだし、それが立ち上げられた後に「謝罪」ができるかどうかは、そうなってみなければわからないということなのである。ここには、他者（被害者）の呼びかけを真摯に受け止めた形跡は見られない。

自国が行なった侵略戦争の「意味」を直視し、その責任を明らかにすることなしに、戦後日本人の「公共的」主体を作り上げることなど不可能なのだ。加藤の比喩を借りていえば、亀裂のはいった「甕」は、貼り合わせようとするのではなく、むしろ徹底して割らなければならないのである。〈註8〉

四　（非）国民主義的（無）責任論

加藤典洋の前述のような議論に対して、西川長夫は次のように述べている。

戦後五十年決議をめぐるごたごたや大臣たちの失言騒ぎは別として、「謝罪」が憂鬱なのは、この問題は自分自身に深くかかわってくるが、その責任はとうてい背負いきれないからである。それをあえて引き受けようとするとどうなるかを如実に示しているのが、創刊五十周年記念の「世界」に載った加藤典洋と西谷修の対談「世界戦争のトラウマと『日本人』」である。（中略）それまで日本人や日本という共同体に距離をおいていた戦後生まれの二人の評論家は、戦後五十年の「謝罪」を契機にこうして「子供」から「おとな」になり、日本回帰をはたす。彼らの論理は一見絶対的な正しさをもって迫る。だが、そこに罠がありはしないか。自分を共同体に同一化させずに、非国民をつらぬきつつ責任を果たす（あるいは果たさない）狭いわずかな可能性も残されているのだから。（「一九九五年八月の幻影、あるいは『国民』という怪物について」『国民国家論の射程』一七頁）

「謝罪」すらも契機として「国民という怪物」を立ち上げようとするものだという西川の加藤批判は、たしかに一面の真実を言い当てている。しかし、西川の側にも、「責任」をめぐる議論に混乱が

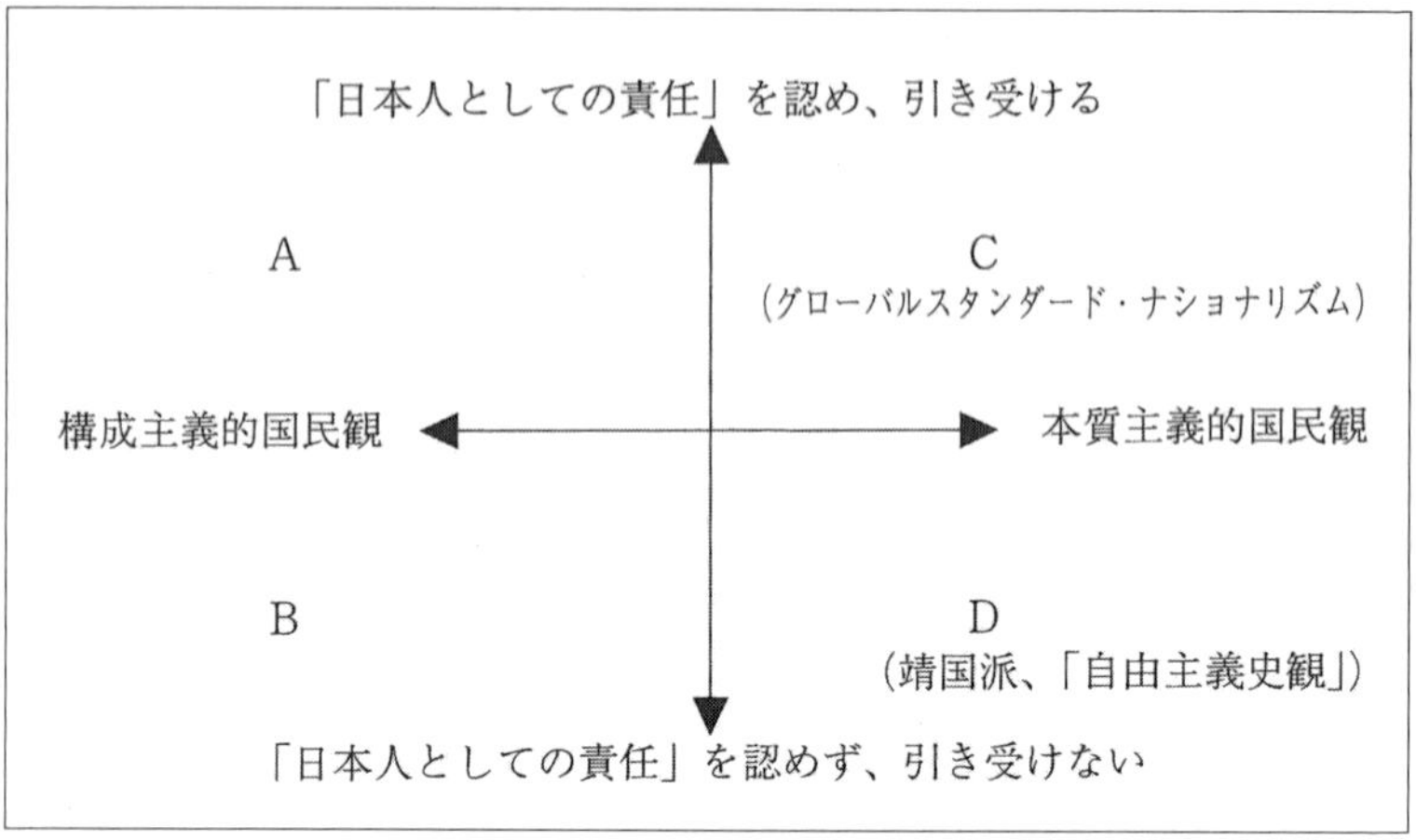

あることは事実であり、そこに加藤からの「責任回避の機制」としての（非）国民論であるという反論を許す弱点があるといえよう。そもそも、前記のように一見して問題点が明らかな加藤の議論が、なぜ西川には「一見絶対的な正しさをもって迫る」のか、理解に苦しむと言うほかない。

この問題を整理するため、まず、「靖国派」など右派の国民観を右端に置き、西川のような国民国家論的（非）国民観を左端に置く横軸を想定してみよう。右端は本質主義的国民観、左端は構成主義的国民観ということもできる。加藤は中間から右に向かうベクトルにおいて西川を批判していることがわかる。

しかし、このような横軸のみを尺度としては、現在の混乱した「責任」論を整理することはできない。ここに「日本人としての責任」を認め引き受けるか、それを否認し拒絶するかという縦軸を加えてみる必要がある。

図の上で諸言説の位置を考えてみると、もっともわかりやすいのは本質主義的国民観をもち、「責任」を否認するDの立場である。すなわち、「靖国派」を代表とする右派ないし極右派がこれに該当する。「自由主義史観」グループや小林よしのり（『戦争論』）のように、九〇年代後半の反動局面でここに合流した新しい右派勢力もある。

Cは、本質主義的国民観をもちつつも「日本人としての責任」をいちおう承認する立場である。ここには、「慰安婦制度は日本の恥だから、誇りの回復のためにこそ謝罪すべき」というような、かりに「道義論的国家主義」とでも呼びうる立場から、「謝罪問題は日本の外交や経済活動の国際的展開にとってマイナスだから、あっさりと謝罪したほうが国益にかなう」といった国益主義、さらに、憲法九条の改廃を経て「普通の国」路線を突き進もうとする新自由主義的な右派まで含まれる。彼らは実用主義的な観点から謝罪や補償の必要を限定的に承認する一方、近隣諸国にナショナリズムがあるように日本にもナショナリズムがあって当然だという相互主義の論法を用いて（被害者側の民族感情を逆利用して）、外国に無名戦士の墓があるように日本にも、外国に軍隊があるように日本にも、などと主張する。これを筆者は、「グローバルスタンダード・ナショナリズム」と呼んでいる。「謝罪」をテコとして「哀悼共同体」の形成を説く加藤典洋は、かつての市民的リベラル派などの中間勢力を、図の中央あたりの曖昧な位置からCの方向へと誘引する「ハメルンの笛吹き」を演じているのである。

Bは構成主義的な立場からの「国民国家批判論」だが、その中には一種の「無責任論」というほかない諸言説がある。先に引用した西川長夫の文章には、そうした混乱ぶりが現われている。

「『謝罪』が憂鬱なのは、……その責任はとうてい背負いきれないからである」と西川はいうが、だから「謝罪」はできないという論理は成り立つまい。そもそも「責任」とは他者との間に発生するものであるから、「背負いきれるか」どうかが問題なのではなく、「ある」かどうかが問題なのである。

かりに「責任がある」ことを認めるのならば、「背負いきれないから負わない」などということはできないはずだ。可能なかぎり「責任」を負う姿勢を示すことだけが被害者から理解を得ることのできる道であろう。

「背負いきれない」というのは曖昧であり、それだけに危険な表現である。ここでは「倫理的責任」「政治的責任」および「補償責任」などの各レベルが想定されるが、そのいずれのレベルにおいても、まず、誰にいかなる責任があるのかを丹念に吟味するべきであり、それをしないままで「とうてい背負いきれない」とだけ言うと、被害者側の要求が法外な無理難題であるかのような既にある偏見をいっそう助長することになりかねない。なお、日本の軍関係者とその遺族に対して今日まで計四〇兆円以上にものぼる恩給や年金が支払われてきたことを想起するならば、「補償責任」に関しては、日本国民にとって「とうてい背負いきれない」ものになるという根拠は薄弱である。

「自分を共同体に同一化させずに、非国民をつらぬきつつ責任を果たす（あるいは果たさない）狭いわずかな可能性」というが、この文章は少なくとも、その「狭いわずかな可能性」を追求して「責任」を果たそうという呼びかけにはなっていない。「責任」を果たそうとすると「共同体に一体化」してしまうおそれがある、だから「責任」は負えない、といっているのである。

西川は別の文章でも、こう繰り返している。「私の内なる気弱な男が、俺はもう日本人をやめたいよ、とつぶやいている。それに私はいかなる権利があって、この未来永劫の大罪を私の子や孫や、コスモポリタン志向の現代の若者たちに押しつけることができるのだろうか。」（「戦後五十年と、ある非国民のつぶやき」前掲書一一一頁）

「もう日本人をやめたいよ」というが、「国民」をやめることは実際には簡単ではない。自身ユダヤ人難民だったハンナ・アーレントの言葉を、ここで想起してみよう。

わたしたちがこうした政治的な、厳密な意味で集団的な責任を免れうるのは、当の共同体を離れることによってでしかない。そして、だれしも何らかの共同体に帰属せずには生きることはできないのだから、このことが意味するのは、ある共同体を別の共同体と交換し、したがってある責任を別の責任と交換することにほかならないだろう。二〇世紀が、国際的に承認されうる共同体のどこにも帰属しない、真のアウトカーストである人たちというカテゴリーを生み出したことは真実である。すなわち、じっさいには政治的には何にたいしても責任を負わされ得ない亡命者や国家なき人々を生み出したことは真実である。(ハンナ・アーレント「集団の責任」「現代思想」一九九七年七月号、八一頁)

アーレントはここで、個々の行為の「罪」は個人に帰すが、共同体の成員(国民)にはつねに政治的な意味での「集団の責任」が課されると論じている。「国民」をやめるというのは、国家の庇護の外に出ることである。しかし、自発的に、「真のアウトカースト」「亡命者や国家なき人々」、つまり「難民」になるのでないかぎり、ある国家の国民をやめたところで、どこか別の国家の国民になるしかないのであるから、そうなれば、別の国家の国民としての政治的責任を担わなければならないことになる。

国会議員は主権者である国民の投票によって選出され、政府は国会の承認を得て政策を実行する。国民の税金はある場合には戦争費用にも用いられ、別の場合には戦争被害者への補償金に用いられることもあるが、その使途を決定するのは究極的には納税者である国民である。国家が政策を誤ったとき、それを変更させる責任は第一義的に国民にあるのであり、国家が他者に被害を与えてしまった場合、それへの謝罪と補償を政府に行なわせる責任もまた国民にある。

戦後世代の責任は、戦争時に不在だったという意味では戦前・戦中世代と同じ質のものではない。戦後世代には、過去の犯罪行為に関する限り、法的な意味での「罪」はない。その限りで、彼らに犯罪行為の当事者と同質・同量の責任を問うことが合理的でないことは明らかだ。しかし、戦前からの連続性をもち、現在なお被害者への謝罪と補償を満足に実行していない国家の主権者として、戦後世代の国民もまた、前述した政治的な意味での責任を負わねばならないことは否定できないであろう。そして、この政治的責任に背を向ける行為は、たんに倫理的に非難されうるのみならず、構造的に見れば自国の国家犯罪との共犯関係を形成することになるという意味で、限りなく「罪」に近いものといわねばならない。

戦後補償実現のための運動を自発的に担っている戦後世代日本人の一部からも、ときとして、「いわれのない責任をあえて負う」といった、誤解の余地の多い声が聞こえてくることがある。その人々の善意や誠意を疑うものではないが、その声が発せられる心理のありようや、その声が客観的にもつことになる効果については疑問がある。彼ら彼女らにとっての「責任」は倫理的かつ普遍的なものばかりではない。それと同時に、それに重なって、前述の意味での「日本人としての責任」もまた彼ら彼女らに課されているからだ。それは「いわれのない」ものではない。

「日本人」の国民的責任を問題にする際、しばしば提起される疑念や反論は、「日本人」は均一で等質な実体をもつ集合的主体ではない、「日本人」の中にはアイヌなど北方民族、沖縄の人々、帰化して国籍を取得した朝鮮人なども含まれているというものである。これはこの限りではしごく当然な指摘だが、こうした人々（かりに「周縁部日本国民」と呼んでおく）が存在するからといって、「日本人としての責任」という範疇そのものが雲散霧消してしまうことはあり得ない。まして「周縁部日本国民」の存在を利用して、「中心部日本国民」（日本国民のなかの圧倒的多数派を占めるエスニック・ジャパニーズ）の免責を図ることなどは論外であろう。誰を国民に繰り入れるか、誰を排除するかといった支配権を事実上独占しているのは、この「中心部日本国民」なのである。

「日本人としての責任」とは、第一義的には、国民（主権者）であることによって生じる政治的責任なのであるから、その国民の民族的出自や、その個人が国民となった経緯といった事情は第二義的な考慮の対象にとどまる。「日本国民としての責任」といわず、「日本人としての責任」と言い続けることに意味があるとすれば、「日本国民」と多数派エスニシティとしての「日本人」とが、前述のように癒着している現実があるからである。

「帰化」朝鮮人についていえば、植民地支配と戦後の系統的差別政策という不当な圧力の結果として日本国籍への「帰化」を余儀なくされたという事情があるとはいえ、あるいはそれだからこそ、日本国の国民（主権者）となった以上、この人々は日本国に植民地支配と侵略戦争の謝罪と補償を実行させる政治的責任をいっそう自覚的に担うべきであると筆者は考える。原則的にいって、日本社会をその人自身にとって生きやすいものに変えていくためにも、そうすることが必要なのである。

ちなみに筆者は、在日朝鮮人二世である筆者自身にも、韓国籍保持者であるかぎり、ベトナム戦争被害者への「韓国人としての責任」はあると考えている。その中心的な内容は、被害者への謝罪と補償を韓国政府に実行させる政治的責任である〈註9〉。

「国家」や「国民」という観念の自明性を解体しようと努めることは必要かつ正当だが、自分の頭の中でそれらへの帰属意識を否定したところで、「国民」をやめたことにはならない。国家ないし民族（集団）への「帰属意識をもつ」ことと、「国民である」という現実とは同じではない。ある個人が「コスモポリタン志向」であろうとなかろうと、つまりその個人が集団への帰属意識をもとうがもつまいが、国籍を保持し、そのことによって国家から有形無形の拘束と庇護とを受け、パスポート取得から参政権にいたるまで多岐にわたる国民的特権を享受しているという現実があるかぎり、その人はまぎれもなく「国民」なのである。多くの場合、日本の国民国家批判論者はこの明白な区別を認識することができないか、でなければ、意図的にこの点を混乱させているようだ。このような言説の最悪の例として、たまたま目にしたある法哲学者の文章を紹介しておこう。

集団的アイデンティティを持とうとしない人々にまで一体化を強要する民族国家（中略）の理念には反対である。私の目から見れば、「自虐史観」を批判して日本人としての誇りを主張する人も、戦後世代に戦争責任や罪障観を押しつけようとする人も、政治的な立場こそ違え、民族への帰属を強いるという点では変わらない。（中略）責任の償いがたさを情緒連綿と語るような人は、私には「金が問題ではない。誠意をみせろ」と無理難題を吹きかけてくるやくざを連想させる。(森村進「シンポジウムへの補足」『倫理学年報』第四八号、日本倫理学会)

この文章は、「責任」をテーマとしてとりあげた一九九八年の日本倫理学会大会のシンポジウムに関連して書かれたものである。「やくざ」云々という表現も聞くに堪えないが、結びのことばもまた、この人物らしいものだ。立論からすると、これは冗談や反語ではない。

人生は楽しむのが本当である。「日本一の無責任男」といったキャラクターに人々が共感をもつのも理由のないことではない。(同前)

重ねていうが、筆者はこの法哲学者や、西川のいう「コスモポリタン志向の現代の若者たち」に、日本民族への帰属意識をもつよう求めているのではない。自分たちが「国民(主権者)である」という事実をありのままに認識し、加害国の国民として、被害者への政治的責任を果たしてほしいだけなのである。人生を楽しむのは自由だが、それが被害者への責任を放擲する理由にはならない。それに、被害者への責任を放擲していては、人生をほんとうに楽しむこともできないであろう。

それでは図のAは、いかなる立場だろうか。それは一方で戦争被害者への「日本人としての責任」を承認し担いつつ、同時に他方で、「日本国」や「日本人」という観念の自明性に挑戦し、これを解体しようとする立場である。二〇〇〇年十二月の開催に向けて「女性国際戦犯法廷」の準備をすすめている人々は、おおむねこのような指向性を共有しているものと考えられるが、現在の日本の言説界において、このような立場をもっとも鮮明に打ち出しているのが高橋哲哉であるといえよう。高橋は一九九七年九月二十八日に開かれた日本の戦争責任資料センター主催のシンポジウムで、こう述べている。

私は日本ナショナリズムを批判しつつ、しかし同時に、日本人として責任を負うことを肯定したいと思います。（中略）日本人が戦後責任を負おうとするとき、日本という政治共同体への帰属をあらためて確認することになります。問われているのは日本の戦後責任だからです。しかし、これはナショナリズムの掟への服属である必要もなければ、国民国家への融合や同一化である必要もありません。私がこの場合「日本という政治共同体」と言うのは、公的・政治的存在、したがって私たち自身の政治的行為によって変えることができる存在、という側面を強調したいからです。（「責任とは何だろうか」『ナショナリズムと「慰安婦」問題』五七頁）

高橋のこのような立場は、その後刊行された『戦後責任論』（講談社）や、筆者との共著『断絶の世紀 証言の時代』（岩波書店）においてさらに緻密に展開されているので本稿では詳述しない。

加藤典洋は九九年五月、日の丸・君が代の国旗・国歌法制化が目前の問題として迫っていたとき、日の丸を「戦後日本を象徴する国旗」として容認するとともに、君が代については「歌詞を別のものに変える」ことを提案し、日の丸は侵略国日本の象徴だから別の旗に代えるべきだという意見に対しては、「もしこれを簡単に捨て去るなら、そのことこそ、被侵略国の心ある住民の不信の種になるはずである」という、奇怪千万な転倒した見解を披瀝している（以上「毎日新聞」夕刊、一九九九年五月十一日）。

いうまでもなく、日本国が侵略の象徴である日の丸を捨て去ろうとしないこと、法律にまで定めて国民に強制しようとすることこそが被侵略国の住民の不信の種なのである。もし日本国がこれを「簡単に捨て去る」ことができたなら、被侵略国住民が心から快哉を叫ぶだろうことは疑いない。「簡単」どころか、この間の経緯によって、現在の日本で日の丸を捨て去ることがどれほど困難であるかが明らかになった。加藤がほんとうに「戦前とは違う戦後日本」を望んでいるのなら、日の丸との決別という困難な課題は避けて通れないはずだ。加藤はその課題に正面から立ち向かうことを回避しながら、回避している自己を正当化するため、あたかもそれが賢明な「代案思想」であるかのように言い繕っているのである。このレトリックは、『敗戦後論』と同じように、現在の日本社会において、かつての市民的リベラル派など、少なからぬ中間勢力の人々の自己肯定の欲望によく合致している。結果をみれば明らかなとおり、国旗・国歌法は昨年の国会で圧倒的多数の賛成によって成立し、加藤の（彼に言わせると）「一歩踏み込んでの提案」は実際には法制化推進の流れを利する結果になったほかには、いかなる意義ももち得なかった。

ところで加藤は、彼のこうした「提案」が「ナショナリズムへの回帰」としてしか受け取られない「牢固とした見方」が存在していると述べ、それをもっとも強力に支えているのは「ポストモダン思想に立脚した反国民国家感情」であるとして、高橋哲哉の著書『デリダ』（講談社）を「一例」に挙げている（同前）。

一方、前記のシンポジウムにおいて上野千鶴子は、「日本人」として「責任」をとるという高橋の立場は、国家への国民的同一化を前提とする橋爪大三郎の議論と「そう距離がないことになる」として、ナショナリズムへの罠にとらわれたものではないかとの疑念を表明した（上野千鶴子『ナショナリズムとジェンダー』青土社、一九九八、一八八頁）。

高橋は、加藤からはポストモダン派のアンチ・ナショナリストと名指され、上野からはナショナリストの嫌疑をかけられたわけだ。これを図の上でみると、高橋はCからはBであると、BからはCであると見なされていることになる。上野と加藤の両者に希薄で高橋に濃厚なものは、被害者（他者）の呼びかけに応答しようとする「責任」の自覚である。

ここに、九〇年代の日本の言説界において、Dへの引力が急激に強まる磁場の中で、曖昧なままに図の中央あたりにあった一般日本市民の意識がBあるいはCへと引き裂かれていった様子が端的に現われている。別の言い方をするなら、BまたはCへと向かう一見対立する引力が、Dへの引力の加速化に有利に作用しているのである。現在のところAの勢力は少数である。BないしCへの流れを、今後どれだけAの方向に引きつけていくことができるかが問われている。

五　おわりに

植民地支配、世界戦争、大量殺戮に特徴づけられた二十世紀は、まもなく終わろうとしている。その最後の十年間、日本における「証言の時代」は、日本と日本人が過去の国家犯罪への謝罪と償いを通じて新しく生まれ変わるための好機であった。日本国が国民大多数のコンセンサスを得て、アジアの被害民族に深く謝罪し、個々の被害者にその損害を賠償することは、過去の犯罪の償いという意味からだけでなく、未来の東アジアにおける相互信頼の醸成と平和の確保のためにも避けて通ることのできないプロセスである。元「慰安婦」などの被害者証人は、その意味で、いわば未来の平和のための証人であった。

しかし、日本において、この証人たちは尊ばれなかった。むしろ、しばしば辱めさえ受けた。「証言の時代」は、無残な現実を私たちの眼前にさらけ出している。

もちろん自覚的に責任を担おうとする少数の人々はいるが、日本人たちは全体として、被害者証人をはじめとする他者からの呼びかけに背を向け、自己中心主義の殻に立てこもる傾向を強めている。「なぜ、日本だけが非難されねばならないのか?」という、筋違いで幼稚な被害者意識が思いがけないほどの広がりをみせている。だが、日本が特別に不信や警戒の眼を向けられている原因は、過去との絶縁を明確にすることのできない日本自身にあることはいうまでもない。

一九九九年、日の丸・君が代が国旗・国歌として法制化されたが、これは、日本はついに変わらなかったこと、今後も変わるつもりのないことを全世界に向けて宣言するに等しい行為だった。しかも、二〇〇〇年になって四月九日には石原慎太郎都知事の「三国人」発言があり、その後を追うようにして、五月十六日には森喜朗首相が神道政治連盟国会議員懇談会で「日本の国はまさに天皇を中心にしている神の国であるぞ、ということを国民の皆さんにしっかりと承知していただく」と発言した(「毎日新聞」二〇〇〇年五月十六日)。

このような、保守勢力主導の右傾化、ナショナリズムの強化もさることながら、本稿で述べてきたように、かつては右派に対する牽制勢力、制動勢力として一定の機能を果たしていた市民的リベラル派の思想的頽廃ぶりが、さらに深刻な問題として浮上してきたといえる。ここに属する(あるいは、属していた)知識人たちは、他者からの呼びかけを真摯に受けとめることなく、ある者はレトリックの遊戯にふけり、別の者は責任逃れの空論に終始している。その結果、勇気をふるって名乗り出た被害者たちは置き去りにされてきたのである。

結局、いったい誰が宋神道《ソンシンド》さんの訴えに答えるのか? 元「慰安婦」として最初に名乗り出た金《キム》学順《ハクスン》さんは、九七年十二月に亡くなった。姜徳景《カンドッキョン》さん、マリア・ロサ・ヘンソンさんも亡くなった。すでに高齢の被害者たちは次々に世を去りつつある。

この人々に誰が答えるのか? それとも、このまま答えないつもりなのか?

行政、立法、司法、つまり代議制民主主義を標榜する国家の三権がいずれも答えようとしないのである。そのとき、国家犯罪の被害者の訴えに答える責任は誰に帰すのか? 国民主権を規定する現行の日本国憲法がまだ存続している以上、この問いへの答えは主権者すなわち日本国民をおいてあるまい。

アウシュヴィッツの生き残りであるイタリアのユダヤ人作家、プリーモ・レーヴィは、ナチ第三帝国の時代、ユダヤ人大虐殺が進行中だった時に一般ドイツ市民は何をしていたのかという若者の質問に答えて、一般のドイツ市民は「ナチズムへの同意に対する無罪証明に、無知を用いたのだ」、「この考え抜かれた意図的な怠慢こそ犯罪行為だ」と述べている（レーヴィ前掲書）。

「証言の時代」の十年間を経たいま、「知らなかった」「気づかなかった」というような言い訳はもはや通用しない。考え抜かれたものであるのか、それとも、あまりにも考え足りないためなのかはともかくとして、「意図的怠慢」という告発は大多数の日本人たちにも向けられなければならないであろう。

【註】

〈1〉本稿では「在日朝鮮人」という用語を、「国籍」ではなく「民族」的帰属を指す総称として用いる。

〈2〉徐京植・高橋哲哉『断絶の世紀　証言の時代』岩波書店、二〇〇〇年、二一—四頁

〈3〉「国家賠償法の施行前においては国の賠償責任を認める法的根拠はなく、明治憲法下の本件当時は、個人が国家の権力的作用によって損害を受けても、私法である民法は適用されず、国は民法七〇九条などに基づく不法行為責任を負わない」という主張。

〈4〉不法行為が行なわれた時点から二十年以上の「除斥期間」が経過すると、損害賠償の請求権が消滅する、という主張。（民法七二四条）

〈5〉一九九八年四月二十七日、福岡地裁下関支部は、朴頭理《パクトゥリ》さんら元「慰安婦」三名、梁錦徳《ヤンクンドク》さんら元「女子勤労挺身隊」二名を原告とする賠償請求訴訟（「関釜裁判」）の判決において、元「慰安婦」に対する重大な人権侵害について国家の立法不作為の責任を認め、元「慰安婦」原告一人あたり三十万円の国家賠償を命じる判決を下した。一方で国家の公式謝罪要求を棄却するなど、この判決を原告勝訴とまで評価することはできないが、現在の時点で、「慰安婦」関係の訴訟で部分的であれ国の責任を認め、立法による早急な解決策を求めた唯一の判決である。［ただし、その後、広島高裁において原告側逆転敗訴］

〈6〉「『日本人としての責任』をめぐって――半難民の位置から」日本の戦争責任資料センター編『ナショナリズムと「慰安婦」問題』青木書店、一九九八年（本書三一三頁参照）、および、女性・戦争・人権学会第三回大会シンポジウム報告「戦争責任・ジェンダー・植民地主義」『女性・戦争・人権』第3号所収、行路社、二〇〇〇年

〈7〉石原都知事の発言内容とその問題点については、内海愛子・徐京植・高橋哲哉編『石原都知事「三国人」発言の何が問題なのか』影書房、二〇〇〇年、を参照。

〈8〉加藤の所論に関する批判は、紙数の制約上ここでは簡単に述べるにとどめた。詳細は前掲『断絶の世紀　証言の時代』参照。なお、高橋哲哉『戦後責任論』講談社、二〇〇〇年、もあわせて参照のこと。

〈9〉「『日本人としての責任』をめぐって――半難民の位置から」本書三一三頁参照。

【参照・参考文献】（単行本のみ、雑誌論文は省略）

高橋哲哉『記憶のエチカ――戦争・哲学・アウシュヴィッツ』岩波書店、一九九五年
同『戦後責任論』講談社、一九九九年
同『断絶の世紀　証言の時代』岩波書店、二〇〇〇年（徐京植との共著）
高橋哲哉・小森陽一編『ナショナル・ヒストリーを超えて』東京大学出版会、一九九八年
日本の戦争責任資料センター編『ナショナリズムと「慰安婦」問題』青木書店、一九九八年
上野千鶴子『ナショナリズムとジェンダー』青土社、一九九八年
加藤典洋『敗戦後論』講談社、一九九七年
同『戦後的思考』講談社、一九九九年
同『可能性としての戦後以後』岩波書店、一九九九年
同『戦後を戦後以後、考える』岩波ブックレット、一九九八年
西川長夫『国民国家論の射程』柏書房、一九九八年
粟屋憲太郎ほか『戦争責任・戦後責任』朝日新聞社（朝日選書）、一九九四年

日高六郎『私の平和論——戦前から戦後へ』岩波新書、一九九五年
家永三郎『戦争責任』岩波書店、一九八五年
荒井信一『戦争責任論——現代史からの問い』岩波書店、一九九五年
吉田裕『現代歴史学と戦争責任』青木書店、一九九七年
田口裕史『戦後世代の戦争責任』樹花舎、一九九六年
アジアに対する日本の戦争責任を問う民衆法廷準備会編著『戦争責任　過去から未来へ』緑風出版、一九九八年
安彦一恵ほか編『戦争責任と「われわれ」』ナカニシヤ出版、一九九九年

あなたはどの場所に座っているのか?

——花崎皋平氏への抗弁

花崎皋平氏の論文「『脱植民地化』と『共生』の課題」（以下、花崎論文と略）が本誌（「みすず」）の本年（一九九九年）五月号と六月号に二回にわたって掲載され、その［下］において、私・徐京植が批判されている。私としてはこの批判に承服しえず、また公開的論争の当事者としての責任もあると考えるので、反批判の一文を掲載していただくよう本誌編集部にお願いした。

まず、ことの経緯を簡単に記しておく。一昨年（一九九七年）九月二十八日、日本の戦争責任資料センター主催で、あるシンポジウムが開かれ、上野千鶴子、吉見義明、高橋哲哉の各氏とともに私もパネラーとして参加した。同シンポジウムの記録は昨年（一九九八年）九月、各パネラーがのちに論争を振り返って執筆した新稿なども収めた形で、『ナショナリズムと「慰安婦」問題』（青木書店）という書名で刊行された。私はそこに、「〈日本人としての責任〉をめぐって——半難民の位置から」という一文を新たに寄せている（本書三一三頁参照）。

このシンポジウムとその後の論争の重要な論点のひとつは、元「慰安婦」などアジアの戦争被害者からの謝罪と補償を要求する訴えに直面して、「日本人」はその「責任」をどう考えるべきか、という点であった。具体的には、日本国という「政治共同体」の一員であることによる「日本人としての責任」を承認し担うべきであるとする高橋哲哉氏の立場と、「日本人」というのは「わたし」を構成する多様なアイデンティティのひとつに過ぎず、高橋氏の主張は「ナショナリズムの『罠』」にとらわれるものだと批判する上野千鶴子氏の議論との対立が明確になった。前記の私の論文は、この対立について在日朝鮮人という「半難民」の立場からコメントを加え、上野氏の議論は構成主義的な国民国家批判論を恣意的に援用する無責任論ではないかとの疑義を呈したものだ。私はそこで韓国のベトナム派兵の例を挙げながら、誰しも国民（国籍保有者）である以上、その個々人の内心がどうであるかにかかわりなく、自己の属する国家の行為について、その行為の被害者に対する政治的な意味での「集団的責任」（ハンナ・アーレント）を免れることはできず、むしろそれを積極的に引き受けようとすることこそが彼我の断絶を超えて連帯に向かう道筋であると述べたのである。

この書物が刊行されてすぐ私から花崎皋平氏に謹呈したところ、昨年十月、花崎氏から、ここでの議論に応答せよとのメッセージとして受けとったという趣旨の返信を頂戴した。花崎氏はまた、「図書新聞」（一九九八年十二月二十六日）のインタビューで同書に言及し、「日本人」という先験的概念を脱構築しようとする一連の研究への共鳴を述べつつも、「（国民の）等質性の仮象をくずしつつ過去の清算・克服に当たって、被害者からの日本人としての責任の名指しに応答すべきだと思う」と語っている。こうした経緯から私は、花崎論文［上］を見たとき、いよいよ氏が自ら立てたこの問いへの回答を試みるものとおおいに期待を抱いた。その後、花崎氏から同論文［下］において私の「コミュニケーション・モード」への批判的見解を述べている旨の簡潔な私信を受け取ったが、私はその時点でただちに、たとえ耳に痛いことでも真摯な批判を受けることこそ望むところである旨を返信し、同論文［下］が手もとに届くのをいまや遅しと待ちわびていたのである。

ところが、ようやく手にした同論文［下］を一読して、私は激しく落胆させられることになった。そこに述べられていた私への批判は、ありていにいえば、誤読と曲解にもとづくものでしかなく、陳腐なステレオタイプの域を少しも脱していなかったからだ。

花崎氏は私への批判点として、まず、「戦後国家と日本企業の再生と展開は……アメリカの占領政策と東アジアでの冷戦システムに規定され、その枠組みの中で選ばせられたという側面があった」のであり、徐が指摘する戦後日本における国家・企業・国民ぐるみの利権構造の延命と温存は、「米国の支配の内側での、米国支配層との合作であった」と述べている。これが私の「歴史認識」に対する「異見」であるというのだ。しかし、これは理由のない非難である。論争の文脈をみれば明らかなとおり、この点は今回の論争の論点ではなく、言及する必然性がなかっただけだからだ。

そもそも私が前記論文で述べている韓国のベトナム派兵の事例も、まさしく「米国の支配の内側での、米国支配層との合作」であり、米国の政治的・軍事的支配の下で韓国人が悲しく惨めな傭兵役を強いられた事件であった。韓国人には、とくに命を落としたり現在も枯葉剤の後遺症に苦しんだりしている下級兵士には、米国の犠牲者という「側面がある」ことは改めていうまでもない。しかし、ここで私が言葉を尽くして述べたことは、たとえ事情がどうであれ、韓国人は米国の支配云々を言い訳にすることなく、ベトナム人に対して負っている集団的責任を自律的に担うべきであり、在日朝鮮人である私自身も韓国籍を保有する韓国国民の一人である限り、その責任を免除されえないということだ。そして、このような筋道で、日本人も自らの集団的責任を自覚すべきではないかということである。予断や偏見がないかぎり、誤読の余地はないはずだ。

花崎氏はさらに、「朝鮮半島南半部に韓国という国家を樹立したこともその地の民衆の自由な自主的選択ではなく、日本の戦後を規定したのと共通する、米国の軍事的政治的支配の下での強制という側面がある」と、ことさらに述べている。祖国の分断が「民衆の自由な自主的選択」だったなどと、ほんの少しでも私が考えたことがあると花崎氏は思っているのだろうか。これは端的にいって侮辱である。南北、在日を問わず私たち朝鮮人は祖国の分断のために苦しんできたし、分断を止揚するため多大な労力と犠牲を払ってきた。朝鮮人である私は、いまさら教えてもらわなくとも、祖国分断が自分たちの自主的選択でなかったことだけはよく知っている。

それに花崎氏は、日本で戦後も帝国主義的利権構造が温存されたことと、朝鮮が理不尽に分断されたことを、いずれも「米国の強制」だったとして同列に論じている。その繊細さの欠如には驚くほかない。なるほど両者は、米国の支配下に組み込まれた東アジアの戦後秩序の盾の両面であったとはいえよう。しかし、そこにおける日本の主体的役割は皆無だったといえるのか。戦後いち早く旧植民地出身者の参政権を停止する決定をしたのは誰か。マッカーサー憲法草案中の「人民 people」を「国民」と翻訳し、現在にまで続く国籍による差別の根拠としたのは誰か。サンフランシスコ講和会議に韓国代表を参加させないよう米国に執拗に働きかけたのは誰か。日韓条約交渉において最後まで頑強に朝鮮植民地支配の不当性を認めなかったのは誰なのか。これらの例は、米国の支配の下にありつつも、日本支配層が主体的に利権構造ないし差別構造の延命をはかった具体例のほんの一部である。

戦後日本において、国家・大企業・国民ぐるみの利権構造を温存することに反対し、アジアの戦争犠牲者への償いを優先すべきだと主張する日本民衆の運動が広汎に起こった事実があったのだろうか。たとえば鹿島組や不二越のような、中国人や朝鮮人を強制労働させた企業の内部から、自発的に謝罪と補償を行なおうという社員や株主の運動が起こったことがあったか。そして、その運動が「米国の支配」のために挫折させられた事例があるのか。たとえ一例でもそれがあったならば、アジア諸民族の日本人に対する不信感も現在ほどではなかったに違いない。

花崎氏は、「(日本にとって) 戦後世界政治の力関係においてどういう選択が具体的に可能であったかという側面」が私の「視野」から抜けていると批判する。この指摘は私に、近ごろの日本社会で再流行している帝国主義者の言説を思い起させた。うんざりするほかないほど型にはまった彼らの決まり文句はこうだ。

近代日本が日清・日露両戦争を経て植民地支配と侵略戦争に進んでいったのは当時の世界情勢の中では必然的であり不可避だった、そうでないというなら、ほかにどういう選択が具体的に可能であったか言ってみろ。……

彼らは他人を殴りながら、「お前を殴らなくてもすむどういう選択が具体的に可能か答えろ」と要求するのである。なぜ植民地支配の被害者が、加害者に代って代案を示さなければならないのか。また、かりに日本が侵略国にならずにすんだ「具体的可能性」を見つけだせなかったとしても、だからといって侵略そのものが正当化されるわけではあるまい。侵略と植民地支配、戦後の天皇制の温存と経済大国化、それを回避するための「どういう選択が具体的に可能であったか」を研究し明らかにする第一義的な責務は、私にではなく、花崎氏ら日本人にある。私にある責務は、私たち朝鮮人が侵略、植民地支配、差別に対して抵抗を貫くどのような具体的可能性がありえたか、これからもありうるか、を考えることであり、私はそのことを微力ながら実践しているつもりである。

花崎氏はいったい何のために、何を守ろうとして、米国の支配云々という場違いな論点を持ち出したのだろうか。私はその意図を怪しむ。まさか、日本人が戦後も利権構造を温存し続け、いまだに被害者への補償に応じようとしないのは「日本だけのせいじゃない、米国のせいだ」などと、子どものような自己弁護をするためではないと思いたいのだが、はたしてどうであろうか。

次に花崎氏は、私の議論において「有限の個人的具体的責任を問う次元」と「自分の属する集団の、他の集団との関係における倫理的、道義的な責任の次元」との違いが充分に考慮されていないと批判する。しかし、私は前記論文においてハンナ・アーレントの概念を援用して、個々人に問われるべき法的な「罪」と、集団（政治共同体）の成員が負うべき政治的「責任」のレベルを慎重に区別した上で、集団の成員であるというだけでは「罪」は問われないが、政治的な「責任」はあると論じているのである。私のこの論旨は少なからぬ読者に明瞭に理解されたが花崎氏にはそうではなかった。そのことの責を私が負わねばならないとは思わない。

花崎氏は、日本国家が植民地支配と搾取と加害の責任にほおかむりすることを許してきた日本国民は「共犯者」である、と私が「指弾」しているという。

だが正確には、私は、日本国民であるだけで直ちに「共犯者」であるという単純な「指弾」は行なっていない。国家と企業の「共犯関係」によってもたらされた利権構造のなかにある日本国民には被害者に対する政治的な「責任」があるのであり、その「責任」があることを認識しながら利権構造のおこぼれにあずかるために責任を回避するならばそれは「犯罪」ではないか、と述べているのである。なお、「指弾」という用語は花崎氏のものであり、私は用いていない。花崎氏こそが私の論旨を曲解し、自らが単純化した「指弾」に対して感情的な反応をしているのではないか。

花崎氏は、徐の「指弾」に対する「答え方はむずかしい」といい、「あえて答えない」、「反発する」、「ひたすら恐縮する」という三つの類型を挙げている。そして、第三の場合も、「他者からの糾弾への受動的な応答である限り、一時の熱に終わる場合が多い。そのような例を私は一九七〇年代以後の民衆運動の中で見聞きしてきた」という。

私が不思議に思うのは、ここで花崎氏自身の立場はどこにあるのか、ということである。問われる側にいるはずの氏は、「答え方」について云々しているだけで、問いそのものには答えていない。いつのまにか花崎氏は、都合よく問う側に身を移しているのではないか。そもそも花崎氏が述べるべきことは問いへの応答（内容）であって、「答え方」（形式）ではないと私は考える。今回の場合、問われている内容を正確に認識しさえすれば、答え方は決してむつかしいものではない。日本国民が自己の政治的責任を自覚して、国家や企業に対し被害者への謝罪と補償を実行するよう不断に働きかけていくことがその「答え」である。

他者からの「糾弾」（これも花崎氏の用語である）に対する応答を「一時の熱」に終わらせるかどうかは、基本的に、問われる側の問題であって、問う側のそれではないであろう。一九七〇年代以後今日まで他者から問われるたびに恐縮してみせながら、それを「内面化」「思想化」することができず、「生き方において貫く」ことができず、ただ「一時の熱」に終わらせてきたというのが事実ならば、そうしてきた側のもつ問題を振り返って克服すべきなのであって、それを問う側の「コミュニケーション・モード」への批判として投げ返す身振りは奇怪に転倒しているとしかいいようがない。

ここで現われている花崎氏の奇怪な転倒は、アイヌ民族差別糾弾会に関する記述の部分でさらに繰り返される。そこで花崎氏は、自身のようなシャモ（和人）は「自分たちも『同罪』であるといいながら」、アイヌ民族とともに「糾弾側」に座り、最初は「徐京植の語りと同じ型の糾弾」をしていたという。そして、途中から相手方に「わかってもらう」という方針に切り替えたところ「一定の成功を収めた」というのである。

しかし、花崎氏のこの「経験」が今回のケースにもあてはまるのかどうか、あてはまるとすればどのように、「一定の成功」とは何か、そもそも何をもって「成功」とするのか、こうしたことへの論及を一切省略し、自らの経験を特権化して、私の「コミュニケーション・モード」はすでに過去に失敗を証明された「糾弾型」だと決め付けられても、承服できるはずがないであろう。

また、その糾弾会においてシャモである自分も「同罪」（これも花崎氏の用語）であるといっていた花崎氏は、いまでもそう考えているのか、それとも、もはやそうではないのか。もし前者なら、被差別者に向かって「コミュニケーション・モード」を云々する以前に、自らと同じシャモに向かって自分たちが「同罪」であるということをこそ説得するべきだと私は考える。また、もし後者なら、もはや「同罪」ではなくなった理由を説得的に論証するべきだ。

ここで再び、私は問わねばならない。今回は花崎氏はどこに座っているのか、と。花崎氏は、問われる「相手方」の位置にいるのではないのか。なぜ、いつのまにか、問う側に座っているのか。

花崎氏はなぜ、問う側に「わかってもらう」努力を要求しながら、問われる側の「わかろうとする」努力の不足を問題にしないのであろうか。実際にはむしろ、マイノリティ（日本による植民地支配と侵略戦争の被害者、被差別者）はつねに、哀しいまでにその努力を強いられている。在日朝鮮人

（韓国籍、朝鮮籍双方を含む）は日本社会の総人口のわずか〇・五パーセントほどの少数者であり、社会生活において本名を名乗っているのは、さらにその二割程度である。しかも、しばしばマジョリティからの差別的または排外的な言動にさらされていることは花崎氏も否定しないであろう。この圧倒的な非対称的関係の中で、ただでさえ、多くの在日朝鮮人は卑屈なまでに「わかってもらう」努力を強いられている。いや、「わかってもらう」どころか、自分自身の本名まで隠し、自分の存在を消すようにして、息をひそめて暮らしている者が大部分なのである。

マイノリティの側が、なんとかして生き延びるために、自らの判断によって「わかってもらう」努力をする必要があることを私は否定しない。しかし、マジョリティ（加害者、差別者）の側がマイノリティに対してそれを要求することには、私は自らの全存在をかけて反対する。それは差別構造が温存されている理由を、被差別者の側の努力不足に転嫁するのに便利なレトリックであるからだ。

「何もわかっていない相手をなじって、袋小路に追い込むだけでは展望は開けない」と、花崎氏は教訓を述べる。私の論理と表現が「相手をなじって、袋小路に追い込むだけ」のものだと、私自身は思わない。私はむしろ、「わかってもらう」ため最大限に委曲を尽くして、「日本人としての責任」を回避することができないことは明らかであるから、むしろ自覚的にそれを承認し担うことが「袋小路」から脱出する途だと説得しているのである。このことを「わかった」読者も少なからず存在する。ところで、花崎氏自身は「わかった」のか、どうなのか。それとも、「わかってもらう」努力をせよと私に要求するのは、自分自身が「わからなかった」からなのか。もし「わかった」のなら、その判断にもとづいて、自分自身を含む日本国民が「日本人としての責任」を果たすための具体的な方途について論じるべきであり、「わかろう」としない他の日本人マジョリティを説得すべきであろう。しかし実際には花崎氏は、「わかろう」としないマジョリティを弁護しながら、マイノリティに「わかってもらう」努力を要求しているのである。

花崎氏は私が前記論文中でベトナム人との出会いを例に引いて述べている「他者に対する関係」について、これは「自分についての判断を被害を被った側に完全に預けてしまう」ものだと批判している。だが、これはまったくの誤読である。個々人のレベルで自分がいかなる人間であるか、いかなる人間になろうとするのかは他者の名指しに拘束されない。他者が「侵略者」と名指したからといって、自らが「侵略者」として生きなければならないという法はない。私がそんなことを言っているのではないことは、ある程度注意深く私の文章を読めば明らかだと思う。

花崎氏は自分自身のように良心的で誠実な個人までも、被害者への責任を果たさず利権構造に安住する「日本人」という否定的なイメージに含まれてしまうことを、どうにかして拒みたいらしい。だが、「自分のような善人もいる」からといって、「日本人」の集団的責任を否認することはできないのである。

もちろん私とて、「日本人」のなかにさまざまな個人がいることくらいは承知している。アヴィニョンのベトナム人とて、韓国人といってもさまざまであることは承知しているであろう。しかし、私が前記論文で述べているのは、どんなに個々人が良心的かつ誠実であろうと、また、個人の主観的な自己規定がどうであるかにかかわらず、集団と集団との加害／被害関係においては「集団的責任」

が逃れがたく負わされるということである。「ベトナム戦争中にベトナムのジャングルを韓国軍の軍服を着て歩いていたとしたら」という、わかりやす過ぎるほどのたとえを用いて私が述べたのは、まさにそのことであった。ある集団の成員が、その集団による侵略の犠牲者から「侵略者」と名指されたとき、その名指しから逃れる途は、その集団から脱退する、つまり「国民」をやめて自発的に難民になるか、さもなければ自らの属する集団に被害者への謝罪と補償を実行させ、そのことによって被害者からの信頼を得る努力を辛抱強く続けていく以外にない。それが私の論文の趣旨であった。どうやら花崎氏には、この趣旨が「わからなかった」ようである。

花崎氏はさらに、私の論じ方が「糾弾」型であると決め付け、それが「差別糾弾に際して陥りがちな、糾弾されているものが決して抗弁できない位置に立たされる非対話的な関係を導く」と批判している。

「糾弾」とは恐ろしい言葉である。この言葉が恐ろしいのは、被差別者から「糾弾」される側（マジョリティ）にとってではない。その逆に、「糾弾」とレッテルを貼られることによって被差別者（マイノリティ）の口が封じられ、その正当な問題提起の権利すら奪い取られかねないからだ。

しかも、ある言動が「糾弾」であるかどうかを決める客観的な尺度などどこにも存在しないため、実際には他者の言動を「糾弾」と決め付ける権限はマジョリティに握られているのである。

私の議論は、花崎氏のいうような、「一方を被告とし、自らを検事兼裁判官とする形で向かい合う図式」のものではない。むしろ私は、ベトナム人からみれば韓国国民である私も「被告」であるという重層的な加害／被害関係を開示しながら、連帯のための責任論のありかたを考察しているのである。だが、こうした反駁そのものがすでに花崎氏によって無力化されているのだ。なぜなら、私の論文をわざわざ探し出してまで読む読者は実際にはまれであろうし、ましてや、私にレッテルを貼っている人物が、アイヌ民族の反差別運動にも長くかかわってきた「良心的知識人」であってみれば、なおさらであろう。かくして、根拠も示されないままに、私が「糾弾」型の人間であるというイメージだけが日本人マジョリティの間に広がり固定されていく。そうしたイメージは、マジョリティが自らの漠然とした後ろめたさを慰めるためにも役立つので、いっそう歓迎されるのである。

私の側は、あらかじめ抗弁の口を封じられているのも同然である。なぜなら、花崎氏によって私は「検事兼裁判官」という糾弾者の地位を押しつけられてしまっているからだ。あえて抗弁すれば、そしてその抗弁が手厳しいものであればあるほど、多くの見物客たちが花崎氏の描いた図式を追認するであろう。ただでさえ現在の日本社会には、マイノリティ自身あるいはそれに連帯しようとする人々の側からの問題提起や批判に対して、糾弾主義だの告発主義だのとレッテルを貼る言説が横行している。そうした心ない人々が、今回の花崎氏の私への「批判」から励ましを得るだろう。気の滅入ることである。

私は個人としての花崎皋平氏を前記の「心ない人々」の一員とは見ていなかったし、氏の人柄の誠実さについてはいまでも疑っていない。そうであればこそ、このような、まさに暴力的な抑圧の行使にほかならないレッテル貼りについてだけは慎重であってもらいたかった。残念でならない。

ここ数年、日本社会で右派的ナショナリズムが顕著に台頭しているが、これと、「日本人としての責任」を担おうとする態度を「加害国民としての同一化」であるなどと揶揄する構成主義的（？）な無責任論とが相互に補完しあう局面は、今後もいくらでもありうる。両者が共有している基盤は、他者（被害者）の蔑視ないし無視であり、自己中心主義である。こうした危険な傾向と闘うことこそ現在の最優先課題だと考えている私は、花崎氏の「批判」に直ちに反応することには気が進まなかった。多くの「知識人」たちが、面白がって見物席にまわり、議論を思いのままに搾取・消費するであろうからだ。

日本社会の現状、「日本人」の現状に、すでに充分幻滅している私は、花崎論文の［上］に共鳴し期待する点があっただけに、その［下］によって手酷く叩きのめされた。日頃から朝鮮人をはじめとするアジア諸民族と「日本人」との対話不能《ディスコミュニケーション》状態を指摘してきた私だが、今回は私自身が、その断絶の深刻さをこれでもかとばかりに見せつけられた。できることなら、もはや何もいいたくない気分である。しかし、私の主張に対するこれほどの曲解が、花崎氏のような影響力のある人物によってすでに公開されてしまった以上、沈黙していることもできない。

いま私の心には、「引き揚げ手当」をもらうために、それが日本国籍保持者（つまり私が名指す「日本人」）にだけ与えられるものだとは知らないまま役場に出かけ、「町会議員の平山」から「朝鮮さ、帰れ、帰れ」とあしらわれた在日の元「慰安婦」・宋神道《ソンシンド》さんの姿が浮かんでいる。彼女は悔しさのあまり平山に殴りかかったというが、この場合、殴りかかった彼女の行為を私は断固として擁護する。花崎氏は彼女にも、「わかってもらう」努力をせよと要求するのだろうか。宋さんの姿は私の心の中で、日本語がうまく話せず、文字がかけず、「わかってもらう」ための巧みな言葉をあやつることもできず、ただぺこぺこと哀願するか、さもなければ泣き叫んで訴えるしかなかった在日朝鮮人一世たちの姿につながっている。私がどういおうと、すでに私を「糾弾」型人間と決め付けてしまっている相手の心を動かせると期待しているわけではない。それでも私が、ここにささやかな抗弁を試みたのは、そうすることが、どんなに訴えても、泣き叫んでも冷然と黙殺され続けてきた在日朝鮮人やその他の被差別者たちのために、文字ぐらいは書くことのできる私が果たすべき最低限の責務だと思うからである。

花崎論文において、私や岡真理さんの「糾弾型コミュニケーション・モード」に対する批判は、李《リ》静和《ジョンファ》さんの「共生型コミュニケーション・モード」への称賛へと論を運ぶための前提となっている。したがって論文の構成上、私への批判は無視してもよいエピソードではなく、些細な逸脱でもない。私と李静和さんの「コミュニケーション・モード」を対立的にとらえる花崎氏の認識そのものに強い違和感を禁じえないが、その点は花崎論文全体の評価にもわたるので、機会があれば稿を改めて論じたい。

※補　注

右に掲げた「あなたはどの場所に座っているのか？——花崎皋平氏への抗弁」（以下、「抗弁」と略す）は、花崎皋平氏の論文「『脱植民地化』と『共生』の課題」に対する反批判の文章である。

花崎論文は、氏がその冒頭近くで「戦前戦後の日本国家が他民族に対して行った戦争と植民地支配を清算する責任主体はどうあるべきかという問題を掘り下げたい」と述べているとおり、九〇年代後半に展開された戦争責任および戦後責任をめぐる論争への介入を試みたものである。その構成は以下のとおり。

［上］一　加藤典洋『敗戦後論』への異議
　二　「脱植民地化」問題と「民族的自覚」という課題と
　三　ナショナリズムとアイデンティティ問題
　付録　日記帳から（一九五〇年八月から五一年一月にいたる日記からの抜粋）
［下］四　ナショナリズムとフェミニズム
　五　李静和《リジョンファ》の『つぶやきの政治思想』が示すもの
　六　「共生」の課題

私・徐京植に対する批判は、同論文の第四章に現われる。ここで花崎氏は、日本の戦争責任資料センター編のシンポジウム記録『ナショナリズムと「慰安婦」問題』に言及し、上野千鶴子氏に対する徐京植と金富子氏の批判は自らが同論文で述べてきたことと「その趣旨において基本的に一致する」としたのち、唐突に私への批判を展開している。また、それに続いて花崎氏は、高橋哲哉、岡真理両氏に言及し、岡氏の論理には「一九七〇年代の新左翼の、帝国主義本国の人民にとって正義の実現には『自己否定』が必要であるという論理が再帰しているのが見られた」などと、岡氏に対する批判へと筆を進めている。

私としてはこの花崎論文の全体にわたって数々の疑問点や反論があるが、「抗弁」においては、私への直接的な批判に限定して反批判を試みた。当初、私の「抗弁」を枝葉末節に拘泥した一種の過剰反応のように見るむきもあったが、現在にいたっても、私はまったくそう思っていない。むしろ、問題の重要さに照らして必要最小限の反批判であったと考えている。

花崎氏は、自らが「アイヌ民族の先住民族の地位の認知とその奪われてきた権利の回復や在日朝鮮人への民族差別の克服などの諸課題」に「一九七〇年代から実践の場でかかわってきた」と述べている（同論文［上］）。氏には、そうした経験と識見にもとづく著作として『生きる場の哲学』（岩波新書）や『アイデンティティと共生の哲学』（平凡社ライブラリー）という、よく知られた著作もある。花崎氏は、七〇年代以来、日本社会におけるマジョリティである「日本人」とアイヌ民族や在日朝鮮人などマイノリティとの「共生」という課題を自らのライフワークとしてきた知識人であるといえよう。

そういう花崎氏であるだけに、私は、ここで現われた問題をうやむやに終わらせてはならないという重い責任を感じている。これは個人としての花崎氏と私との間の意思の不疎通という問題ではない。私の考えでは、日本の近現代史を通じて形づくられ深刻化してきた、マジョリティたる「日本人」とマイノリティとの間に横たわる深い「断絶」が、はしなくも露呈した事件なのである。

「断絶」が露呈したことは、それが隠蔽されたままであるよりは良かったといえる。マジョリティとマイノリティとの関係を破局的な対立に追いやらない唯一の途は、こうした「断絶」の存在を正視し、たとえきびしい応酬を交わすことになろうとも、率直で妥協のない議論を重ねることであろう。私の「抗弁」をきっかけに、こうした議論が始まり、花崎氏に限らず多くの人々がこの問題を自らの思想的課題ととらえて議論に参入してくることを私は期待していた。だが、現実はそのようにならなかった。

「抗弁」を発表した直後から、花崎氏は、私の「抗弁」の論点一つ一つに答えることはせず「全体として応答となるような」著書を刊行するつもりである、との態度を示してきた。この態度は、私には理解しがたいものである。

「抗弁」における私の論点は、一読して明らかなとおり、いずれも誤解の余地のないシンプルなものである。なぜ、花崎氏はその一つ一つに答えないのか、答えようと努めないのか。また、そもそも論点の一つ一つに答えないでいて、あるいは答えられないままで、「全体として応答となる」ような著作を書くなどということができるとも私には思えない。

念のために明記しておくが、私が求めているのは花崎氏との個人的な「和解」ではない。互いの相違点や対立点を明確にすることによって、議論を意味あるものにすることだ。そのためには、論点の一つ一つについて可能な限り明解な応答を交換することが不可欠なのである。

この間、問題の重要性を認識する数少ない人々によって、私と花崎氏との対話を促す真面目な試みもあった。東京外国語大学の中野敏男氏の尽力により、昨年一月二十八日には、花崎氏と私を含む十余名によって非公開の話し合いがもたれた。いまは、その詳しい経緯や内容をここに記すことはしないが、結果だけをいうと、この話し合いは実を結ばなかった。この会合の終わりに花崎氏は、今後も対話を続けていくことを参席者に約束したが、後日、前言を翻し、再度の対話を拒否すること、また、いわゆる「全体として応答となる」著書の刊行をすすめることを通告してきた。それ以来現在まで一年あまり、花崎氏は一切の対話のすすめに応じようとはしていない。花崎氏は自らの論文において、私の「コミュニケーション・モード」が「糾弾型」であると批判し、「対話型」に転換するよう説いたのだが、氏自身がとっている姿勢は残念ながら、自らの言葉を裏切るものというほかない。

「抗弁」から二年半が経過したが、結局、花崎氏は今日まで何らの応答も公表していない。私としては、花崎氏に対し、今からでも議論の出発点に戻って「抗弁」に応答すべきであると重ねて求めたい。

花崎氏による私への批判の当否、私からの反批判の当否については、あらためて読者の判断を仰ぎたい。公正な判断に資するため、長くなるが、花崎論文の当該部分を以下に引用しておくことにする。また、いずれ近々のうちに刊行されるであろう花崎氏の著作が、「全体として応答となる」ものであるかどうか、この点についても、読者諸賢がきびしい目で判断されることであろう。

【参考資料】

花崎皋平「『脱植民地化』と『共生』の課題」〔下〕

（『みすず』No.４５９・一九九九年六月号）より

（前略）しかし、徐京植の歴史認識と加害責任を追及する発言の一部に対して、私は異見を差し挟みたい。彼は国家の補償責任について発言するなかで、日本国家を変えていく一義的な責任者はあなた方日本人であると強調し、日本の旧財閥系企業や今日の大手ゼネコンはほとんどすべてが植民地支配と戦争で大きな利益を得ており、その土台の上に戦後日本の繁栄があり、国家と企業と日本国民とが過去の共犯関係をそのまま持ち越し、現在もその利権を維持している、あなた方の一人一人はその受益者であり、その特権の構造のなかにいるのではないか、そして、戦後補償をさぼっているという現実自体がすでに犯罪ではないか、それを知っているならばすでにそれは責任当事者ではないか、そのことを薄々感じながら現在の生活にしがみついているのではないか、「日本国民としてこの歴史的、現在的な利権の構造のなかにいる日本人は、その日本人としての責任があるのではないのか。日本人として責任をとるということはまさにそういうこと」であると指弾している（前掲書〔『ナショナリズムと「慰安婦」問題』：編注〕、第Ⅱ部「パネル・ディスカッション」、六八ページ）。

この指弾は、戦後日本国家の政策の総体に対して、たとえ個人としてのあなたが反対し、抵抗したといっても変えることができなかった以上、結果的に肯定し、受益者となってきたことになり、それに賛成してきた人びとと一緒に「あなた方日本人」と括られても文句は言えないはずだ。その国家の枠組みのなかで暮らしを立ててきたことは、利権構造のおこぼれに与かってきたことである。そのことに対して責任をとるべきだ、という論理である。

ここには二つ、問題としたい点がある。ひとつは、戦後日本国家と日本企業の再生と展開は、一国的に切り離された枠のなかで自己完結的になされたのではなく、すでにのべたように、アメリカの占領政策と東アジアでの冷戦システムに規定され、その枠組みのなかで選ばせられたという側面があったという点である。戦後世界政治の力関係においてどういう選択が具体的に可能であったかという側面が視野から抜けているのである。米軍占領から朝鮮戦争を経て米国の核の傘の下での安全保障と経済復興体制へと、日本の支配層が選びとった日本国家の進路は、冷戦構造の一翼を担うかたちでその構造に進んで組み込まれていくものであった。その経過を振り返ってみるならば、徐が指摘する戦後日本国家の採ってきた政策は、米国の支配の内側での、米国支配層との合作であった。朝鮮半島南半分に韓国という国家を樹立したこともその地の民衆の自由な自主的選択ではなく、日本の戦後を規定したのと共通する、米国の軍事的政治的支配の下での強制という側面がある。

もうひとつは、それぞれの個人が果たすことのできるのに果たそうとしていない有限の個人的具体的責任を問う次元と、そこから質的に区別される、自分の属する集団の、他の集団との関係における倫理的、道義的な責任の次元、すなわち日本国籍を持ち、日本国家の構成員であることを受け入れていること自体がアジア諸国の国民に対して加害の責任を負わなければならない立場にあるとする次元とでは、引き受け方がちがうことが十分に考慮されていない、という点である。一九四五年から半世紀経つのに、日本国家がかつての植民地支配と搾取と加害の責任にほおかぶりをしてきていることを許してきた「あなた方」日本国民は、その犯罪の共犯者である、という指弾に対する答え方はむずかしい。ひとつは、個々人の内面における責任の自覚への呼びかけとして傾聴し、自問するにとどめ、あえて答えないという対し方があるだろう。なぜなら気まずさを紛らわすために軽々しい言葉を発することは相手の指弾から逃れるための方便でしかないからである。また「そんな責任はとりようがない」と反発するのも、ある意味では論争に道を開く率直な態度であろう。あるいは「ごもっとも」とか「深く反省しています」とひたすら恐縮する反応もあろう。恐縮したからといって事態をすぐに変えられるわけでもないから、この場合は決意主義的に誠心誠意の実践を誓う態度表明を行って納得を求めることになりがちである。しかし、その決意が内面化され、思想化され、生き方において貫かれるとはかぎらない。むしろ、他者からの糾弾への受動的な応答である限り、一時の熱に終わる場合が多い。そのような例を、私は一九七〇年代以後の民衆運動の中で見聞きしてきた。

徐京植は、フランスのアヴィニョンでベトナム人料理店主に出会ったとき、ベトナム戦争での韓国軍の加害責任についての記憶がよみがえって心理が動揺したことをつぶさにのべたあと、「これは甘ったるい想像だが」と前置きして以下のようにのべている。韓国という国家が自分にパスポートによる身分保証をあたえており、自分がそれを受け取って旅をしていることによって、自分は「韓国人としての責任」を負っていることを承認せざるをえない立場にある。しかし、現在の韓国の国民であることを脱したい、自分を「国民」として拘束している国家を変えたいと願望している。そうした自分の願望と行動が「本当に真摯なもの」であれば、自分とアヴィニョンのベトナム人との出会いは、韓国人とベトナム人という対立構図から解放されるかもしれない。「その乏しい可能性をひらくため努力すべき者は誰かというと、『お互い』などと安易にいうべきではなく、まず第一義的に、加害者『韓国人』である私の側なのだ」とのべている。そして、「日本国民の皆さん、自分はたまたま日本に生まれただけであって『日本人』であるつもりはないとか、自分は『在日日本人』に過ぎないとか、どうかそんな軽口は叩かないでいただきたい。あなた方が長年の植民地支配によってもたらされた既得権と日常生活における『国民』としての特権を放棄し、今すぐパスポートを引き裂いて自発的に難民となる気概を示したときにだけ、その言葉は真剣に受け取られるだろう。そうでないかぎり、『他者』はあなた方を『日本人』と名指し続けるのである」と言い切っている（徐京植『日本人としての責任』をめぐって」前掲書、一六七ページ）。

しかし、この他者に対する関係は、自分についての判断を被害を被った側に完全に預けてしまうことにならないか。徐の願望と行動が「本当に真摯なもの」かどうかを判定するのは相手でしかない。相手の承認が得られなければ対立の構図はいつまでも続くことになる。そこでは、相手が許さず対立の構図が続いてもしかたがないという覚悟が必要である。そうでないと他者のまなざしにどこまでも拘束されっぱなしになるからである。「日本人」と名指されることを逃れるために、「国民」として特権を放棄し、パスポートを引き裂いて自発的に難民になる行為とて、それが自己にとっての必然として考え抜かれた行為であるならば当人には誇示する必要などどこにもない。そうではなく他者のまなざしに映る自分を変えてもらいたいことが目的であるなら、結局、他者の名指しによって自分が全面的に規定されることを許す自己放棄でしかない。それを「気概を示した」こととして、その場合には「日本人」の範疇からはずそうという言い方は、自分も他者の名指しに自分をゆだねるのだから「あなた方」も自分の名指しを受動的に受け入れるべきだという「私にとってのあなた」、「あなたにとっての私」という私的相互嵌入関係（森有正）にとどまり、三人称の他者を含む社会的関係には達しないのではないだろうか。

私が思うには、この糾弾の仕方は、差別糾弾に際して陥りがちな、糾弾されているものが決して抗弁できない位置に立たされる非対話的な関係を導く。この対立の関係はいつしか討議の場を法廷の様式に変え、一方を被告とし、自らを検事兼裁判官とする形で向かい合う図式にする。こうした場で被告の側に立たされた者は、普遍的な正義の実現という高い次元から、その存在を位置づけている特殊な様態(日本人であること)を批判されるので、個としての自分の問題とする回路を見いだせなくなってしまう。そして、彼（彼女）は対話をうち切ることでこの一方的な関係を逃れたいという気持ちを起してしまう。

私は、アイヌ民族に対する差別広告を糾弾する糾弾会に、糾弾する側に立って参加した経験を持つ。その糾弾会は一定の成功を収めたと私たちは評価しているが、それは途中から法廷的な図式を対話のモードに変えたことに大いに関わりを持っていた。私たちは最初、徐京植の語りと同じ型の糾弾をしていた。アイヌモシリへのシャモ（和人）の侵略の歴史全体にあなた方は責任があるのだと。ただし、この場合は、私のようなシャモで糾弾側に座っている者もいたので、自分たちも同罪であるといいながら。しかし、回を重ねるなかで、ある事件をきっかけに、私たちは相手側に「わかってもらう」という方針に切り替えた。この切り替えは当事者であるアイヌ自身の提唱によるものであったが、かれらとてすんなり呑み込めることではなく、自分たちが「わかってもらう」努力をするのは本末転倒ではないかと言い合いつつ、何もわかっていない相手をなじって、袋小路に追い込むだけでは展望は開けないと悟り、わかってほしいと呼びかけ、相手を自由にし、相手の自由な意思でことばを発するようながした（成田得平・花崎皋平他編『近代化の中のアイヌ差別の構造』、明石書店、初版一九八五年、新版一九九八年参照）。責任を感ずるかどうか、その上で行動するかどうか、それは個々人にとって自由な選択である、たとえ自分が期待したのとはちがう選択肢を相手が選んだとしても、それを許そうというゆとりがある場において、かえって人は問いかけを内面化し、そこで求められている事柄を自分の問題として考えようとするのではないかと思うが、どうであろうか。

こう言ったからといって私は、徐京植が求めている「植民地支配をした日本人と被害者の朝鮮人を分ける線をいったん引いて、私は誰であり、あなたは誰であるのか、この目の前に提示されている問題にとって、私はどの方向、どの立場からアプローチすべきであり、あなたはどの立場からアプローチすべきであるのかということを明らかにすること」をせずに、それを無しにして、わかりあう努力をした方がいいなどと考えているわけでも、言いたいわけでもない。コミュニケーションのモードを代えることによって、個人の倫理感情への働きかけが強められるということを言いたいのである。

徐京植の発言は、「自由主義史観研究会」、「新しい歴史教科書をつくる会」の民族差別や小林よしのりの漫画によるナショナリズム鼓吹に強い危機感を抱いたところからのものであり、そのおぞましい思想が多数の日本人に受け入れられている状況へ警鐘を鳴らす意図を持っていた。私はその意図を支持しこそすれ、それに水を掛けるのではないことを念を入れてのべておきたい。(後略)

秤にかけてはならない

——朝鮮人と日本人へのメッセージ

不可欠なまえがき

《9・17》（二〇〇二年九月一七日の小泉訪朝と「日朝平壌《ピョンヤン》宣言」発表）以来、この一月半ほどの間に続いた一連の出来事について、何度かコメントを求められたことがあるが、「まとまった応答」ができなかった。私の心の中で今回の出来事に対する反応が、いわば「分裂」しているからである。この分裂は必然的なものであり、必要でもある。

私はつねに「朝鮮人」という言葉を、朝鮮半島の南北、日本その他の外国に居住する朝鮮民族の成員すべてを包含する総称として用いている。朝鮮人は近現代において植民地支配と冷戦構造による分断と離散を経験してきた。私は日本に生まれ育ったが、そういう人々としての「朝鮮人」の一員である。ただし私は「韓国」の国籍を保有している。つまり、韓国という国の「国民」である。しかし、その国に私は旅行でしか行ったことがなく、その国の参政権もない。他方、私は朝鮮民主主義人民共和国（以下、北朝鮮と略す）には旅行ですら行ったことがなく、その国の政策決定にかかわるいかなる権利ももっていない。

一つの「民族」である朝鮮人は韓国、北朝鮮、日本、中国その他複数の国籍保持者に分割されており、さらに在日朝鮮人のうち「朝鮮籍」の人々は無国籍状態に置かれ続けている。韓国は、朝鮮民主主義人民共和国がそうであるのと同様、朝鮮人にとって唯一の国家ではない。分断と離散の民族である朝鮮人は、自らを政治的に代表する単一の国家を持っていないのである。また、韓国と北朝鮮の双方において、一般的にいって、私のような在日朝鮮人が国家的な政治的意思決定のプロセスに参加することのできる制度は存在していない。つまり、私たち在日朝鮮人は、分断国家のどちらか一方に対してすら十全な政治的主権者であるとはいえず、今回のような自らの運命を大きく左右することになる国際的決定のプロセスから排除されているのである。

このように私は、あらかじめ幾重にも分裂させられた存在である。その私において、《9・17》のような出来事が引き起こす反応が分裂していないはずがあろうか。そもそも「日朝平壌宣言」〔本書四二六頁下段以下に全文〕自体が、分裂を内包したテクストである。分裂こそが現実の正直な反映である以上、分裂を取り繕って一つのまとまった文章、まとまった言説として表明しようとすると、そこに不可避に、誤解、歪曲、利用、搾取などが生じるであろう。

昨年の《9・11》（二〇〇一年九月一一日の米国ニューヨークとワシントンDCにおける自爆攻撃事件）以後、私たちは、自らの意見表明に先立って「もちろん私自身はテロには反対だが」とか、「私はけっしてテロリストを擁護するものではないが」といった自己弁明的な枕詞をつけることを強いる圧力にさらされている。自説に耳を傾けてもらいたいと望む者は誰でも、自説を展開するに先立ってこの「踏絵」を踏んでみせなければならない。しかし、それをしたからとて、実際には「耳を傾けてもらう」ことはできないのだ。何かを言う前にまず、白か黒か、敵か味方か、「文明」か「野蛮」か、を明らかにせよ――この単純きわまるブッシュ流の二分論が国家にも個人にも有無を言わさず押し付けられている状況下では、問題とされるのは「踏絵」を踏んだかどうかという一点だけであって、その後に続く議論は重要ではないのである。「踏絵」を踏まない者は「テロリスト」またはそのシンパと分類されて非難を浴びるか、あるいは発言を括弧にくくられて黙殺されてしまう。他方、「踏絵」を踏んだ者は、「テロ」に反対する側、すなわち「対テロ戦争」に反対しない側という分類項目に一括して投げ入れられてしまい、当人の意向とは関係なく「対テロ戦争」を利する役回りを演じさせられてしまう。この単純化と二分化の暴力的メカニズムは、それ自体が「対テロ戦争」の主要な構成要素をなしている。

《9・17》以降の日本社会において、「拉致」という言葉が、上記と同じ「踏絵」の機能を果たしている。この「踏絵」を、私は拒否する。しかし、沈黙していては私なりの責任をはたすこともできない。そこで私は、ここに述べたアポリア（困難な矛盾・難問）を抱えたまま、現時点における自らの考えを記述してみることにした。

以下に、二つの文章を掲げる。文章（A）は日本人に向けられた私のメッセージであり、（B）は朝鮮半島の南北および在日の朝鮮人に向けられたものだ。（A）を書くためには（B）を書くことが、（B）のためには（A）が不可欠だと私は考えた。二つの文章はおのおの独立したものである。あえて一つの文章にしない理由は、ここに述べたとおりである。

(A) 植民地時代を乗りこえるということ
——日本人へのメッセージ

九月一七日、深夜に帰宅し、ビデオ録画しておいた報道番組を見て、名状しがたい錯雑した思いにとらわれた。歴史上初めて日本国の首相が朝鮮民主主義人民共和国(北朝鮮)を訪問し、首脳会談によって国交正常化交渉再開への道が開かれたのだ。「歴史的」かつ「画期的」であるはずの出来事である。報道も「対立から協調へ」と繰り返していた。

「日朝平壌宣言」第二条に、「日本側は、過去の植民地支配によって、朝鮮の人々に多大の損害と苦痛を与えたという歴史の事実を謙虚に受け止め、痛切な反省と心からのお詫びの気持ちを表明した」と述べられている。日本国民の代表が、「植民地支配」という言葉を公式に用い、「朝鮮の人々に」と対象を明確にして謝罪した

(B) 継続する反植民地闘争のために
——朝鮮人へのメッセージ

九月一七日深夜、「金総書記が拉致の事実を認め謝罪」「五人生存、八人死亡」との報は私の心を憂いで満たした。そのとき私の脳裏で繰り返し点滅していたのは、「死ぬ日まで天を仰いで/一点の恥なきことを……」という、詩人・尹東柱《ユンドンジュ》の「序詩」である。

酷薄な暴力の時代

報道によれば拉致事件のほとんどは一九七八年を前後する一時期に起こっている。その時代の記憶は断片となりながらも、生々しい傷のように私に残っている。朴正煕による維新独裁体制がもっとも険悪だったその時代、韓国の監獄には政治犯が溢れ拷問が当然のように横行して

のである。それは私たち朝鮮人の多くが、長年にわたり念願し要求してきたことだった。「過去を清算」するためにではない。日本人が「過去」を真っすぐに見つめることは、日朝両民族が未来に向けて真に共生していくための不可欠の前提だからである。だが私は当惑し、心は沈んだ。本来きわめて厳粛であるはずの文言が、なんとみすぼらしく見えることか。

日韓条約から今日まで

一九六五年、日韓基本条約によって日本と韓国との国交が結ばれた。朝鮮解放（日本敗戦）から二十年後、現在からは三十七年前のことである。しかし、この条約は日本の朝鮮民族に対する植民地支配責任を否認したものだった。日韓基本条約の第二条には、一九一〇年の「併合」条約にいたるまで日本が朝鮮に強要した

いた。一九七四年に社会安全法という悪法が施行されたが、この法律は、政治犯がたとえ刑期を満了しようと、政権が「再犯の危険性」を認定しさえすれば拘束し続けることができるというものだった。思想転向という形で政権への恭順の意を示さない者、恭順の意を実践してみせない者は文字どおり永久に獄舎から出ることはできないのだ。

私の兄二人は当時、政治囚として獄中にあった。兄の一人、徐勝《ソスン》は無期懲役。懲役七年だったもう一人の兄徐俊植《ソジュンシク》は、一九七八年五月二七日に刑期満了を迎えた。日本から私の母と妹が、出獄する彼を迎えに行った。正確にいえば、社会安全法の適用を受けるのではないかとおそれながら、出獄を期待して韓国に出かけたのである。その日、真っ暗な早朝、獄舎の門前で立ち続ける母と妹を放置して、当局は兄を別の監獄に移送した。二三歳から三〇歳までを獄

さまざまな不平等条約は「もはや無効である」と記されている。英文テクスト案文中の null and void という記述の前に already という一語を滑り込ませて、玉虫色の解釈を可能にしたのである。韓国の朴正熙《パクチョンヒ》政権は「対日屈辱外交反対」を叫ぶ国内の運動を荒っぽく弾圧しつつ、国民に向かってこの条文は旧条約がその締結時から無効であり植民地支配は不法であるという意味だと説明した。しかし、日本側では、佐藤栄作首相が国会で、旧条約は現在では無効となったが、「両者の完全な意思、平等の立場で締結された」と答弁した。したがって、日韓条約にともなって日本から韓国側に支払われた無償供与三億ドル、政府借款二億ドルの資金に関しても、日本側は決して賠償や補償ではなく、あくまで「独立祝賀金」という名目の経済協力金だと主張した。つまり、日本は朝鮮植民地支配に対する謝罪や賠償はおろか、その歴史的事

中で生き延びた兄は、刑期を満了したにもかかわらず釈放されず、社会安全法によって拘束を延長されたのである。翌年、朴正熙は側近に暗殺されたが、全斗煥《チョンドゥファン》が権力を握って民主化運動を圧殺、一九八〇年五月には光州《クァンジュ》市で戒厳軍が市民多数を虐殺した。その虐殺事件のさなか、母は兄たちの出獄を見ないまま世を去った。

あの暴力の時代、残酷さと非情さが勝ち誇っていた時代、私は日本社会の一隅で息をひそめていた。どんな方法によってでも閉塞状況を切り開くことができさえしたらと願い、暴力的な手段に空想をめぐらしもした。その空想を実行に移せない自らの無策と怯懦《きょうだ》を責めていたのである。何かのきっかけさえ与えられれば、その空想を実行したかもしれない。それは私一人の思いではなく、あの同じ時代を生きていた多くの朝鮮人に共通する思いであったはずだ。

実さえ認めなかったのである。

このような日本政府の公式見解は基本的に不変のまま現在まで受け継がれてきた。この条約を根拠として、日本政府は元「従軍慰安婦」など植民地支配の被害者に対する謝罪と補償を拒絶している。このため、その後今日まで、日本社会において補償問題は日韓条約で解決済みという誤った認識が根を張り、朝鮮植民地支配を肯定し美化する暴言があとを断たない。

日韓基本条約はまた、在日朝鮮人にも大きな影響を与えた。日本政府は本来、すべての在日朝鮮人の居住権を無条件で保障すべきであるにもかかわらず、同条約の法的地位協定によって、在日朝鮮人のうち「韓国籍」を持つものにだけ「協定永住権」を認めることが定められた。在日朝鮮人は日韓両政府の共謀によって、「韓国籍」の集団と、より不安定な地位を強いられる「朝鮮籍」の集団とに分断されたのである。「韓

死ぬ日まで天を仰ぎ

尹東柱を私が初めて知ったのはその頃のことだ。同時に、あの七〇年代、八〇年代の韓国で、自分と同世代の多くの若者がこの詩人を愛し、「死ぬ日まで天を仰いで」と心で唱えながら、文字どおり徒手空拳で独裁の暴力に立ち向かっていることを知った。この詩人は敬虔なキリスト教徒でもあったが、その精神をたんなる宥和的な非暴力主義に還元して理解することは間違っていると私は思う。非暴力の訴えは、それをどのような状況で誰が誰に対して行なうかによっては、支配者の圧倒的かつ構造的な暴力を容認し温存する一方、被支配者側の一方的な武装解除のみを要求する機能を果たしやすい。

尹東柱の精神がそのような単純なものでなかったことは、治安維持法で有罪を宣告された

国籍」と「朝鮮籍」との法的地位における差別は一九九一年まで実に二五年間も続き、在日朝鮮人社会に癒しがたい傷を与えた。

一九九五年に渡辺美智雄元外相が、「日本は韓国を統治していたことがあるが、植民地支配という言葉はサンフランシスコ講和条約など公の文書のどこにも書いていない。（中略）日韓併合条約は円満に結ばれたもので、武力でできたものではない」と発言して、韓国から猛反発を受けたが、元外相は「円満に」という部分を取り消しただけだった。当時の村山富市首相は、この渡辺発言のあとの八月一五日、閣議決定を経て、いわゆる「村山談話」を発表した。同談話は、日本が「遠くない過去の一時期」において「国策を誤り」「植民地支配と侵略によって、多くの国々、とりわけアジアの諸国に対して多大の損害と苦痛を与えた」と述べている。記者会見で天皇の責任について問われ、即座に「な

彼の判決文ひとつを読めば分かるだろう。それによるとこの詩人は、第二次大戦末期に及んで朝鮮人に対しても徴兵制が施行されるようになったことを、独立を勝ち取るための実力を獲得する好機と捉えていた。ただ、ついにその好機を迎えることのないまま、そうした考えをいとこや友人たちと話し合ったというだけの理由で有罪とされ、獄死させられたのである。

もっとも弱い者、実力で抵抗する手段を奪われた者、行き止まりに追いつめられた者、その者たちがそれでも屈服することを拒否し、最後に残された形のない武器で行なう抵抗がある。その名付けようのない「武器」のことを、私たちは「道徳性」と呼んできたのではなかったか。その「武器」は目の前に立ちはだかる敵に対する即座の勝利を与えてくれるものではない。それどころか、植民地支配の時代、分断と内戦の時代、冷戦と独裁の時代、私たち朝鮮人は敗北

い」と答えたのは大問題だが、それでも、歴代の首相談話と比べればかなりの前進といえるだろう。しかし、「植民地支配」という言葉は用いたものの、誰に対する、どのような支配であったのか、その中身の認識はあいまいなものに過ぎなかった。その後、村山首相は渡辺発言に関する国会答弁で、（併合条約は）「決して平等の立場で結ばれたものではないということは想定できる」と佐藤答弁を一部修正したものの、同時に、「法的に有効」であったと再確認している。これによって韓国と北朝鮮から、あらためて日本に対し併合条約の当初からの無効を確認し植民地支配の責任を認めることを要求する声が高まった。

一九九八年に韓国の金《キム》大中《デジュン》大統領が来日した際の共同宣言には、小渕首相が「我が国（日本）が過去の一時期、韓国国民に対し多大な損害と苦痛を与えたという歴史的事実を謙虚に受

に次ぐ敗北を重ねてきた。それでも私たちが顔を上げ、天を仰ぎ、いつの日か支配者とその追従者を恥じ入らせることができるとすれば、また、すべての朝鮮人の共感と日本人を含む他民族の連帯感を勝ち得ることができるとすれば、それはこの「道徳性」という「武器」の賜物《たまもの》なのである。

一九七八年を前後して、拉致という犯罪が行なわれた。金《キム》正日《ジョンイル》国防委員長はその事実を認め、謝罪し、再発防止を約束した。朝日国交交渉の実務担当者である朴《パク》龍淵《リョンヨン》外務省アジア局副局長は、「いくら敵対国の公民であるとしても何の罪もない公民を拉致した行為は、その名分と目的がどうであれ正当化できず、糾弾されて当然だ」と述べている（『朝日新聞』二〇〇二年一〇月二四日）。

拉致行為は、あの生きるか死ぬかを賭けた酷薄な対立の時代の副産物だった。日本といえど

け止め、これに対し、痛切な反省と心からのお詫びを述べた」と記された。ここに「植民地支配」という言葉はない。また、「韓国国民に」と対象が明記されたが、それはいうまでもなく朝鮮民族の全員を意味していない。そんな不十分な文言であったが、それにさえ日本国内で保守派が激しく反発したことは記憶に新しい。

このような経緯があるため、日朝国交正常化交渉における「植民地支配」と賠償の問題がどのように決着するかを、すべての朝鮮人が重大な関心を持って注目していた。これは必ずしも運動圏や北朝鮮の国家体制にシンパシーを抱いている人々のみに限られたことではない。「日韓基本条約の締結当時は私を含め若い世代のほとんどが反対だった。（中略）日本に反省や謝罪の念がなかったことに反発した。日本が今また、賠償ではなく経済協力だと主張しているのは納得できない。日本は何としても賠償という

もこの対立と闘争の圏外ではありえなかった。たしかに日本はかつて朝鮮を植民地支配し、そのことを反省せず、北朝鮮とは国交も結ばず、韓国の独裁政権を支援してきた国である。つまり、北朝鮮から見れば「敵対国」であった。しかし、日本の一般市民を拉致するということは、その死に物狂いの闘争という観点からさえも合理的説明の不可能な犯罪行為であった。いうまでもなく拉致の罪は明らかにされねばならず、被害者に対する謝罪と補償がなされなければならない。それと同時に、この拉致という愚行が私たち朝鮮人全体の反植民地主義闘争に重大な損害を与える行為であったことが明確にされなければならないであろう。金委員長の宣言も、朴副局長の談話も、この点に関する説明は不十分というほかない。

日本が「敵対国」だったからこそ、その日本との闘争において、「道徳性」という「武器」

言葉を避けようと腐心している。だから我々は日本に極端な民族主義が台頭するのではないかと憂慮するのだ」。このように語るのは、金泳《キムヨン》三《サム》政権で外相を務めた韓昇洲《ハンスンジュ》氏である（「日朝をどうする」『朝日新聞』二〇〇〇年一〇月一二日）。

「日朝平壌宣言」の文言に目を戻そう。当初から「村山談話の線で行く」と言われていたとおり、「謙虚」「痛切」「心から」といった修飾語まで村山談話や小渕首相当時の日韓共同声明から引き写した決まり文句である。それにしても、なんと空疎に響くことか。その理由は、小泉首相自身と、彼を高い支持率で支えている日本国民の大多数が植民地支配の何たるかを認識していないということが、あまりにもあからさまに露呈しているからだ。

植民地支配という現実

が何よりも重視されなければならなかった。単純な宥和主義や非暴力主義から、そう言うのではない。

植民地支配は、帝国主義国が他の民族をまるごと支配し、差別し、搾取し、自己の都合のいいように「改造」しようとさえする構造的暴力を意味した。それは、ひとつの時代の「制度」であった。私たち朝鮮人一人ひとりの生は、この「制度」の下で取り返しのつかない変形をこうむった。変形の最たるものが朝鮮半島の南北分断であり、また、旧宗主国で生まれ育つことを余儀なくされた在日朝鮮人の存在である。

「日本は朝鮮の近代化に貢献した」とか「朝鮮人を日本人なみに引き上げてやった」とか言って植民地支配を肯定し美化しようとする人々、「どの先進国でもやっていた」とか「時代精神だった」とか言って植民地支配の罪と責任を否認しようとする人々、そうした人々ともし小泉氏が植民地支配という現実を謙虚に受けとめ「痛切に反省」していたならば、どうして靖国神社公式参拝に固執することなどできるだろうか。植民地時代、朝鮮人は神社参拝を強要された。抵抗したキリスト教徒約二千名が検挙され、五十名以上が獄死した事件もある。靖国神社には朝鮮人軍人・軍属が、その家族にすら知らせないまま勝手に、しかも創氏改名による日本名で祀られている。朝鮮人を侵略戦争に動員して死なせ、戦後は外国人であるからと補償を拒絶し、そのくせ「英霊」として合祀しているのである。

植民地支配というと、すぐさま「慰安婦」問題が例に上げられる。だが、「慰安婦」問題は、間違いなくきわめてシンボリックではあるが、植民地支配の残酷さを示す多々ある事例の一つに過ぎない。その一つの事例についてすら、日本国民はまともに解決策を講じてこなかった。

の闘争は、何よりも「道徳性」において彼らを凌駕《りょうが》する闘争でなければならない。朝鮮人すべてにとってそれは、いわば継続する反植民地闘争といえる。植民地支配という「制度」の息の根を止めるためには、旧宗主国の国民である日本人の大部分が植民地支配の歴史的事実を知り、その不道徳性を深く認識することが、何よりも重要なのだ。それこそが、植民地主義に対する道徳的勝利の指標だからである。そのためには、いかなる困難があろうと北朝鮮は、賠償要求を取り下げて経済協力方式を受諾することはあってはならなかった。これは敗北に近い妥協だと言わねばならない。

「帳消し」にしてはならない

日本社会では拉致への非難の嵐が吹き荒れている。メディアは植民地支配についてほとんど九〇年代に続いた元「慰安婦」による賠償請求訴訟はほとんど敗訴に終わろうとしている。高齢の生き証人たちは次々に世を去っている。裁判所が国会の立法不作為を指摘した例もあるが、日本政府は動こうとせず、国民の大多数は無関心である。それどころか、九七年からわずかに現れた中学校教科書への記載に対してすら右派が総結集して反発し、その結果、二〇〇一年の検定教科書では記述は大幅に縮小している。

植民地時代、朝鮮人を弾圧するためさまざまな治安法令が発令された。笞刑《ちけい》、すなわち前近代的な体刑である鞭《むち》打ちが朝鮮人だけを対象に行なわれていた。一九一九年の三・一独立運動の際、逮捕された朝鮮人は五万名近くにのぼり、合計七五〇〇名以上が殺された。この逮捕者のうち、笞刑を加えられた者の総数は一万名以上にのぼる。笞《むち》の一振りごとに、激痛と屈辱が朝鮮人の体に叩き込まれたのだ。

報じていない。多くの日本人は植民地支配について無知なまま、拉致非難に声を合わせている。そこに民族差別感情や好戦的気分が働いていることも明らかである。在日朝鮮人の子どもや若者への脅迫やいやがらせまでも相次いでいる。だが、だからこそ私たち朝鮮人は決して、拉致非難を軽減するために、「慰安婦」を、「強制連行」を、その他の植民地支配の事例を対抗的に持ち出してはならない。意図はどうあれ、そうすることは拉致と植民地支配とを秤にかけるレトリックに陥ることを意味するからだ。それはまた、元「慰安婦」をはじめとする被害者たちを利用する行為であるからだ。植民地支配の罪は、拉致という犯罪と秤にかけてはならない質の事柄なのである。

在日朝鮮人一世の詩人、金時鐘《キムシジョン》は朝日首脳会談の翌日、こう述べている。「北朝鮮にも言い分があると考えていた。太平洋戦争では、

　朝鮮独立運動は、「国体変革」を企図するものとして治安維持法を適用された。治安維持法による被害者の数は日本本土より朝鮮の方がはるかに多く、量刑も重い。大量の死刑判決も下された。一九三七年から三八年にかけてのいわゆる「恵山《ヘサン》事件」では朝鮮人共産主義者および民族主義者七三九名が検挙され、一六六名が重刑を宣告された。死刑は権永璧《クォンヨンビョク》ら六名である。一九四三年の朝鮮語学会事件では、言語学者など三十名あまりが検挙され、李允宰《イユンジェ》、韓澄《ハンジン》の二人が拷問のため獄死させられている。同じ四三年、同志社大学に学んでいた詩人の尹東柱《ユンドンジュ》は独立運動の嫌疑で拘束され、禁じられていた朝鮮語で彼が滞日中に書き溜めた貴重な詩稿は特高警察に押収され、永遠に失われた。懲役二年を宣告された彼は日本敗戦のわずか半年前、いとこの宋夢奎《ソンモンギュ》ともども福岡刑務所で無残な獄死を遂げている。ここに挙げた名は、数千名にのぼ九〇万人が日本に強制的に連行され、消息の分からない人も多い。補償がされたわけでもないが、もう言える筋合いではなくなった。北朝鮮の行為はそれほど愚劣で、許せない。帳消ししてあまりある。戦前の日本と朝鮮半島の関係に、まず日本人が謙虚になってほしいという思いも吹っ飛んだ」(『毎日新聞』二〇〇二年九月一八日)。

　この断腸の思い、やりきれなさは私自身のものでもある。しかし、心を取り直して言うならば、愚劣な犯罪行為と植民地支配は秤にかけることもできないし、「帳消し」にすることもできないのである。また、北朝鮮という一つの国家が朝鮮民族全体の代表ではなく、植民地支配の被害者の一人ひとりの代表でもない以上、その犯罪によって朝鮮人全体に対する植民地支配責任が「帳消し」にされてはならないのだ。

　「死ぬ日まで天を仰いで、一点の恥なきことを……」

る朝鮮人治安維持法被害者のごく一部に過ぎない。

日本国民代表の小泉首相が植民地支配の非を認め「心からのお詫び」をするというのが本当ならば、植民地支配に抵抗し弾圧の被害を受けた人々に対して謝罪と補償をするのが道理であろう。治安維持法は勅令によって朝鮮に施行されたのだ。天皇の責任は明白である。なぜ、天皇の責任を認めないのか。

こうして事例を並べていくと限りがない。しかも、それらはあくまで事例の一つ一つに過ぎないのだ。植民地支配の罪はむしろ、それが朝鮮民族の成員一人ひとりの生に取り返しのつかない変形を加えた点にある。日本国は朝鮮民族全体を自国臣民の枠内に引きずり込み、被差別者の位置において搾取した。植民地時代、朝鮮人は「ヨボ」「鮮人」「半島人」などと呼ばれて侮られ辱められた。同一労働に対して日本人の

尹東柱の詩句を心に浮かべるとき、私自身も恥ずかしさを禁じえない。継続する反植民地闘争の過程で朝鮮人の手で正当化できない犯罪行為がなされたこと、それが植民地主義との闘争に甚大な損害を与えたこと、もはや「一点の恥もない」と顔を上げて言うことができなくなったこと、それらのことが恥ずかしい。だが、いま私たち朝鮮人がすべきことは、その恥のゆえに植民地主義との闘争を放棄することではあるまい。恥を奥歯で嚙みしめ、傷ついた「道徳性」を再建することに最大の努力を傾け、植民地支配という時代を乗り越えるための困難な闘いを続けなければならない。自らのその闘いによって、恥を拭い去って顔を上げる日を迎えなければならない。

私たち朝鮮人の全体にとって、北朝鮮という一つの国家と日本との外交的決着が、植民地支配責任の決着や植民地時代の終焉ではありえな

半分の賃金しか払われない差別賃金制度が当然とされていたのである。

日本国は戦後、一転して朝鮮人を自国民の枠外に放り出し、難民化させた。在日朝鮮人は何かといえば「出て行け」「帰れ」と言われながら生きてきた。国民健康保険や国民年金の制度からすら長年にわたって排除されていたことが示すように、在日朝鮮人には日本国民が享受している諸権利が保障されなかったし、ほとんどの日本人がそのことに何の疑問も感じてこなかった。このような歴史が、朝鮮人の一人ひとりに、来る日も来る日も、どんな苦痛と屈辱を与えてきたかを想像してみたことがあるだろうか。たとえば、在日朝鮮人はなぜ日本にいるのか。この問いに正確に答えられる日本人は、ほとんどいない。「いつ来た?」とか「なぜ帰化しない?」といった無神経な問いを日本人が投げかけるたびに、若い在日朝鮮人たちは摩滅感

い。朝日国交交渉は圧倒的に日本側にとって有利な条件で進行するだろう。北朝鮮はただでさえ不利だった諸条件に加え、拉致という自ら招いた不利を背負い込まなければならなくなった。北朝鮮はさらに敗北に近い妥協を強いられるだろう。それはつまり、この交渉を通じて日本人の多数が植民地支配責任を深く自覚し、被害者に本当の意味での謝罪や補償をすることは望みえないだろうということだ。

日本社会で生きて行くほかない在日朝鮮人にとっては、まだまだ辛い日々が続くだろう。そのことを覚悟しなければならない。しかし、嘆いてばかりいる時ではない。そもそも、「朝鮮籍」の人々の帰属問題など、在日朝鮮人一人ひとりの運命を決定的に左右する事案が朝日両国政府によって近々のうちに決定されようとしているのである。日本の植民地支配によって半難民化された在日朝鮮人という集団が、解放後

に苦しめられている。その無理解な多数派の中で生きていくことを在日朝鮮人に余儀なくさせたものが、まさしく植民地支配なのである。こうした問題は一括して「過去の清算」と呼ばれているが、これは清算できる過去ではない。

どんなチャンスなのか？

朝鮮民族全体の立場から見れば、日朝国交交渉は、日本人に朝鮮民族に対する植民地支配という歴史の事実を公式に認めさせ、経済協力などではなく、公式の謝罪と補償を勝ち取るための遅ればせのチャンスであった。それはまた、日本国民の多数が、植民地支配とは何だったのかを認識するチャンスであるはずだった。在日朝鮮人にとっては、長年の差別から解放され、隣人である日本人たちと真の相互理解に立って共生していくための第一歩となるはずのもの五十七年を経て、最終的に「韓国国民」と「北朝鮮公民」とに分断されようとしている。朝鮮人であることに希望を失って日本国籍に帰化しようとするものも増えるだろう。こうした事態は植民地支配の解決ではなく、むしろ支配の完成というべきである。「国民化」による無慈悲な分断を拒むことが、解放後今日まで在日朝鮮人が払ってきた努力と犠牲の最大の目的だったはずである。それなのに今日のこの瞬間を、茫然と眺めていていいのだろうか。在日朝鮮人はこの困難な時にこそ結束し、自らの運命を国家に翻弄され続けることを拒否しなければならない。自らの進む方向を自らの知恵と勇気で指し示さなければならない。植民地支配の生き証人として、あくまで植民地支配責任を問い続けなければならない。そのことが、植民地支配の時代を終わらせるという共通の目標に向かって、向こう側から近づいてくる日本人たちと、いつだった。であればこそ、必ずしも北朝鮮の国家体制を支持しない人々までも含めて朝鮮人の多くが、日朝国交交渉に期待をかけてきたのである。

しかし、事実はそうならなかった。当初は目にした「対立から協調へ」というキャッチフレーズは、拉致報道に掻き消されて急速に影をひそめてしまった。朝鮮学校生徒へのいやがらせに見られるように、現在の日本社会には過去のどの時にもまして、朝鮮人への敵意が渦巻いている。最後のものかもしれないチャンスが、いま失われようとしている。

一方、日本政府が今回の「日朝平壌宣言」第二条の文言に合意したのは、いまが絶好のチャンスと判断したからであろう。ここでいうチャンスとは、前記のような相互理解のためのそれではない。経済的困窮とアメリカの軍事的脅威という不利な条件に加え、北朝鮮自らが招いたの日かほんとうに出会うための道なのだ。

アジア、アフリカ、ラテンアメリカ、世界のいたるところで、植民地支配の犠牲となった無数の人々が闘い続けている。その闘いは旧宗主国との国交樹立や経済協力で終わるものではない。植民地支配を可能にした制度、イデオロギー、文化、心性との長い闘いである。昨年(二〇〇一年)九月、南アフリカのダーバンで開かれた国連反差別会議においても、「先進国」グループは奴隷制と植民地支配の責任を明確に認めて謝罪することを最後まで拒んだ。全世界的に見て、植民地主義の時代はいまだ過ぎ去っていないのだ。この会議の閉会直後、《9・11》が起こり、全世界の植民地主義者たちは勢いづいている。私たち朝鮮人の闘いは、植民地支配という一時代を乗り越えるという課題の一翼を担うため、人類史から私たちに付託されているのである。

拉致問題という弱点までが付け加わったため、日本側が大幅に言い分を通すことのできるチャンスが到来したという意味である。そもそも、小泉首相は訪朝前から拉致問題が最優先と強調していた。拉致問題は、植民地支配問題で賠償方式を拒否するという日本側の戦略にとって、きわめて有利な条件となった。いわゆる「専門家」たちの多くは、日本側がほとんどの言い分を通すことができたので今回の首脳会談は成功だったと高く評価している。外交とはそういうものであろう。だが、ナイーヴといわれようと、私は日本人たちに尋ねたい。ここでの日本側の外交的勝利とは、非情な外交戦を通じて自己の「負債」を可能なかぎり値切ることなのか。賠償方式を放棄させ経済協力方式で妥結すること、そのことで、またしても植民地支配の責任をあいまいにすることが勝利なのか。それが自らの植民地支配に起因する長年の対立状態を解消し、

資　料　日朝平壌宣言全文

日朝平壌宣言

小泉純一郎日本国総理大臣と金正日朝鮮民主主義人民共和国国防委員長は、二〇〇二年九月十七日、平壌で出会い会談を行った。

両首脳は、日朝間の不幸な過去を清算し、懸案事項を解決し、実りある政治、経済、文化的関係を樹立することが、双方の基本利益に合致するとともに、地域の平和と安定に大きく寄与するものとなるとの共通の認識を確認した。

1　双方は、この宣言に示された精神及び基本原則に従い、国交正常化を早期に実現させるため、あらゆる努力を傾注することとし、そのために二〇〇二年十月中に日朝国交正常化交渉を再開することとした。

双方は、相互の信頼関係に基づき、国交正常化の実現に至る過程においても、日朝間に存在する諸問題に誠意をもって取り組む強い決意を表明した。

2　日本側は、過去の植民地支配によって、朝鮮の人々に多大の損害と苦痛を与えたという歴史の事実を謙虚に受け止め、痛切な反省と心からのおわび

末長く隣人同士として共存しようとする者のとるべき姿勢なのだろうか。

しかも現在では、外交的勝利を謳歌することうした声すらも、拉致非難に一色化された報道の中に埋没してしまっている。九月二一日の朝日新聞（夕刊）に神谷不二慶応大学名誉教授の文章が掲載されている。大見出しは「曝された国家的犯罪性」、小見出しの一つは「相殺できぬ拉致と植民地支配」とある。その結論部分はこうだ。

近代歴史学の祖といわれるランケは、「時代精神」なる概念を説いた。ある時代にはその時代固有の基本的価値観や物の考え方がある。それが時代精神である。（中略）／19世紀から20世紀初頭にかけては、植民地所有が先進国の追求すべき価値として広く認められた時代だった。しかし第2次世界大戦後、植

の気持ちを表明した。

双方は、日本側が朝鮮民主主義人民共和国側に対して、国交正常化の後、双方が適切と考える期間にわたり、無償資金協力、低金利の長期借款供与及び国際機関を通じた人道主義的支援等の経済協力を実施し、また、民間経済活動を支援する見地から国際協力銀行等による融資、信用供与等が実施されることが、この宣言の精神に合致するとの基本認識の下、国交正常化交渉において、経済協力の具体的な規模と内容を誠実に協議することとした。

双方は、国交正常化を実現するにあたっては、一九四五年八月十五日以前に生じた事由に基づく両国及びその国民のすべての財産及び請求権を相互に放棄するとの基本原則に従い、国交正常化交渉においてこれを具体的に協議することとした。

双方は、在日朝鮮人の地位に関する問題及び文化財の問題については、国交正常化交渉において誠実に協議することとした。

3　双方は、国際法を遵守し、互いの安全を脅かす行動をとらないことを確認した。また、日本国民の生命と安全にかかわる懸案問題については、朝鮮民主主義人民共和国側は、日朝が不正常な関係にあ

民地所有を肯定する考えはすっかり影をひそめた。時代精神が大きく変わったのであった。／かつての植民地支配を現代の時代精神だけで裁断するのは、歴史評価の正しい態度ではなかろう。日本が植民地化について北朝鮮に謝意と反省を表するには、決してやぶさかでない。とはいえ、その不当性と、国家的犯罪性を徹底的に追及されねばならぬ拉致やテロ行為との間に、明確な質的相違があることだけは、はっきりと言っておきたい。

こういう論法が急速に勢いを増してくるだろうと予想してはいたが、あまりにも予想どおりであった。私もまた、まさしく拉致と植民地支配は相殺できないと考える。植民地支配の不当性と拉致との間に「明確な質的相違」があると考えている。ただし、神谷氏とは正反対の立場から。

る中で生じたこのような遺憾な問題が今後再び生じることがないよう適切な措置をとることを確認した。

4　双方は、北東アジア地域の平和と安定を維持、強化するため、互いに協力していくことを確認した。

双方は、この地域の関係各国の間に、相互の信頼に基づく協力関係が構築されることの重要性を確認するとともに、この地域の関係国間の関係が正常化されるにつれ、地域の信頼醸成を図るための枠組みを整備していくことが重要であるとの認識を一にした。

双方は、朝鮮半島の核問題の包括的な解決のため、関連するすべての国際的合意を遵守することを確認した。また、双方は、核問題及びミサイル問題を含む安全保障上の諸問題に関し、関係諸国間の対話を促進し、問題解決を図ることの必要性を確認した。

朝鮮民主主義人民共和国側は、この宣言の精神に従い、ミサイル発射のモラトリアムを二〇〇三年以降も更に延長していく意向を表明した。

双方は、安全保障にかかわる問題について協議を行っていくこととした。

神谷氏がここで述べているように、植民地支配は当時の「時代精神」にかなうものだった。この「時代精神」なるものは、神谷氏のいう当時の「先進国」つまり帝国主義国家に「広く認め」られていた。だが、植民地にされた側の人々は、決してそれを認めたことはない。当時の「先進国」の指導者と国民たちは、この「時代精神」にどっぷりと首まで漬かって、植民地の人々を平然と差別し、酷使し、搾取した。抵抗したものは容赦なく処罰し、殺した。いまもこの「時代精神」は死んでいない。だからこそ、この「時代精神」に、現代という時点に立って裁断《ジャッジメント》を下さなければならないのである。二度と再び、この「時代精神」が人類社会を席巻することがないように。

拉致は犯罪である。その真相はなお不明であるとはいえ、北朝鮮という国家が深く関与した重大な犯罪であることは間違いない。しか

日本国総理大臣　小泉純一郎
朝鮮民主主義人民共和国国防委員会委員長　金正日
二〇〇二年九月十七日　平壌

し、この犯罪と植民地支配との間には、「明確な質的相違」がある。植民地支配とは、人類史の一時代において、帝国主義、植民地主義という「時代精神」に駆り立てられた諸国家と国民が、他の民族をまるごと辱め、搾取し、あまつさえ自らの利益のために「改造」しようとさえした「制度」である。こうした「時代精神」を葬り去り、こうした「制度」を完全に過去のものとすることが、いま日本人と朝鮮人の前にある課題なのではないか。それは、たとえば奴隷制の時代に終止符を打つ、あるいは、封建的身分制度を一掃する、といったことと同じ重い意味をもつ課題である。

日本にとって北朝鮮という一つの国家との外交的決着（それすらも成立するかどうか危ういものに見える）が、朝鮮民族全体との決着ではありえない。日本人自らが進んで、たとえば国会決議のような形で、朝鮮人全体に対する植民地支配責任を明確にすること。在日朝鮮人や海外に離散した朝鮮人たちを含む個々人への謝罪と補償に自発的に取り組むこと。それも元日本軍「慰安婦」など狭義の被害者のみならず、反植民地闘争で犠牲となった人々までも対象として。さらに、在日朝鮮人の日本での居住権と人権を無条件に保障すること。こうした目標に向けて困難な努力を今後も続けていくことが、日本人が人類史の付託に答えて植民地支配という歴史的時代を乗り越えるための道ではないのか。

植民地支配という「制度」が支配者と被支配者との関係によって構成されていた以上、この「制度」を歴史的に克服することは、両者による、異なった角度からの、同じ方向に向けられた努力によってしか成し遂げられない。いいかえれば、植民地支配の時代を乗り越えることは、人類史が日朝両民族に付託した使命なのである。日朝両民族のどちらの側も、いかなる意味でも、拉致と植民地支配を秤にかけてはならない。たとえ計算ずくの空文句であろうと日本国代表が朝鮮民族に向かって「植民地支配」の非を認めた《9・17》を、何としても新たな不信と絶望的対立への転換点にしてしまってはならない。ましてや、次なる戦争の端緒にしてはならないのだ。

おわりに

その暗い地下室に入っていくと、部屋いっぱいに瓦礫が積み重なっていた。半ば瓦礫に埋もれるように、大きな球形の物体がある。よく見ると巨大な眼球だ。瞳に映った何かが蠢いている。それは幾種類もの核爆発のキノコ雲であった。暗い通路をたどって次の部屋に行くと、廃墟のような場所にタテ、ヨコ、ナナメにＬＥＤ灯が赤く点っている。「国の交戦権は」「これを認めない」「陸海空軍その他の戦力は」「これを保持しない」……断片化された憲法九条の条文である。その場所は横浜市開港記念会館の地下。私は横浜トリエンナーレ美術展に来たのだ。作家は柳幸典である。

折からの台風。朝から各会場を回ってきた私の靴は水浸しだ。「この天候では投票率も上がらないだろうな」。その日は一〇月二二日。「大義なき自己都合解散」による衆議院議員選挙の投票日だった。まさにそういう日に出遭うにふさわしい作品であったと言うべきか。

開票の結果は周知のとおり、与党の圧勝に終わった。安倍首相は早くも改憲（憲法への自衛隊明記への動きを加速させると語った。野党は分裂の結果敗退した。わずかに急造の立憲民主党が健闘したが単独で改憲を阻止できる議席数には遠く及ばない。「希望の党」を名乗る右派ポピュリスト政党に合流する選択をした民進党は見事なまでに自壊した。

悪天候による低投票率や小選挙区制度の欠陥などもあるが、要するに多数の日本国民がそれを選択したのである。「モリカケ疑惑」や「アベノミクス批判」には答えないまま「北朝鮮の脅威」を叫び続けた安倍政権の戦略が功を奏した。結果として、日本の政界に「リベラル勢力」がほとんど存在しない状態になった。つまり「全体主義」の状態である。「リベラル派の頽落」が、とうとうこの水位にまで至ったのだ。

日本社会はここから立ち直って民主主義を再構築できるだろうか？　それができなければ、未来は暗澹としている。戦争とファシズムの危機がますます迫ってくる。真っ先に犠牲になるのは在日朝鮮人など少数者（「内部の他者」）である。だが、犠牲はそこにとどまらないだろう。やがては「国民」多数も犠牲を免れることはできない。

ここで私は「再構築」「再建」という言葉を使ったが、そもそも「民主主義」が、内実を伴うものとして日本に存在していたかどうか疑わしい。こう書くと「自分は民主主義者だ」とか「自分は民主主義の諸価値を尊重している」とか主張して反発する人々が存在することは私も承知している。しかし、それは「民主主義」の消費者という意味ではないのか。決してその「生産者」（建設者）ではないのではないか。敗戦後、天皇制国家だった日本に戦勝国側から「民主主義」が供給された（「押し付けられた」）。その時、日本国民は「民主主義」の消費者となったが、生産者となることに失敗した。その貴重な「資源」を、あたかも化石燃料を大量消費するように自己中心的に消費し尽くした挙句に今日の惨状がある。

今後数年、日本の政治は「北朝鮮の脅威」「東京オリンピック」「天皇の譲位」というトピックを中心に動いていくだろう。これらの「政治的資源」を与党や支配層が自己の権益拡張のため徹底的に利用し尽くすだろう。異議を唱えるものは「非国民」扱いを受けて「排除」されることになる。必要とあれば「共謀罪」などを用いて弾圧もするだろうが、暴力的に排除する以前に国民多数は（リベラル派を含めて）「自粛」し「忖度」し、自発的隷従の度をますます深めていくだろう。全体主義の完成形態である。

昨年（二〇一六年）、現天皇が譲位の希望を明らかにしてから、その法的根拠づけや手続きについてある程度議論が起きたが、そこに天皇制の廃止を唱える声はほとんど現れなかった。むしろ現天皇の「国民に寄り添う人柄」を称賛し、天皇制の存続を当然視する議論に覆いつくされている。安保法制反対などを主張するリベラル派の論客（内田樹）までもが、自分は「立憲デモクラシーと天皇制は両立しない」と考えていた時期もあったが、いまでは「天皇主義者に変わった」と宣言した（『朝日新聞』二〇一七年六月二〇日）。国家には「政治指導者などの世俗的中心」とは別に、「宗教や文化を歴史的に継承する超越的で霊的な〈中心〉」があるほうがよい、それが天皇なのだ、というのである。

この議論に欠けている点は少なくとも二つある。過去の天皇制はまさしく天皇を「超越的で霊的な〈中心〉」に祭り上げ、それを軍部や政界が利用するというもたれ合いによって成り立っていた。天皇は「神聖にして不可侵」という明治憲法上の規定により天皇は戦争責任も問われないという理屈がまかり通っていた。最高責任者である天皇の責任が問われない以上、その命を受けた者たちの責任もまた問われることはない。為政者にとってこれほど好都合な仕組みはあるまい。

そのような構造は、天皇以外の人民が「自発的臣民」となることによってのみ成り立つ。日本は敗戦によってこの制度から抜け出し、日本人たちは臣民から市民へと自己を解放することができるはずであった。それなのに今、著名なリベラル派知識人が、みずからすすんで「臣民」の立場をえらぶというのだ。これはフランス革命以来、人類社会が積み上げてきた人権、平等、自由、民主といった普遍的価値にたいする破壊行為ではないか。

第二に、この議論に欠けていることは天皇制によって犠牲を強いられた人々――とくにアジアの戦争被害者の視点である。まさに天皇の「超越的霊性」という虚構によって、侵略と支配が遂行され、戦争責任は果たされないまま残ったのである。このことは本文中で強調したので、これ以上ここに繰り返さない。明らかなことは、この論者が少しも過去に学んでいないということだ。

「天皇制は何故やめなければならないか。理由は簡単である。天皇制は戦争の原因であったし、やめなければ、又戦争の原因となるかもしれないからである」

「馬鹿げた侵略戦争を世界中に仕掛けた以上、日本は世界に対してその責任をとらなければならない。天皇制と封建主義とが日本を好戦的にした根本的理由であるならば、その理由を除き、天皇制を廃し、封建的残滓を洗い、再び好戦的になり得ないことを実行を以て世界に示さなければならない」

ここに引いたのは日本敗戦直後一九四六年三月二一日に東京大学『大学新聞』に掲載された「天皇制を論ず」という寄稿の一部である。筆者「荒井作之助」は、のちの評論家・加藤周一の筆名である。加藤周一は天皇個人と天皇制を区別して議論することの必要性を強調しながら、天皇制という制度の廃絶を主張しているのである。戦後間もない時期、日本の中にもこのような正論が芽生えていた。それが今では、ほとんど誰も天皇制の廃止を口に出さない社会になったのだ。

加藤周一は戦後日本を代表する知識人の一人である。「代表する」というのは、「戦後民主主義」という一時代の思想と精神をもっとも明瞭に体現する知識人であった、という意味である。侵略戦争と敗戦という失敗の経験を苦く噛みしめながら、今後の日本社会をよりよいものにしていこうとする精神、そのことを通じて「人間的」な普遍的価値を社会全体で実現していこうとする理想主義。その思想や精神は、敗戦後の廃墟に青々と芽吹いた草であった。

天皇制を温存した、植民地支配についての認識が欠如していた、などの多くの点で「戦後民主主義」は批判さるべき欠陥をもつものであったが、それでも戦前とは異なり、たとえタテマエとしてだけでも「人権」「民主主義」「平和」といった普遍的諸価値が掲げられた。このタテマエに内実を与えて、前記の欠陥を克服していくことが、戦後日本のリベラル派に課せられた責務となった。だが、今ではかつて日本に「戦後民主主義」という一時代があったと、過去形で語らなければならないのだ。だからといって、理想主義のかすかな光までも冷笑し、忘却してよいのか。この思いが、私に本書の筆を執らせた。

日本国民が今後、他者を再び害さず、自己も犠牲とならない道は、平和という目標を共有して被害諸民族と連帯することにしかない。国家と国家との「和解」ではない、日本の人と被害諸民族の人との「連帯」である。この連帯を阻んでいる最大の障壁は、日本における歴史修正主義であり国家主義である。

二〇一七年一〇月二五日

徐京植

《追記》

本書第Ⅰ部に収録された文章は、すでに韓国において出版されている。その書誌情報は以下のとおり。

서경시『다시、일본을 생각한다— 퇴락한 방동기의 사상적 풍경』도서출판 나무연필、2017년8월24일（徐京植『再び日本を考える—頽落する反動期の思想的風景』図書出版木の鉛筆、二〇一七年八月二四日）

徐 京植（ソ・キョンシク）

1951年京都生まれ。東京経済大学現代法学部教授。著書に『植民地主義の暴力―「ことばの檻」から』『詩の力―「東アジア」近代史の中で』（ともに高文研）、『私の西洋美術巡礼』『汝の目を信じよ―統一ドイツ美術紀行』『私の西洋音楽巡礼』（ともにみすず書房）、『越境画廊―私の朝鮮美術巡礼』（論創社）、『プリーモ・レーヴィへの旅』『抵抗する知性のための19講』（ともに晃洋書房）、『フクシマを歩いて―ディアスポラの眼』（毎日新聞社）、『中学生の質問箱　在日朝鮮人ってどんなひと？』（平凡社）など多数。

日本リベラル派の頽落《たいらく》

●二〇一七年一一月三〇日――――第一刷発行

著者／徐 京植

発行所／株式会社 高文研

東京都千代田区猿楽町二―一―八

三恵ビル（〒一〇一―〇〇六四）

電話03＝3295＝3415

http://www.koubunken.co.jp

印刷・製本／モリモト印刷株式会社

★万一、乱丁・落丁があったときは、送料当方負担でお取りかえいたします。

ISBN978-4-87498-641-7 C0010